忘れられたアダム・スミス

経済学は必要をどのように扱ってきたか

山森 亮
Yamamori Toru

勁草書房

忘れられたアダム・スミス　目次

目次

序　章

You can't always get what you want
But if you try sometime you might find
You get what you need
欲しいものをいつでも手に入れられるとは限らない
でも頑張れば時には
必要なものなら手に入るかもしれない
(The Rolling Stones, 1969, *You Can't Always Get What You Want*)

I don't ever wanna drink again
I just, oh, I just need a friend
二度と飲みたいと思わない
私にはただ、そう、ただ友達が必要
(Amy Winehouse, 2006, *Rehab*)

＊日本語詞、山森亮

導入――欲求と必要

本書の表題は『忘れられたアダム・スミス』だが、アダム・スミス（Adam Smith, 1723-90）は「経済学の父」とも呼ばれ、今日の経済学者たちによっても敬意をもって遇されている。彼の著書にある「見えざる手」という言葉は、市場の力に任せれば世界はうまく回るという、過去数十年にわたって支配的となった考え方を端的に表した言葉として人口に膾炙している。二一世紀に入っても、スミスの肖像はイングランド銀行発行の二〇ポンド紙幣に使われていたし、二〇二三年には彼の生誕三〇〇年を記念して、さまざまな催しも企画された。一八世紀に生きた人たちのなかでスミスはむしろ、今日でも忘れられずに良く知られている人の一人だろう。ではいったい、いかなる意味でスミスに対して「忘れられた」などという形容ができるのだろうか？

唐突な質問で恐縮だが、あなたが欲しいものと、要るものを思い浮かべて欲しい。その時々で、あるいは今日明日なのかそれとも人生という期間で考えるかなどで、さまざまな答えがあるだろう。そうしたさまざまな答えにおいて、欲しいものと要るものは常に一致しているだろうか。同じ場合もあれば、違う場合もあるのではないだろうか。

さて私には、あるいはこういって許されるなら、おそらく私たちには、

欲しくて、要るもの　（私の場合、たとえば自転車）
欲しいけれど、要らないもの　（私の場合、たとえばチョコレート）
欲しくないけれど、要るもの　（私の場合、たとえば目覚まし）

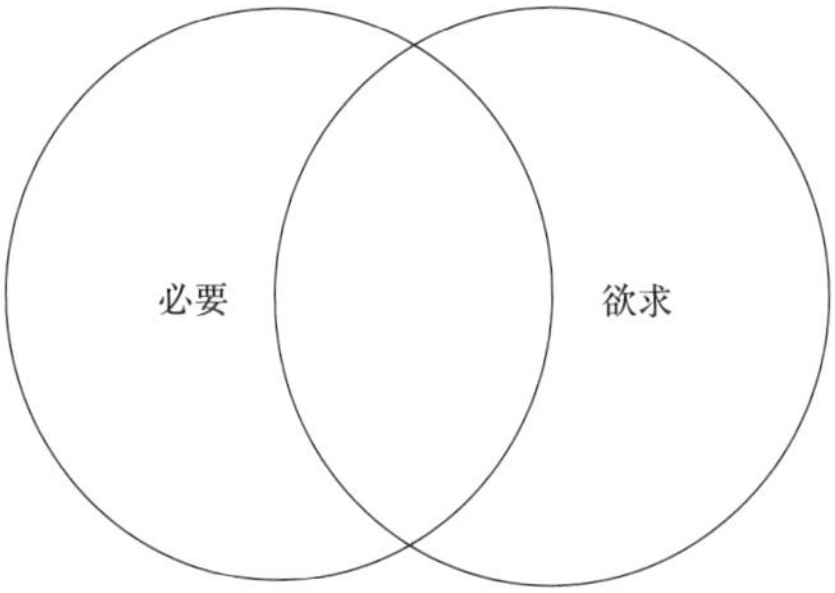

図１　欲求と必要

欲しくもないし、要らないもの　（私の場合、たとえばドローン）

の四つがあるだろう。図示すれば上のようになる（図1）。なお以下では、何かを欲することを「欲求（want）」ないし「欲望（desire）」、何かが要ることを「必要（need）」と呼ぶことにする。[1] 欲求（ないし欲望）と必要は重なる場合もあるが、重ならない場合もある。

　この欲求とは異なることもある、必要という概念を、経済学はどのように扱ってきただろうか。オックスフォードの高名な哲学者デイビッド・ウィギンズ（David Wiggins, 1933-）は、必要概念についての古典的な論文で、彼が遭遇した経済学者による応答を「〔経済学で〕標準的な専門的応答」として紹介している。すなわち「必要という言葉で何を意味しているのですか。それは欲しいけれど支払うつもりのない何かのことではないのですか」（Wiggins, 1987[1998], p. 5）。経済学者へのこうした戯画的描写を、スウェーデン出身の経済ジャーナリストが最近アップデートしている。いわく「経済人《エコノミック・マン》は何かを決して必要としない。彼はただ欲するだけだ」(Marçal, 2015, p. 168)。

主流派のいわゆる「新古典派」経済理論に対して、同様の描写はいくつもある。「需要概念と比べて、必要概念はしばしば経済学者たちによって忌避されてきた」(Boulding, 1966, p. 202)。「一見したところ、必要概念なしですますことができる学問分野があるとすれば、それは新古典派経済理論と、その規範的な対応物である厚生経済学である」(Doyal and Gough, 1991, p. 22. 邦訳 p. 27)。「今日の主流派の経済理論は……必要が欲求から区別されうることを否定し、また経済学において必要概念が正当な位置をどのようなものであれ占めることを否定する」(Davis, 1994, p. xvii)。「新古典派の経済学者たちは、「必要」という言葉の使用を避けることに尽力してきた」(McCain, 2014)。「一般論でいえば、私にとって何が必要かについて、私は知るし、ゆえに欲しがるだろう。……経済学では完全に失われてしまった見方だが、そこには〔欲求と必要という〕二つの異なったカテゴリーがある。経済学者は一つのカテゴリーだけで理論を組み立てたがる。すなわち選好のカテゴリー、とりわけ有効な顕示選好のカテゴリーである。そこにあるのは、人びとが欲しがるもの、それがすべてである」(Geuss, 2018, pp. 327–28)。

詳しくは第1章や第2章で検討していくが、現代の主流派の経済学では、必要は、主観的な満足や好みを表す効用(utility)や選好(preference)と同一視され、それらは、人びとの市場での購買活動を通じた選択(choice)によって明らかにされると考えられている。主流派の経

図2　主流派経済学における必要の不在

済学の世界には、必要は存在しない。図示すると、さきの図1ではなく、上の図2のようになる。実際、イギリスの経済学者のアンソニー・J・キュライヤー（Anthony J. Culyer, 1942-）やアラン・ウィリアムズ（Alan Williams, 1927-2005）は、「「必要」という言葉は、公共政策の議論から消え去るべきである」と言い、必要に基づく社会政策などの議論を「ニードロジー（needology）」と揶揄する（Williams, 1974）。私たちは日々の会話で「必要」という言葉を使うし、政策文書などでもそうだ（英語であれば、'need' または 'needs'、日本語では「必要」に加え、'needs' を片仮名書きしたものが起源の「ニーズ」という言葉が大量に使われてきた）[2]。しかしこれらの経済学者の議論に従えば、それらはすべて非論理的かつ非合理的だということになる。

本書のテーマ

しかし必要概念が欲求概念に還元されてしまうとすれば、つまり、欲しいものと必要なものがいつでもぴったり一致するのなら、冒頭で紹介したローリング・ストーンズの歌の一節は意味をなさない。またエイミー・ワインハウスの歌の一節は、飲酒よりも友達を選好すると言っているに過ぎないということになる。そうなのだろうか。

本書のテーマは、人間が欲求には還元されない必要を持っており、そうした必要を経済学がどのように扱ってきたかについてである。しかしここまで見てきたように、今日の主流の経済学では、必要について語られていないし、第1章で見るように経済学の有力な定義に従えば、そもそも論理的に経済学の対象から必要概念は除外されている。とすれば、本書がすべきことは何も残っていないようにも思われる。

あるいは以下のように予想されるかもしれない。第一に、もし理論的に枢要な地位を必要概念に正面から与えるような議論があるとすれば、それは、主流派からは経済学者と認められないような、異端の経済学者たちの議論なのではないか[3]。第二に、経験的研究などで、場合によっては裏口から、暗黙のうちに必要概念が密輸入されているといった場合なのではないか。実のところ、このいずれの場合も存在している。しかし本書の主眼はそれらを網羅的に紹介することにはない。

本書で明らかにしたいことは、以下の三つである。第一に、主流派の経済学者たちが自分たちの起源だと主張する経済学の「始祖」たちの理論にとって、人間の必要はとても枢要な位置を占めていたこと。第二に、その「始祖」たちが彫琢した必要概念の持つ特徴。第三に、それらの特徴への着目が現在を生きる私たちにとって持つ意味。これら三つを明らかにすべく論じていく。

「始祖」として本書で取り上げるのは、アダム・スミス（Adam Smith, 1723–1790）とカール・メンガー（Carl Menger, 1840–1921）の二人である。すでに触れたようにスミスは、一般に「経済学の父」と呼ばれてきた。実際、主流派の経済学者からのスミスを讃える声は枚挙にいとまがない。スミスの死後、八〇年あまり後に、「限界革命」と呼ばれる大きなパラダイムの転換が経済学に起こる。メンガーは、スタンリー・ジェヴォンズ（William Stanley Jevons, 1835–1882）、レオン・ワルラス（Marie Esprit Léon Walras, 1834–1910）と並んで、この限界革命の、さらには現代の主流派経済学の父と呼ばれている。この二人（スミスとメンガー）のそれぞれの理論にとって必要概念が中心的な位置を占めていたことが明らかにされる。そして、両者の必要概念のいくつかの特徴を解明していくが、そうした特徴――いくつかあるうちの一つをここで挙げてしまうことを許してもらえれば、間主観性――を持つ必要概念が、現代に生きる私たちにとって持つ意味を探っていく。

たとえば、スマートフォンを持てないことは貧困だろうか。「相対的貧困」とはどういう意味だろうか。必要が有限であったり、間主観的であったりするということは、現代の気候危機とどう関係するのだろうか。経済学はこれまで、ケアに関わる問題を視野の外においてきたと批判されてきた。ケアに関わる活動が、労働として社会に認知されているものであれ、無償（unpaid）のものであれ、どれだけ私たちの生活に不可欠な労働《エッセンシャル・ワーク》であるか、コロナ禍で可視化された。必要をめぐる議論は、これらの問題とどのように関わるのだろうか。

本書の構成と初出

本書前半では、スミスやメンガーにとって必要概念が中心的な役割を果たしていたこと、ただそれは彼らを持ち上げる主流派の経済理論にとっては不都合な要素であったことを明らかにする。そして本書後半では、スミスやメンガーにとっての必要概念の意味を発展させようとしてきた今日につづく議論を紹介する。それは、もう一つのありうべき経済学を示唆するものであると同時に、現代社会における必要についての理論的展開でもある。

第1章では、まず、スミスについての先行研究と本書の関係、スミスのテキストを本書がどのように扱うか、などについて触れる。ついで、アダム・スミスの言葉としておそらくもっとも有名な「見えざる手」という言葉が使われている一節での議論が、実際にはどのような議論だったのかを明らかにする。この言葉は、不平等な市場社会を肯定するものとして知られているが、その意味で使用されているのはスミスの『道徳感情論』においてであり、そこでの議論は、私たちの必要が有限であることを前提にしていることを明らかにする。さらに、この有限な必要という概念が、その後の経済学のなかでどのように扱われているか、あるいは扱われていないかについて概観する。

第2章では、『国富論』でのスミスの叙述に即しながら、スミスが必要をどのように捉えていたのかを詳しく見ていく。スミスの持つ必要概念の特徴を十全に把握するために、必要の存在論と認識論という概念を導入し、整理する。存在論としては、前章で明らかにした有限性のほかに、客観性または間主観性という特徴を持っていることを明らかにする。必要が主観的でないということが、主流派経済学のなかで必要概念が忌避される要因の一つとなっていることを跡づける。

第3章では、スミスが一方で最下層の必要が充足されていることを根拠に市場社会を正当化しながら、他方で最下層の必要が充足されていないことを認識していたことを明らかにする。このスミスの事実認識に基づけば、スミス自身の市場社会の正当化が成り立たなくなってしまう。この謎を解くために、スミスの議論を、スミスに影響を与えた一七世紀から一八世紀にかけての言説空間のなかに位置づける。

第4章では、スミスよりさらに直接に、現代の主流派経済学の産みの親ともされる三人の経済学者のうちの一人であるカール・メンガーに焦点をあわせる。メンガーは、スミスの影響をほとんど受けていないし、徹底した「主観主義」を標榜するオーストリア学派の祖とされているが、スミスとおなじような客観的ないし間主観的な必要概念を展開していたことを明らかにする。しかし、メンガーを称揚する、新古典派やオーストリア学派の経済学において、メンガーの必要概念の客観性や間主観性がどのように無視されていったかを跡づける。

第5章では、前章で述べたようにメンガーの必要概念が一般にメンガーの正当な遺産相続者とみなされる学派において受け継がれなかったのに対して、この遺産を引き継いで発展させようとした人たちがいたことを跡づけていく。カール・ポランニー（Polányi Károly: Karl Polanyi, 1886–1964）とカール・ウィリアム・カップ（Karl William Kapp, 1910–1976）の実体的経済学あるいはエコロジー経済学においてメンガーの必要概念がどのような意味を持ったかを探る。

第6章では、ジョン・メイナード・ケインズ（John Maynard Keynes, 1883–1946）によって一九三〇年になされた二〇三〇年の社会についての予言のなかで触れられた「絶対的必要」と「相対的必要」について、詳しく見ていく。一九六〇年代以降、いわゆる「貧困の再発見」のなかで「相対的貧困」が社会が解消に取り組むべき問題として前景化する。その「相対的貧困」について一九八〇年代に理論的論争が、ピーター・タウンゼンド（Peter Townsend, 1928–2009）とアマルティア・セン（Amartya Sen, 1933–）の間で行われた。両者の間の論争自体は不幸なすれ違いに終わったが、本書では、タウンゼンド、センそれぞれの議論にスミスの必要概念が果たした役割について検討すると同時に、スミス、タウンゼンド、センに共通する必要の存在論を手掛かりに、もし論争がすれ違いに終わらなかった場合に明らかにされたであろうことについて、その輪郭を描くことを試みる。

第7章では、スミスやメンガーの視野には入っていなかった、必要充足における無償のケア労働を可視化してきたフェミニスト経済学において、必要概念が枢要な役割を果たしていることを、ジュリー・ネルソン（Julie A. Nelson, 1956–）の議論を中心に見ていく。そこでの必要概念が、本書で明らかにしてきたスミスやメンガーの必要の存在論とどのように関連しているかを分析する。また必要を受動的な概念だとして退ける言説について、フェミニスト経済学の議論を参照しながら、その当否を検証する。

終章では、スミスとメンガーを中心に経済学における必要概念を描いた本書の議論で明らかとなったことを整理すると同時に、その今日的意味について検討する。

本書の叙述の仕方について、お断りをしておきたい。たとえばスミスについての研究書であれば、スミスについての先行研究について、より詳しく記述されることを期待する読者もいるだろう。ただ、第一に、本書は特定の知の巨人についての研究というより、（その巨人たちが大事にした）ある概念についての研究であること、第二に、より広い読者を意識していることから、先行研究との関連については、一部を除いて注で言及するか、煩雑になりすぎる場合は省いたりしている。本書の内容の大半は、以下に記すように、すでに学術論文の形で公刊されており、それらの論文のなかで、先行研究との関連などについて、本書より詳しく言及している箇所もあるので、関心のある方はそちらを参照してもらえれば幸いである。

本書が主に下敷きにしているのは、左記の四つの論文である。

Yamamori, T. (2017). The concept of need in Adam Smith. *Cambridge Journal of Economics,* 41(2), 327–47.
Yamamori, T. (2018). The concept of need in Amartya Sen: Commentary to the expanded edition of collective choice and social welfare. *Ethics and Social Welfare,* 12(4), 387–92.
Yamamori, T. (2019). The Smithian ontology of 'relative poverty': Revisiting the debate between Amartya Sen and Peter Townsend. *Journal of Economic Methodology,* 26(1), 70–80.
Yamamori, T. (2020). The intersubjective ontology of need in Carl Menger. *Cambridge Journal of Economics,* 44(5), 1093–1113.

二〇一七年の論文の内容が、本書第1章から第3章までの内容におおよそ対応している。同論文の結論で走り書きした内容の一部を展開したのが、右記残りの三つの論文であり、本書第4章以降である。二〇一八年の論文の一部は、本書第7章の一部に対応している。同章の残りは書き下ろしたものだが、一部、山森（2016）も下敷きにしている。二〇一九年の論文に対応しているのが、本書第6章であるが、同章の一部は山森（2000）も下敷きにしている。二〇二〇年の論文に対応しているのが、本書第4章と第5章である。ただいずれもあくまで下敷きにしているだけで、内容はかならずしも同一ではない。なお二〇一七年の論文には、ヨーロッパ進化経済学会（European Association for Evolutionary Political Economy）より同年のウィリアム・

カップ賞を頂いた。敬愛する経済学者であるカール・ウィリアム・カップの名を冠した賞を、本書の元となった論文に頂けたことは望外の喜びである。その論文はスミスに関するもので、カップについてはまったく言及していなかった。自分の頭の中の構想ではこの本のようにカップの議論へと繋がっていくことを思い描いていたが、その構想を認めていただいたような気がしてとても勇気づけられた。本書がカップの衣鉢を継ぐものとなっているかどうか、また彼の肩の上からさらに遠くを見通すものとなっているかどうかの判断は、読者に委ねたい。

注

1　本書以下では、「欲求（want）」と「欲望（desire）」は共に、ここで述べたような、主観的に何かを欲するということを指す言葉として、ほぼ同義に用いる。

2　動詞'need'は、現代英語の話し言葉で使われる頻出動詞トップ五〇に含まれる（Krug, 2000, Appendix 1）。

3　経済学における「主流」と「異端」について、Backhouse（2000, 2004）、岡本・小池（2019）、Chester and Jo（2022）。なお本書では「主流」と「新古典派」をほぼ同義で使っている。「新古典派」という呼称を最初に使ったのは、ソースティン・ヴェブレン（Thorstein Veblen, 1857–1929）であり、他称である（Veblen, 1900）。ヴェブレンの用法を超えて「新古典派」という呼称の使用は広がっていくが、現在、その呼称が指し示す範囲についてはさまざまな見解がある（Morgan, ed., 2016）。

＊スミスやメンガーの著作含め、本書で触れる日本語以外で書かれた著作の日本語訳の存在には大変助けられてきた。引用にあたっては参照した日本語訳になるべく従おうとしている。しかし本章の議論

の文脈との兼ね合いなどで、訳文を一部変更している場合がある。煩雑となるのでその旨特記していない。

＊章頭エピグラフ　ＪＡＳＲＡＣ　出　２４０４５３７−４０１
　　　　　　　　　ＪＡＳＲＡＣ　出　２４０３３３０−４０１

第1章　スミスの「見えざる手」――必要の有限性

彼らは見えざる手に導かれて、大地がそこに住むすべての人の間で均等に分けられていたら行われたはずの分配とほぼ同じように生活に必要なものを分配し、意図せず知らずして社会の利益に貢献し、種の繁栄の手段を提供する。（『道徳感情論』）

1　はじめに

序章でも触れたように、アダム・スミスは、「経済学の父」として、また自由市場の擁護者として、広く知られている。スミスは、イングランドと合邦（一七〇七年）したばかりのスコットランドに、一七二三年に生まれた。一七五一年にグラスゴー大学の教授に就任する。一七五九年に『道徳感情論（*The Theory of Moral Sentiments*）』を出版し、一七六四年に大学を辞し貴族の子弟の家庭教師としてフランスに滞在した。帰国後、一七七六年には『国富論』を出版する。晩年はスコットランドの関税委員を務め、一七九〇年に死去した（表1）。

彼の使った「見えざる手」という表現は、自由市場の働きを端的に表す言葉として人口に膾炙している。この表現は、人びとが自己利益の追求に専念しそれ以外のことを考慮しなくても、

表1　スミス関連年表

1723：スコットランドのカーコーディに生まれる。

1751：グラスゴー大学論理学教授。

1752(-64)：グラスゴー大学論理学教授から道徳哲学教授に転ずる。このころより学内の教授館に母（マーガレット・ダグラス）と母方のいとこ（ジャネット・ダグラス）とともに住む。

1755：ルソー『人間不平等起源論』出版。
（スミス、翌56年に『エディンバラ評論』への寄稿で言及）

1759：『道徳感情論』出版。

1762-63：この頃、いわゆる「国富論草稿」執筆。スミスの法学講義の受講生ノート。

1764：『道徳感情論』フランス語訳出版。

1764(-66)：バックルー公爵の家庭教師として、フランスとスイスを旅行。パリでテュルゴーと交流。

1770：『道徳感情論』ドイツ語訳出版。

1776：『国富論』出版。アメリカ独立宣言。

1778：スコットランド関税委員。マーガレットとジャネットとともにエディンバラに移る。

1784：マーガレット死去。『国富論』第3版出版。

1788：ジャネット死去。

1789：『国富論』第5版出版。フランス革命勃発。

1790：『道徳感情論』第6版出版。スミス、スコットランドのエディンバラで死去。

出所：堂目（2008）、篠原・只越・野原（2022）「アダム・スミス年譜」などを参考に筆者作成。

社会はうまく回っていくことの比喩と理解されてきた。そして必要についてのスミスの言明といえば、「われわれの必要についてかたることはけっしてなく、かれらの利益についてかたる」という一節がよく知られている。[1] 私たちがパンや肉を必要とする時、パン屋や肉屋に対して、パンや肉がどれだけ切実に必要かを訴えるのではなく、代金を払う。スミスが指摘しているのは、このことである。では、スミス自身は私たちの必要について語ることは決してなかったのだろうか。

実はスミスにおける市場の正

当化において、必要概念は重要な役割を果たしている。というよりも、社会の最下層の人びとの必要が充足されるメカニズムの探求こそが、スミスの「経済学」の出発点だった。そして「見えざる手」による自由市場の正当化という論理そのものが、必要概念を前提にしたものだったのである。この章ではスミスがどのように必要を論じたのかについて、詳しくみていくことで、これらを明らかにする。

スミスの必要概念は、経済学者、哲学者、思想史研究者などの間で、それほど中心的な関心の対象とは、なってこなかった。[2] しかしイシュトヴァン・ホント（István Hont, 1947-2013）とマイケル・イグナティエフ（Michael Ignatieff, 1947-）による論文「『国富論』における必要と正義」（Hont and Ignatieff, 1983）と、同論文が引き起こした論争については、同論文の表題に「必要」の語が入っていることもあり、触れておくべきだろう。一八世紀までのヨーロッパでは、「必要性という権利（right of necessity）」と呼ばれるものがあった。これは、「極端な欠乏の場合に他者の財を許可なく使用しうる」権利で、トマス・アクィナス（Thomas Aquinas, c.1225-1274）、フーゴー・グロティウス（Huigh de Groot : Hugo Grotius, 1583-1645）、ザムエル・フォン・プーフェンドルフ（Samuel von Pufendorf, 1632-1694）など、スミスに先行する思想家たちによって論じられてきたものである。[3] この「必要性という権利」を正義の領域からポリティカル・エコノミーの領域へとスミスは移し替えた、とホントとイグナティエフは主張する。[4] これに対して、この主張には二重の誤りがある、とサミュエル・フライシャッカー

（Samuel Fleischacker, 1961-）は論駁する。第一に、ホントとイグナティエフは、スミスや先行するプーフェンドルフらの正義の概念を正しく理解しておらず、第二に、スミスが「必要性という権利」を否定していたという解釈も誤りだと断じる（Fleischacker, 2004b）。この第二の論点については、スミスが「必要性という権利」を認めていたとする論者（Witztum and Young, 2006; Witztum 1997, 2005, 2013）と、認めていないとする論者（Werhane, 1991; Salter, 1994, 2000, 2012）の間で、議論が続いている。

ホントとイグナティエフは、不平等な社会で富裕が実現しているという「商業社会の逆説」に答えたのが、スミスの『国富論』だと論じている。本書も彼らの見解を踏襲している。またホントとイグナティエフと、彼らと論争している論者たちとに共通しているのは、スミスが生前に刊行した二つの書物である、『道徳感情論』と『国富論』を、二つの異なった理論としてではなく、相互に補完しあうものとして読むという点である。本書はこの点も踏襲している。

しかしながら、これらの先行研究での主要な論点──「必要による分配」という原理やそのように解釈できる論理をスミスが認めているかどうか、あるいはそもそも「必要性という権利」とはどのような権利だったのか──は、本章の主題ではない。本章が取り組むのは、むしろその手前の話で、そもそも人の必要を、スミスがどのように捉えていたかという点である。人の必要を、スミスがどのように把握し、そのことが『道徳感情論』や『国富論』でのよく知られているスミスの議論とどのように関連しているのか──この点については、ほとんど先行研究はなく、本書での議論が、スミスにおける、そしてより一般的に経済学における（さらには現代世界における）必要概念の持つ意味についての今後の研究に役立てば、というのが私の希望である。

必要概念については、哲学においても、それほど議論されてこなかったと指摘したのが、序章冒頭で言及したウィギンズである（Wiggins, 1987）。その後、研究がすすみ、さまざまな定義や議論が存在している（Doyal and Gough, 1991; Brock 1998; Reader, 2005, 2007a; Soper, 2006; McCain, 2014）。しかしここでは、特定の哲学者の議論に従って、狭く定義された必要の概念から始めることはしない。そうではなくて、ここまで言及してきた論者たちの必要概念の理解に広く共通していると思われるいくつかの特徴から始めたい。それらは以下の三つである。第一に、ある人の必要が満たされないということは、その人に何らかの危害をもたらしうる。第二に、この危害という観点から、必要を満たすべきだという責務が生じる。すなわち必要という言葉は、言語としてすでに規範性を帯びているのである。第三に、これら二つの特徴から、必要は、欲望（desire）や欲求（want）――純粋に主観的な意味で使われる現代的な用法での――といった概念に還元することはできない。本書では以下まず、このような意味での必要概念がスミスの著作に存在すること、そしてそのような必要概念がスミスの理論において枢要な役割を果たしていることを明らかにする。その上で、スミス自身が、必要概念にさらにどのような特徴を持たせているかを検討することとしたい。

本書でのスミスの著作（や著作とされるもの）の扱い方について明示しておこう。スミスの著作から、相矛盾する言明を見つけることは容易い。その結果、相対立する解釈を行う研究者たちが、それぞれの解釈を支持しうる箇所を引用して論拠としあう、不毛な「引用の戦争」を招きがちだと、先述の「必要性という権利」論争の一翼を担ったエイモス・ウィッタム（Amos Witztum）は述べる。[5] そうした不毛な論争を避けるべくウィッタムは「これらの明らかに矛盾する引用すべてを調停しうるような論理的構造をスミスが提供しているかどうか」を探究すべきだとする（Witztum, 2013, p. 258）。本書も、「論理的構造」を明らかにしようとする点でウィッタムに従いたい。ただし二つの留保つきでである。[6]

一つ目の留保は、ウィッタムがスミスの著作すべてを対象にして、それらの矛盾を調停できるような論理的構造を見つけ出そうとしているのに対し、本書では、スミスの著作のうち、『道徳感情論』と『国富論』にその範囲を限定する。一七五九年に出版された『道徳感情論』が、死の直前（一七九〇年）に改訂され、第六版として刊行されたことと、一七七六年に出版された『国富論』も、スミスの手によって何度か改訂され、生前最後のものは一七八九年に第五版として刊行されていることから、これらの二つの著作（少なくとも前者の第六版と後者の第五版）を、統一的に読むことには合理性があると思われる。[7] しかしながら、このことは、この二つの著作以外には当てはまらない。本書では、スミスが一七五六年に『エディンバラ評論』に寄稿した文章（EPS所収）、一七六二年ごろに執筆され生前には出版されなかった草稿（ED）、同じころのグラスゴー大学での『法学』講義を受講した学生たちが書いたノート（LJA, LJB）、死後に刊行された『天文学史』（EPS 所収）にも言及する。しかしこれらは、『道徳感情論』や『国富論』とは同等には扱わない。第一に、これらからの引用を、スミスの一貫した「論理的構造」を示す（あるいはそれへの反証を示す）証拠として用いない。まず、初期に雑誌に寄稿した文章については、そこで示された考えがすべて、その後もまったく変わらずに維持されたことを示す証拠はない。ましてやスミスが生前公刊しなかった著作や、スミスの講義受講生による講義ノートについても同様である。執筆や講義の時点でも、出版できるほど論理を煮詰めきれていないと判断していた可能性もあるし、仮にスミスにとって納得のいくものであったとしても、その後考えが変わらなかったことを保証するものはない。第二に、それでもこれらの著作に言及するのは、スミスの概念がどのように変遷ないし進化したかの手がかりを探すという系譜学的な仕方によってである。このような利用の仕方は、たとえスミスが出版しなかった著作でも可能であろう。

二つ目の留保は、『道徳感情論』と『国富論』における「明らかに矛盾する引用すべてを調停しうるような論理的構造をスミスが提供しているかどうか」を探究するものの、それはスミスがそのような論理的構造を必ず提供しているとは決めつけないという点である。先に触れた両著作の改訂版へのスミス自身の取り組みなどから、二つの著書で展開された理論を対立的にではなく、統一的に読もうとするし、そのような読みから現れる理論（あるいはウィッタムのいう「論理的構造」）を明らかにしようとするけれども、そのことは、二つの著作の間で、さらにはそれぞれの著作のなかに存在する「明らかに矛盾する」記述がすべて、何らかの「論理的構造」で説明されうるという立場を先見的に取ることではない。場合によっては、別の事情によって説明されうる（あるいは現時点では説明がつかない）という可能性を除外しない。

なおスミスは、人間の無限の欲求と対比されるところの有限な必要を表す言葉として、'need(s)'、'necessity(-ies)'、などを使っている。また必要を満たすための財＝必需品を表す言葉として、'necessary(-ies)'、を使っている。さしあたり本書第3章までは、これらをまとめて必要概念として考察する。[8]

2　『道徳感情論』における「見えざる手」の論理構造

「見えざる手（invisible hand）」という言葉はよく知られているが、スミスがこの言葉を使ったのはたった三か所だけである。最初に使われたのは、一七五〇年代に書かれたと推測される『天文学史』（出版は死後）のなかで、次に使われたのは一七五九年に出版された『道徳感情論』のなかで、ついで一七七六年に出版された『国富論』のなかで、それぞれ一か所ずつである。

このうち『道徳感情論』での使用が、「見えざる手ドクトリン」とでもいうべき自由市場擁護の主張を体現している（Macfie, 1971, p. 595）。[9] 該当箇所を引用しよう。

傲慢で冷酷な地主は自分の広大な農地を眺め、一族郎党の窮乏を顧みず、収穫を自分一人で食べ尽くしてやろうと考えるかもしれない。だがそんなことはできない相談で、実際にはこの地主は「目は腹より大きい」という庶民の素朴な言い伝えをもののみごとに実証するだけである。地主の胃袋は欲望の巨大さに見合うほど大きくはないし、貧しい農夫の胃袋よりたくさん詰め込めるわけでもない。したがって、残りを地主は分配せざるを得ない。……金持ちは、潤沢な生産物の中から最も高価でよさそうなものを少しばかり選び出すにすぎず、貧しい人よりたくさん消費するわけではない。金持ちは生まれつき利己的で貪欲で、いつも自分の便宜だけを考え、大勢の雇い人の労働から得ようとする唯一の目的は自分自身の底なしの空虚な欲望を満たすことかもしれないが、それでもなお彼らは、土地の活用によって得られた生産物を貧しい人々に分配するのである。彼らは見えざる手に導かれて、大地がそこに住むすべての人の間で均等に分けられていたら行われたはずの分配とほぼ同じように生活に必要なものを分配し、意図せず知らずして社会の利益に貢献し、種の繁栄の手段を提供する。（TMS, pp. 184–85. 邦訳 pp. 400–01. 傍点は筆者）

ここで土地が平等に分配されている社会と、土地が不平等に分配されている社会が比較されている。この比較は、ジャン・ジャック・ルソー（Jean-Jacques Rousseau, 1712–78）の『人間不平等起源論』(Rousseau, 1755) を念頭においてなされている。ルソーは土地の私有が始まったことに、その後の社会の不平等の起源を見いだした。この問題提起を踏まえた上でスミスは、土地が不平等に分配されている一八世紀の商業社会が、どのように道徳的に正当化しうるかを明らかにしようとしたのである。[10]

さて、では商業社会をスミスはどのようにして正当化したのだろうか。上述の引用箇所から読み取れるのは、「貧しい人びと」も「生活に必要なもの」を手にしている、言い換えれば社会の最下層の人びとの必要が満たされている、という点である。そしてまた、「金持ち」と「貧しい人びと」は、「生活に必要なもの」の分配において、土地が等しく分配されている平等な社会と「ほぼ同じよう」な平等な状態におかれている、という点である。

なぜ、主たる生産手段である土地が不平等に分配されている社会で、貧しい人びとの必要が満たされ、また必要充足という点で金持ちと貧しい人びとがほぼ平等な状態にある（とスミスは考える）のだろうか。「見えざる手」に導かれて、とスミスはいう。金持ちは「自分自身の底なしの空虚な欲望」を満たすために、生産活動を組織したり、あるいは消費を通じて促したりするが、「貧しい人よりたくさん消費するわけではない」。なぜなら、「地主の胃袋は欲望の巨大さに見合うほど大きくはないし、貧しい農夫の胃袋より沢山詰め込めるわけでもない」。ここでスミスが「胃袋」の比喩で指摘しようとしているのは、人間の必要の有限性である。スミスは「目は腹より大きい」という、当時の諺にも言及しているが、ここで「腹」が人間の必要の有限性の比喩だとすれば、「目」は人間の欲望の無限性の比喩である。金持ちの無限の欲望を駆動力として、生産が組織されるが、当の金持ちがその成果をすべて消費できるわけではない。なぜなら（金持ちであれ貧しい人であれ）人間の必要は有限だからである。したがって金持ちが消費しきれない残りの生産物は貧しい人びとの間に分配される、というわけである。現在も喧伝されている「トリクルダウン効果」による自由市場の正当化論の雛形をここにみることができる。このかぎりで『道徳感情論』における「見えざる手」前後の記述を、自由市場の正当化ドクトリンと見ることは間違いではない。

本書で注目したいのは、このスミスの「見えざる手」ドクトリンが何を前提とし、どのような論理構造をとっているのかということである。「見えざる手」という比喩で彼が言い表そうとしているのは、無限の欲望と対比されるところの必要の有限性である。「見えざる手」前後の記述の論理構造は以下のように整理できるだろう。

① 人間の必要は有限である。[11]
② 人間の欲望は無限である。
③ 金持ち（生産手段の所有者）の多くはその無限の欲望を、有限な必要と区別できない。
④ その結果、金持ちは無限の欲望に駆り立てられて、本人の必要充足に十分な程度以上の生産を組織する。

⑤ 金持ちの必要充足を上回る生産物は、貧しい人びとの消費にまわる。
⑥ その結果、貧しい人びとの必要は充足され、必要充足という点では、金持ちと貧しい人びとはほぼ「平等」である。

まず確認しておきたいのは、スミスの「見えざる手」ドクトリンにおける自由市場の正当化は、第一に、人間の必要の有限性という、必要概念理解、そして第二に、その必要が、社会の最下層の人びとにおいても充足されているという、現実理解を前提としているということである。第二の点は、このあと何度か立ち返るので、便宜のために、さしあたり「（スミスの）必要充足テーゼ」と呼ぼう。またこの点は言い換えれば、スミスにとって自由市場の正当化は、社会の最下層の人びとの必要が満たされているのならば、という条件つきだということである。彼の市場正当化論にはいわば「スミスのただし書き」とでも呼べる制約がついているのである[12]。

さて、前段で抽出した論理構造には、生産物は消費にまわるだけではなく、次期への投資としてプールされる部分もあるのではないか、など、疑義を挟む箇所がいくつかあるだろう[13]。本書の視角から重要な点は、⑤と⑥の間の飛躍である。スミスの言うように金持ちの欲望を満たすために働く人びとに、金持ちから賃金が支払われるという場合はもちろんあるだろう。したがって一定の「トリクルダウン効果」は観察されうる。しかしその効果が、社会の最下層の人びとの必要が本当に満たされるほど十分なものかどうかは、論理的には別の問題である。スミ

スの問題設定に即せば、残されている問いは、

・社会の最下層の人びとの必要は実際に満たされているのか（＝スミスの必要充足テーゼは成立しているのか）という、経験的な研究を要請する問い

・生産手段から除外されている社会の最下層の人びとの必要を、どのようにして商業社会は満たすのか（あるいは満たしうるのか）という、理論的な研究を要請する問い

の二つである。

前者の問いについて、管見のかぎり、後世のスミスに関する思想史研究は、必要が満たされていたことを自明視しているかのように、素通りしている。スミス自身は、一方で自明視している記述があり、他方で必要が満たされていないことを認識しているように読み取れる箇所もある。後者の問いについては、それに正面から答えようとしたのが『国富論』であった、と考えるのが自然であろうし、またこちらの問いは後世の研究者たちの関心事でもあった。

たとえばイグナティエフとホントは、生産手段の不平等な社会で、貧しい人びとの必要が良く満たされているという事態を「商業社会のパラドックス」と名づけ、『国富論』をそのパラドックスの解明の書と位置づけた（Hont and Ignatieff, 1983）。そこでは一八世紀後半の商業社会において貧しい人びとの必要が充足されていたというスミスの認識そのものは、問題化され

ていない。いわば自明の事実として扱われているのである。

　これら、事実認識に関わる問いと、理論に関わる問いの両方について、本書第3章で詳しく論じることにする。本章以下では、ここまでで明らかとなったスミスにおける必要の有限性の認識が、その後の経済学でどのように扱われたかについて駆け足で概観しておこう。

3　必要の有限性と経済学

現代の「見えざる手」

　前節で、スミスの「見えざる手」という議論は、私たち一人ひとりが持つ必要が有限であるという理解に支えられていることを見てきた。「必要は有限、なにを当たり前のことを」と、（あなたが経済学者のように考える人でなければ）思われるかもしれない。たしかに。本書冒頭のエイミー・ワインハウスの歌の歌詞だって、必要なのは一人の友達（a friend）であって、無数の友達ではない。経済学者だって、同じではないだろうか。さて、どうだろう。

　スミスの「見えざる手」という言葉は、市場にまかせれば世界はうまく回ることの比喩として、現代でも広く人口に膾炙しているし、現代の主流の経済学者たちによってもたびたび言及されている。たとえば二一世紀の標準的な経済学の教科書のひとつでは、次のように語られる。

アダム・スミスは、経済学のなかでも最も有名な考え方を提示した。市場において相互に影響しあっている家計や企業は、まるで「見えざる手」によって導かれているかのように、望ましい結果に到達しているというのである。本書におけるわれわれの目標の一つは、この見えざる手がどのようにその魔力を発揮するのかを理解することである。（Mankiw, 2018, p. 9. 邦訳 p. 15）

著者のハーバード大学教授グレゴリー・マンキュー（N. Gregory Mankiw, 1958-）は、さらに、アダム・スミスは、（新規参入や価格にかんして規制をともなうことが多い従来のタクシーに比べて、そうした規制を逃れて成長している）「ウーバーを好きだっただろう」と主張する。[14] 労働者を保護する法などの規制のまったくないむき出しの「市場」で、人びとが自己利益を追求することが、「望ましい結果」につながる、スミスの「見えざる手」とはそのような主張だとされる。[15]

このようなスミス理解のもとで、スミスのもともとの「見えざる手」の議論の核心にあった必要の有限性という認識は、残念ながら、現代の「見えざる手」論者たちからは消え去ってしまっているように思われる。実際、マンキューは以下のように、経済学を定義する。

社会には限られた資源しかなく、そのため人々が手に入れたいと思う財・サービスのすべてを生産できるわけではないことを希少性という。家計の構成員全員が望むもののすべてを手に入れることができないのと同様に、社会を構成するどの個人も自分の望みうる最高の生活水準を実現することはできないのである。経済学とは、社会がその希少な資源をいかに管理するかを研究する学問である。（Mankiw, 2018, p. 4. 邦訳 p. 4）

「家計の構成員全員が望むもののすべてを手に入れることができない」との一般化は、人はみな、無限に何かを望むという人間観を前提にしないと成立しえない。欲望が無限であれば、それを充足するための資源は、つねに希少である。私たちの望みの無限性と、それをかなえるための資源の希少性とが一般化・普遍化された世界、これが現代の経済学が起動する世界である。このような認識と経済学の定義は、ひとりマンキューだけのものではない。数多の経済学教科書が、マンキューとほぼ同様の形で経済学を定義づけている。[16]

本書冒頭にも掲げたように、ローリング・ストーンズは以下のように歌う。

欲しいものをいつでも手に入れられるとは限らない
でも頑張れば時には
必要なものなら手に入るかもしれない

「世界のエリートが学んだ」とされる、マサチューセッツ工科大学教授の経済学のロバート・

S・ピンダイク（1945-）らによる教科書は、この歌詞から始まる（Pindyck and Rubinfeld, 2009, p. 4. 邦訳 I, p. 4）[17]。ただし「欲しいものをいつでも手に入れられるとは限らない」という部分だけだ。私たちが手に入れられるものは、私たちの無限の欲望に比して資源が希少であることに限界づけられているということは、「幼少期に知る当然の事実」ではあるが、そのような条件下でどう行動するのかが、経済学の課題とされる。「必要」について語る歌詞の続きは引用されず、「必要なものが手に入るか」について語ることはない。

スミスの使用した「見えざる手」という言葉は、現代の経済学の教科書にも使われている。しかし、必要の有限性というスミスの議論の前提も、社会の最下層の人びとの必要充足というスミスの問題関心も、現代の経済学の教科書からは消え去ってしまったようである。いったいどのようにして消え去っていったのだろうか。

古典派経済学

スミスによる貧困者の必要への注目は、おもにイングランドでスミスの議論の批判的継承を行った一群の経済学者たち――彼らの議論は一般に「古典派経済学（Classical Political Economy）」と称される――に継承される。

イングランドの経済学者ロバート・マルサス（Thomas Robert Malthus, 1766-1834）は次のように言う。

アダム・スミス博士は、国の豊かさの本質と原因について研究したと自分では述べている。しかし、彼の著作にはもうひとつ別の……研究が、ときどき混在する。それは、……社会の下層階級に幸福と安楽をもたらす原因についての研究である。このふたつの研究が近い関係にあることは私も十分承知している。なるほど一般的にいえば、国をますます豊かにする原因は、その国の下層階級をますます幸福にする原因になりうる。しかし、アダム・スミス博士はこのふたつの研究を、実態以上に密接に関係づけているのではなかろうか。少なくとも彼は、社会の富（富の定義は彼にしたがう）が増大した一方で労働者階級の暮らしは楽にならなかった事例にほとんど留意しない。私はここで、人間にとって幸福とは何か、という哲学談義に入るつもりはない。ただ誰もが認めるふたつの要素についてのみ考察したい。ひとつは健康、もうひとつは生活必需品と生活便宜品がそろっていることである。（Malthus, 1798, pp. 303–04. 邦訳 pp. 221–22）

これはマルサスを一躍有名にした『人口論』初版の一節である。貧困者を救おうとする社会政策が逆に貧困者を苦しめると説いた同書が、一九世紀に持った政治的な含意からすると皮肉に聞こえるかもしれないが、同書が、貧困者の必要が満たされるかどうかに大きな関心を置いていたことは明らかであろう。

さらに、本書の文脈でマルサスが興味深いのは、フランスの経済学者ジャン・バティスト・セイ（Jean Baptiste Say, 1767-1832）の効用概念へのつぎのような批判である。「有用なものと単に高価なものとを区別することが、言いかえると人間の広く認められている一般的な欲求（the general wants of mankind）を満たすと考えられているものと、二三の人たちの気まぐれな趣味を満たすと考えられているにすぎないものとを区別することが一般の慣習であるにもかかわらず、一商品の効用をそれの価値に比例させているのである」（Malthus, 1827, p. 20. 邦訳 p. 22）。

マルサスの友人でもあった同じくイングランドの経済学者デヴィッド・リカード（David Ricardo, 1772-1823）は、マルサスへの手紙のなかで、経済学（political economy）を「勤労の生産物の形成に協力する諸階級のあいだへのその生産物の分配を決定する法則の研究」と呼んでいる（Ricardo, 1820, p. 278. 邦訳 p. 312）。貧しい労働者階級がどれだけの分配を受けられるかどうかは、リカードの主要な関心事の一つだったのである。

マルサスとリカードは、スミスの著作に「相互に矛盾した種々の個所」（Ricardo, 1817a, p. 115. 邦訳 p. 136）を見いだし、その継承、発展の仕方をめぐって互いに意見を交換しながらも、多くの点で意見を異にしたが、労働者階級の必要の充足については、その関心を二人ともスミスと共有していた。

新古典派経済学

このような古典派経済学における、多元的な効用把握や、必要概念への注目、さらには社会の最下層の人びとの必要充足への関心は、先述のように、現代の主流派経済学には引き継がれていない。その転機となったのが、一八七〇年代のいわゆる「限界革命」と、それを契機としその後半世紀近くかけて進行した、新古典派経済学と呼ばれるパラダイムの成立と主流化である（図3）。

「限界革命」とは、一八七〇年代に起こった経済学の大きな変化を指し、通常は、イギリスのウィリアム・スタンレー・ジェヴォンズの『経済学の理論』（一八七一年）、フランスで生まれスイスで活躍したレオン・ワルラスの『純粋経済学要論』（一八七四－七七年）、オーストリアのカール・メンガーの『国民経済学原理』（Menger, 1871）の刊行が画期となる出来事とされる。これらの三つの著作に共通するのは、第一に、スミス以来の古典派経済学とは異なり、主観価値論と呼ばれる立場に立っていることである。古典派経済学は、価値の源泉を、財を生産するのにかかった費用など、財に具現化されている「客観的な」要素に求める客観価値論に立っていたが、限界革命の担い手たちは、財を使用する諸個人が、その財からどれだけの効用や満足を引き出せるかという「主観的な」要素に価値の源泉を見たとされる。第二に、その効用の分析にあたって、その限界値に着目する限界効用分析を中心に経済理論の体系を組み立てていることである。

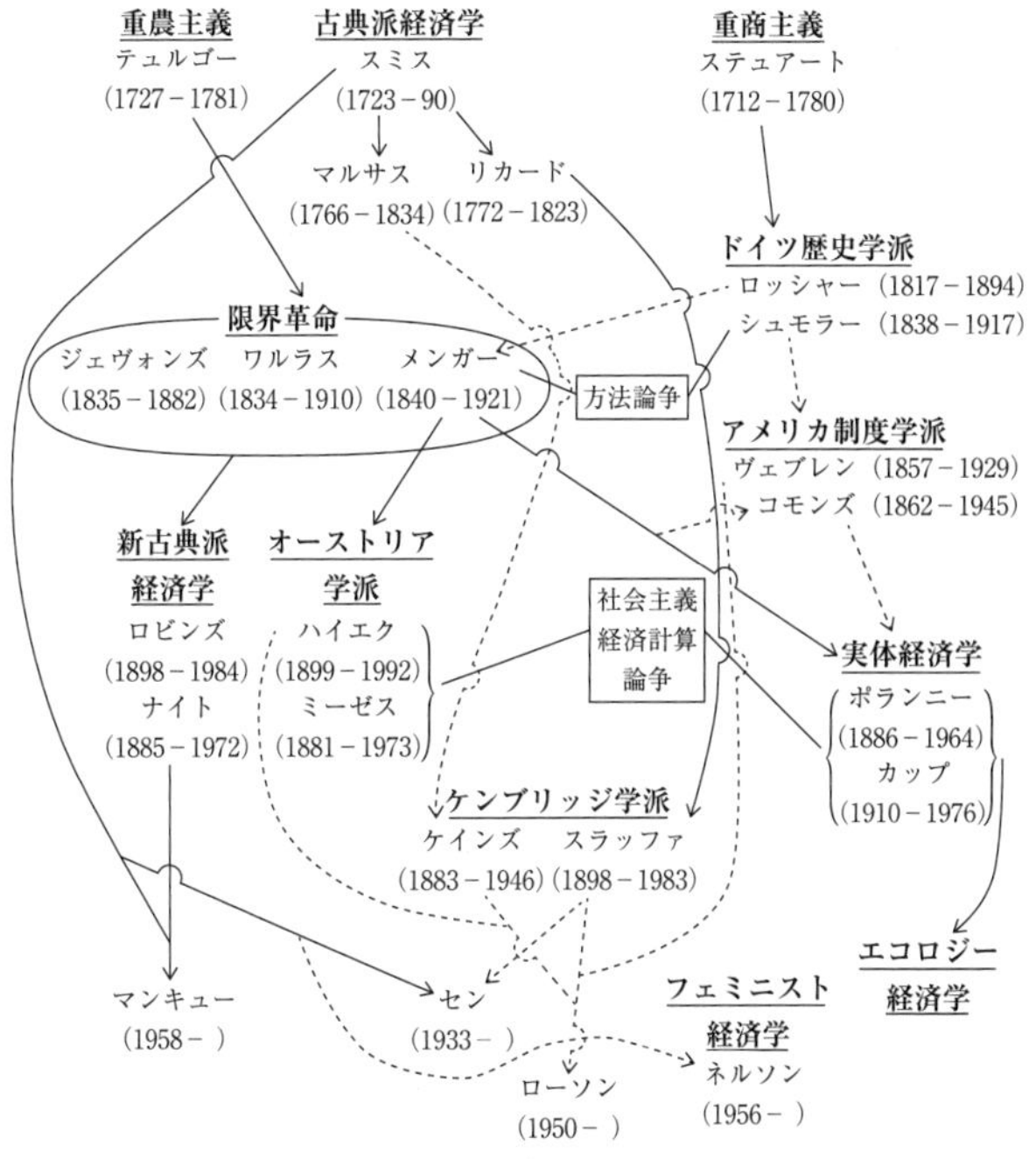

図３　本書で触れる経済学の諸学派の系譜

注：本図の表題にあるように、あくまで「本書で触れる」ものに限ってあり、経済学の諸学派の全体像を描こうとするものではない（たとえば、マルクス学派にも、新古典派内の様々な潮流にも触れていない）。図内で言及する、学派や論争についてもその主要な構成員ないし参加者であっても本書で言及していない人は省いてある（たとえばケンブリッジ学派に触れているのに、マーシャルもピグーもいない）。またある人がどの学派に属するとは一概に言えない（たとえば、テュルゴーを重農主義者と言えるか、など）が、通説に従っている。メンガーをオーストリア学派に入れていないのは、一つには図が煩雑になること、もう一つは、本書がそのような解釈からこぼれ落ちる側面に光を当てようとしていることが理由である。

出所：岡本・小池編（2019）p. 3の図表0「経済学の系譜で見る異端と正統」を参考に、筆者作成。

新古典派経済学の成立にかかわって、あるいは現代経済学と必要概念という本節の趣旨において、上記の限界革命のほかにもう一つ節目となる出来事を挙げるとすれば、イギリスの経済学者ライオネル・ロビンズ（Lionel Robbins, 1898-1984）による『経済学の本質と意義』（Robbins, 1932）の刊行だろう。同書は二つの仕方で、経済学者の視野から必要概念を遠ざけることとなった。一つは、経済学を定義しなおすことで、間接的に、もう一つは、効用の個人間比較を否定することで、直接的にである。

スミス以来の古典派経済学では、自らの役割を、富や物質的福祉の原因を探求するものと位置づけてきた。ロビンズは、これを「経済学の「物質主義的（materialist）」定義」として、退ける。代わりに彼が提示したのが、「経済学の「希少性（scarcity）」定義」である。すなわち、「経済学は、代替的用途を持つ希少な手段と、目的との間にある関係性としての人間行動を研究する科学である」（Robbins, 1932, p. 15. 邦訳 p. 17）。ここで希少性とは絶対的な意味ではなく、「需要との関連で制約がある」（Robbins, 1932, p. 45. 邦訳 p. 47）という意味で相対的であることを、ロビンズ自身は鋭く自覚していた。経済学の概念としての希少性は、無限の欲望（とそれを購買力によって裏打ちした需要）との関係で成立しているのである。ここでロビンズは、ひとの有限な必要の存在を直接には否定していない。しかし無限ではなくて有限の必要という概念は、経済学者が焦点をあわせるべき事柄からは論理的に除外されてしまっているといえるだろう。この定義が、広範に支持され、現代の多くの経済学の教科書が、このロビンズの定義に従っていることは、先ほど見た通りである。[18]

このように経済学の課題を、無限の欲望と希少な手段との間の関係におくことで、有限な必要概念を経済学者の視野から間接的に遠ざけることとなった同書だが、同時に効用の個人間比較を否定することで、直接的に必要概念を経済学の埒外に追い出すこととなる。この問題は本章の主題である必要の有限性とは関わらないので、第2章で詳しく触れることとしよう。

＊＊＊

先を急ぎすぎたかもしれない。話を現代からスミスに戻そう。スミスは無限の欲求と有限な必要を概念的に別個に存在しているものとして認識していた。個人において、無限の欲求（と有限な必要を取り違えがちなこと）が生産力の増大の駆動力となっていることを認めたうえで、必要の有限性ゆえに「見えざる手」が働いて、生産手段の所有に不平等がある社会でも、最下層を含むすべての人の必要が満たされると論じた。スミスの「見えざる手」による市場社会の正当化の核心に、無限の欲求と区別されるものとしての有限な必要という概念があった。次章では、スミスの必要概念について、さらに探求していこう。

注

1　「国富論草稿」と『国富論』でまったく同じフレーズで繰り返されている（ED, p. 572. 邦訳 p. 467;

WN, p. 27. 邦訳上巻 p. 17. スミスの文献表記法については注2参照）。ここでの邦訳は「国富論草稿」の水田洋訳に従った。

2　アダム・スミス研究については、膨大な先行研究が、英語、日本語、その他の言語で蓄積されている。英語圏での研究は、（過度の単純化をするならば）一方で、その折々の主流派経済学が正しいと考える経済理論の萌芽を「経済学の父」としてのスミスの議論に読み込んでいく流れがあり、それに対して他方では、一八世紀中葉のスコットランドやフランスという、スミスが身をおいた文脈（コンテクスト）のなかでスミスを理解すべきだという流れがある。前者はおもに経済理論の研究者がスミスに言及する時に採られる方法であり、後者はおもに政治思想史の研究者によって採られている方法である。後者は文脈的アプローチ（Contextual Approach）とも呼ばれ、俗に「ケンブリッジ学派」と呼ばれる人びとはこのアプローチをとる（Skinner, 1969; 田中 2006; Browning, 2016）。ケンブリッジ学派内部の差異については、森（2002）や高山・的射場（2006）参照。なおここで言及している政治思想史におけるケンブリッジ学派は、経済学におけるケンブリッジ学派とは別個のものである。

また、日本やドイツ、イタリアなどの非英語圏におけるスミス研究は、いわば「後発資本主義国」としてのナショナルな問題関心の影響も受けており、スミスの読み方に、英語圏の議論とは違った独自の視角を与えている。日本の先学の方々の能力と努力には多大なものがあって、英語圏以外ではおそらく質量ともに最大の研究蓄積があり（「世界でもっとも大量のスミス研究者を抱えている我が国」（有江 2009, p. 31））、また研究テーマによっては英語圏を凌ぐ蓄積があり、筆者もその恩恵にあずかっている。

なおスミスの文献表記を巡っては、日本における研究とケンブリッジ学派に共通する表記方法に従い、『道徳感情論』（*The Theory of Moral Sentiments*）をTMS、『国富論』（*An Inquiry into the Nature and Causes of the Wealth of Nations*）をWN、『哲学論文集』（*Essays on Philosophical Subjects*）をEPS、「国富論草稿」（*Early Draft of Part of the Wealth of Nations*）をED、二つの「法学講義」（*Lectures on Jurisprudence*）ノートをそれぞれLJA, LJBと表記する。

3　Fleischacker, 2004b, p. 28（邦訳 p. 41）。引用は邦訳に従っている。「必要性という権利」については、Mäkinen, Robinson, Slotte, and Haara (2020)。

4　同論文の主要な論点は、スミスをシヴィックヒューマニストとして読む議論に対して、グロティウスやプーフェンドルフら自然法学者の後継者として読むべきだという提案であるが、ここでは立ち入らない。ホント&イグナティエフ論文について、日本でも翻訳含め研究があり、たとえば新村(1994)、中澤(1999)、竹本(2005)。

5　Witztum (2013, p. 260)。ウィッタムはイギリスの経済学者。近著にWitztum (2019)。

6　以下の二つの留保は、クエンティン・スキナー（Quentin Skinner, 1940-）のいう「一貫性の神話」に陥ることを（完全には無理かもしれないが）可能な限り避けるためである（Skinner, 1969）。

7　本書での『道徳感情論』および『国富論』からの引用は、特記ない限り、それぞれ初版から第六版、初版から第五版で論旨にかかわる変更のない箇所からの引用である。特定の版のみの箇所からの引用はその旨注記する。なお、これら二つの著作を統一的に読むか、別個の理論として読むかという問題は、「アダム・スミス問題」として知られている。ここで「アダム・スミス問題」とは、『道徳感情論』では利他的な個人について論じていたのに、『国富論』では人の利他性は後景に退き、利己的な個人が前景化しているのは何故かという「問題」であり、その理由として、一七六〇年代のフランス滞在中の当地の知識人との交流とその影響が挙げられたりする。一九世紀半ばのドイツ語圏で議論され始めた。本書でも依拠しているスミスの標準的なテキストであるグラスゴー版全集の『道徳感情論』の編者である、D・D・ラフィル（David Daiches Raphael, 1916-2015）とA・L・マクフィー（Alexander Lyon Macfie, 1931-）は、「いわゆる『アダム・スミス問題』は、無知と誤解に基づいた疑似問題」であるとして退けている（Raphael and Macfie, 1982, p. 20）。注2で触れたケンブリッジ学派の人びとの多くは同様の見解を踏襲している。日本でもこの問題については古くから触れられてきた。比較的新しいもの、とりわけ上記のマクフィーらの棄却以降の動きの優れた紹介として、大島・佐藤（2010）。スミスの二つの著作を統一的に読む日本語での著作は多くあるが、たとえば堂目

(2009)。統一的に読もうとすることの孕む問題については、竹本(2005)。

8　箇所によっては、'want(s)' が本書での必要の意味で使われている場合もある。

9　『天文学史』の哲学の起源について論じている一節で、「ユピテルの見えざる手」という表現が使われているが、通常理解されているスミスの「見えざる手」とはまったく関係がない(EPS, p. 49. 邦訳 p. 31)。『国富論』で「見えざる手」の比喩が使われているのは第四篇第二章で、国内で生産可能な商品の輸入規制の是非を論じる文脈においてである。ここでスミスは、「各人が社会全体の利益ために努力しよう」とはせず、「自分の利益を増やすことを意図している」にすぎないにもかかわらず、「見えない手に導かれて」、「外国の労働よりも自国の労働を支えるのを選ぶ」と論じる(WN. p. 456. 邦訳下巻 p. 30)。『国富論』の「見えざる手」は、商業社会を前提とした上でその社会間の貿易についての保護政策の是非に関わるのに対して、『道徳感情論』の「見えざる手」は、商業社会そのものの是非に関わる。

10　Hont and Ignatieff(1983)、および Ignatieff(1984, ch.4)。スミスはルソーの『人間不平等起源論』の書評を『エディンバラ評論』に寄稿している(Smith, 1756[1980])。それは『起源論』から選んだ三か所のスミス自身による翻訳が含まれている。その三か所のうちの二つ目は、次章で触れる必要の進化に関係するものである。ルソーにおける必要の進化的特徴について、Fridén(1998)。ルソーへのスミスの応答について、Schliesser(2006), Hont(2015)。

11　この一節でスミスはさらに、貧富の差によって必要の大きさに差はないことを前提としている。ただしこの点については、必要の有限性とは異なって、第一に、この前提がないと「見えざる手」の論理が成立しないとは限らないこと、第二に、この点についてはその後スミスの考えに揺らぎがあり、『国富論』では異なっていることの二点に注意したい。またこの箇所ではスミスは自明として触れていないが、人間は必要を持ち、一方で他者の助けが必要な存在であり、また他方で他者が幸福であることが人にとって必要であるとスミスは考えていた。すなわち「社会の成員は、誰もが互いの助けを必要とする」(TMS, p. 85. 邦訳 p. 221)。「人間というものをどれほど利己的とみなすとしても、なおその生まれ持った性質のなかには他の人のことを心に懸けずはいられない何らかの働きがあり、他人の幸福を目にする快さ以外に何も得るものがなくとも、その人たちが幸福であることが自分にとって必要不可欠なものとなる」(TMS, p. 9. 邦訳 p. 57. 訳は一部変えている)。この点については、終章でまた立ち返る。

12　イストヴァン・ホントとマイケル・イグナティエフに従えば、ここでいうスミスのただし書きは、ザムエル・フォン・プーフェンドルフのただし書きでもあった (Hont and Ignatieff, 1983, p. 34. 邦訳 pp. 39-40)。

13　竹本洋 (1944-) は、消費に回らず資本蓄積に資する部分があることに、『道徳感情論』のスミスは気づいていなかったが、『国富論』のスミスはそれに気づいたと指摘する。そして資本蓄積が豊富をもたらし貧困を解消するというのが『国富論』での論理構造だということになる。それゆえ、『国富論』でも不平等にもかかわらず貧困から脱し得ているると記述されているが、そのレトリックにひきずられるべきではなく、不平等ゆえに貧困から脱し得ているのだという論理構造へと変わったことを認識し、そのように読み替えなくてはならないと論じる (竹本 2005, pp. 6-15)。トリクルダウンの原因を、贅沢品の消費に求めるにせよ (『道徳感情論』)、資本蓄積に求めるにせよ (『国富論』)、それらが社会の最下層の人びとの必要を満たすに十分なトリクルダウンをもたらすかは、この『道徳感情論』の記述では答えられていない。『国富論』でどのように答えられているかについて、本書第2章および第3章で触れることになる。

14　Mankiw (2018, p. 11. 邦訳 pp. 17-19)。ウーバー・アプリを利用するスミスが、彼を運んでくれる運転手が「労働者」ではなく「事業主」だとウーバーが主張していたと知ったときに、どう反応するかは、私も知りたい。

15　経済学者による「見えざる手」の使用についての包括的な研究として、Samuels et al. (2011)。

16　たとえば以下を見よ。「われわれの生活は、なんらかの「手段＝資源」を用いて、ある「目標＝欲望」の実現をはかることから成り立っている。ところで、もし仮に目標達成手段すなわち資源の利用可能性になんらの制約も存在しなければ、そこには「技術的」（technical）な問題はあっても「経済的」（economic）な問題は存在しない。われわれの生活の経済的側面は、なによりもまず、欲望に比較してそれを充足する手段が不足し、そのため「あれ」を採り代わりに「これ」を断念するという、深刻な選択が不可避となることから生じるのである。また、資源の希少性が存在したとしても、達成すべき目標がただ一つであるならば、希少資源をいかに利用すべきかはもっぱら技術的な問題となり、再びそこには経済的な問題は存在しないことになる。……資源配分の問題がすぐれて経済学的な問題となるのは、社会内に多様な欲望をもつ多数の消費主体が存在しており、そのような多数の目標を「最大限に」充足するために、相対的に希少な資源を無駄なく活用する必要があるからなのである」（奥野・鈴村 1985, pp. 4-5）。他にも同様の記述は、多くの教科書に見受けられる。たとえば西村（1986）、古沢・塩路（2018）など。

17　「世界のエリートが学んだ」というコピーは、邦訳出版社による。経済学の教科書が世界に与える影響について、二〇世紀後半に長らく「世界のエリートが学んだ」教科書の著者であったポール・サミュエルソン（Paul Samuelson, 1915-2009）は、「もし私が経済学の教科書を書けるのなら、誰が国家の法律を書くことが出来るか……気にしない」と述べている（Samuelson, 1990, p. ix）。

18　ロビンズ自身は、自伝を読む限り、足るを知る人物であったようだ（Robbins, 1971）。その意味で、自分の人生のいくつかの側面が、希少性が問題となる経済学の埒外にあったことを認識していただろう。だから現代の経済学教科書が、ロビンズの定義をさまざまな留保を捨て去って一般化していることに、ロビンズ自身がもし生きていたなら同意したかどうかは別問題ではある。一般的に言って、ある言明の単純化した解釈が、レトリックとしての大きな力を持ち、巨大な影響を及ぼすことがある一方で、その言明を為した者は、よりニュアンスに富んだ見方をしていることがしばしばである。Colander（2009）によれば、この場合もこのことが当てはまるようである。また、Backhouse and Medema（2009a）によれば、経済学者の大多数によってロビンズの定義が受け入れられるようになるまでには、長い時間がかかったようである。とはいえ、今日までにこの定義は「経済学のもっとも共通に現在受容されている定義」となっている（Backhouse and Medema, 2009b）。

なお、希少性には少なくとも以下の三つのものがあるだろう。第一に、絶対的な意味での希少性。たとえば、私たちの惑星は、（少なくとも今のところ）私たちが住める唯一の星である。第二に、制度的な意味での希少性。たとえば、特定の職業に従事する人の数を、学歴その他の資格要件を設けることで、制度的に希少にするような場合。第三に、純粋に相対的なもの。私たちの欲望が無限だとすれば、すべては相対的に希少となる。絶対的な希少性と相対的な希少性を区別することの重要性と、主流派経済学が相対的な希少性のみに焦点をあわせていることの問題点とを指摘したものとして、Daly（1974）。ロビンズ以前の希少性のさまざまな意味について、Brown（1987）。制度的な意味での希少性について、Commons（1934）。J・R・コモンズ（John Rogers Commons, 1862-1945）の希少性についての詳しい分析は、宇仁（2014）でなされている。

第2章　スミスの「革靴」——必要の間主観性

イングランドの慣習では、革靴が生活必需品になっている。男女を問わず、どれほど貧しくても革靴をはかずに人前にでるのは、人として恥ずかしいことだとされている。（『国富論』）

1　はじめに

前章で『道徳感情論』の「見えざる手」の一節に即して見てきたように、スミスは人間の必要は有限であると考えていた。このように言ったとき、ある人は、一八世紀のスミスは、経済が必要の充足に大きく規定され、奢侈への無限の欲求があまり存在しない時代の制約のなかで思考しており、無限の欲求が経済を動かしている二一世紀の私たちのおかれた状況とは大きく異なると言うかもしれない。あるいは、必要概念が重要な役割を果たしていたのは『道徳感情論』の（あるいは道徳哲学者としての）スミスにおいてだけであって、『国富論』の（あるいは経済学者としての）スミスの場合には異なるのではないかと言うかもしれない。これらの議論の論理的帰結は、スミスの「見えざる手」の議論は現代では無効だということだ。しかし筆者もよく遭遇してきた議論であるので、以下応答しておきたい。

まず、前者の議論から答えていこう。二一世紀の経済は、スミスが観察していた一八世紀の商業社会とは異なるというのは、たしかにその通りだ。しかし同時に、一八世紀の商業社会を、無限の欲望とは無縁の社会とみなすのであれば、それは少なくともスミスの立場についての理解としては誤っている。一八世紀の人スミスは、（二一世紀にそう主張する人びとと同様に）有限の必要ではなく、無限の欲望こそが、経済の駆動力であると認識していた。[1] にもかかわらず、同様の主張をしていた一八世紀の人びとや、後の新古典派経済学とは異なり、必要の有限性を主張していたのである。そして、これはスミスが主体的に選び取った立場でもある。

さて、さきほどの後者の議論についてはどうだろうか。スミスが必要の有限性に言及しているのはストア派的な色彩が色濃くにじみ出ている『道徳感情論』においてのみではない。[2]『国富論』でも、有限の必要と無限の欲求との区別は維持されている。しかもその区別は、『国富論』におけるスミスの経済理論の中枢である「自然価格」の議論に決定的な役割を果たしているのである。概要をしめすと、スミスは、労働の「自然価格」の下限は労働者が必要を充足できる水準と見ていた。そのため必需品に課税することは、必要の充足を可能にする所得（すなわち労働の自然価格の下限）を上昇させ、ひいてはすべての商品の価格を上昇させることになり、望ましくないと論じた（WN. pp. 871-73. 邦訳下巻 pp. 463-66）。[3]『国富論』のスミスにとって、有限な必要を満たす必需品と、無限の欲望を満たす贅沢品との区別は、理論的にも政策的にも重要なものだったといってよい。

スミスの自然価格論については、第3章で詳しく触れることにして、以下では、実際に『国富論』で、必要について詳しく言及されている箇所を参照しながら、スミスが必要をどのように捉えていたかについて詳しく見ていこう。

2　亜麻布のシャツと革靴

スミスは以下のようにいう。

> 必需品には、生きていくために必要不可欠なものだけでなく、その国の慣習によって最下層にとってすら、恥をかかないために必要とされているものすべてが入ると考えられる。たとえば亜麻布のシャツは厳密にいえば、生きていくために必要なわけではない。古代ギリシャ人や古代ローマ人は亜麻布のシャツを着なかったが、きわめて快適な生活を送っていたと思われる。しかし現在では、ヨーロッパの大部分で、日雇い労働者でもまともな人であれば、亜麻布のシャツを着ないで人前にでるのは恥だと感じるだろう。シャツも買えないほど落ちぶれるとは、よほど行いが悪いのだろうと思われるからだ。同様に、イングランドの慣習では、革靴が生活必需品になっている。男女を問わず、どれほど貧しくても革靴をはかずに人前にでるのは、人として恥ずかしいことだとされている。スコットラン

ドの慣習では、男は最下層でも革靴が生活必需品になっているが、最下層の女性は裸足で歩いても恥だとはされない。フランスでは、男女とも革靴は生活必需品になっていない。最下層の男女は木靴や裸足で人前にでても、恥だとはされない。このため、以下では必需品に、自然が必要たらしめているものだけでなく、その国の慣習によって最下層にとっても恥をかかないために必要なものを含めている。（WN, pp. 869-70. 邦訳下巻 p. 462.[4] 傍点は筆者）

これは、『国富論』第五篇第二章の税について論じている節からの引用である。必需品への課税が労働の自然価格を上昇させてしまうので好ましくないと論じる前段で、何が必需品に分類されうるかを明らかにしている。ここでスミスは、自然（nature）による必要と、慣習（custom）による必要の二つを認識している。それぞれを満たすための財が、ともに必需品とされる。[5]

　自然による必要について、スミスは右の引用箇所では例を挙げていない。[6]それでもおそらくスミスは、水は自然による必要であることに同意してくれるだろう。[7]私たちは生きるために水を必要とする。ときには私たちが主観的に水を欲していることもあるだろう。しかし私たちが主観的には水を欲しない時でも、あるいは水が何なのか知らない時でも（たとえばあなたが赤ちゃんだった時など）、私たちは水を必要としている。したがって個人がどのような選好を持っているかにかかわらず、水は必要だということがいえるだろう。このような場合、この必要は客観的だということができるだろう。

慣習による必要について、スミスは「亜麻布のシャツ」と「革靴」の二つの例を挙げている。「革靴」はイングランドでは、「男女を問わず、どれほど貧しくても」必要とされている、という。一八世紀イングランドの最下層の誰かは、単に革靴が必要なだけではなく、それを欲しているかもしれない。そしてスミスに従えば、その人が主観的には革靴を欲していない場合でも、なおその人にとって革靴は、社会から「まともな人」として扱われるためには必要だということになる。この場合の必要は、水と同じような意味では客観的（objective）とはいえないだろう。またその人が、ダイアモンドを欲しがったり、あるいは欲しがらなかったりするかもしれず、それは純粋に主観的（subjective）といえるだろうが、この革靴の場合は、そのような意味で主観的とはいえない。このような必要について、私たちは「間主観的（intersubjective）」なものだと考えることができるだろう。というのも、このような必要は、集合的な是認や否認の過程から生じる慣習によって決まるからである[8]。

『道徳感情論』における以下の一節は、間主観的な必要が生じる過程の説明として読むことができるだろう。

貧しい人は貧困を恥じる。貧乏のせいで世間から無視されていると感づいているし、仮に世間が自分の存在に気づいても、自分を苦しめているこの惨めな困窮ぶりを思いやってくれることはまずないだろうともわかっている。この二つの理由はどちらも彼を傷つける。無視されることは是認されないこととまったく別物であるが、闇が名誉と是認の光を遮断するように、誰からも注意を払われないと感じることは、人生の心楽しい希望を打ち砕き、強い意欲をも挫く。（TMS, p. 51. 邦訳 p. 149）

貧しい人の恥辱の感情は、「無視される」か「是認されない」ことへの恐怖から生じる。なぜ、無視されたり、是認されないと思うのだろうか。その理由は、想像上で他人の立場に立った場合に、もし貧しくなかったら、貧しい人に対してまったく共感しないか、そもそも貧しい人の存在自体を見過ごしてしまうだろうと考えるからである。[9] このような推量によって人は、貧困という状態だけでなく、他人に貧困と知覚されることをも恐れるようになる。このことが、亜麻布のシャツや革靴などを身に着けない状態で「人前にでるのは、人として恥ずかしいこと」という感情を生じさせるのである。したがって、『国富論』第五篇でスミスが言及している慣習による必要、すなわち必要の間主観性は、たまたまスミスの筆が滑ったというものではなく、彼の共感理論――『道徳感情論』で展開された道徳理論――と密接に結びついているのである。[10]

3　必要の認識論と存在論

さて、必要が持つ客観的ないし間主観的側面は、認識論的問題を提起する。すなわち、主観的でないとすれば、人はそれを認識することが可能なのか、という問いである。[11]前節で見た『道徳感情論』の「見えざる手」の一節からは、人は自分自身の必要を認識し損ねることが多いとスミスは考えていたことが浮かび上がる。実のところ、金持ちが自分の必要を認識し損ねる傾向があることに、経済的生産の駆動力を見ていたのだった。この認識し損ねる傾向を、スミスは「自然」による「策略（deception）」だとも表現している（TMS, p. 183. 邦訳 p. 400）。人が自分自身の必要を認識できるかどうかという、必要をめぐる認識論的問題についてのスミスのこの立場は、他の二つの立場と区別されなければならない。一つは、誰も自身の必要を知ることができないという立場であり、もう一つは誰もがいつも自身の必要を知ることができるという立場である。自然の策略や見えざる手についての箇所の手前で、人は人生のなかで二つの観点を持つとスミスは論じる。一つは「抽象的で哲学的な観点」で、その時その時の一時の欲望に突き動かされるような生き方の虚しさについて悟るような「鬱々とした思索（splenetic philosophy）」である。この観点に立つとき、人は自身の必要を知ることが可能となる。しかしスミスによれば、人がこのような観点に立つことはめったにない。ふだんは「複合的な観点」

に立ち、そこでは人は欲望と必要とを区別できなくなってしまう（TMS, p. 183. 邦訳 p. 399–400）。ここでスミスが言わんとしているのは、有限な必要を無限の欲望から区別する能力を人は持っているが、そのような能力を発揮できることは稀であり、多くの場合区別できない、ということである。必要の認識をめぐるスミスのこの立場を、本書では「認識論的限界」と呼びたい。そしてこれは一方で、「認識論的不可能性」とも、他方で「認識論的無謬性」とも異なる立場であることに注意したい。前者は、人が自身の必要を把握することは原理的に不可能だという立場であり、後者は、人はいつでも自身の必要を把握できるという立場である。

この点について、先行研究の見解にも触れておこう。マイケル・イグナティエフは、次のように言う。

> スミスは楽天的だが、その楽天主義は、人間の意志がやがては勝利し、各個人が欲しいと願うものと必要とするものとの区別を知る能力を手に入れることができるというストア的な希望に支えられていたのだ。（Ignatieff, 1984[1986], pp. 124–25. 邦訳 p. 176. 傍点は筆者）。

このイグナティエフの議論を参照しながら、スミスなどの思想史的研究で名高いイギリスの研究者のドナルド・ウィンチ（Donald Winch, 1935–2017）は、「スミスは、少なくとも幾人かの人びとが常に欲求と必要を区別できるという「ストア的な希望」に依拠している」（Winch, 1988,

p. 99. 邦訳 p. 254. 傍点は筆者）と特徴づける。欲求から必要を区別することについて、イグナティエフはその能力をすべての人が手に入れることができるとしているのに対して、ウィンチは区別する能力を持つのみならず、少なくとも一部の人びとは実際にいつでも区別できるとしていて、議論の強調点は若干異なる。すべての人の能力なのか、それとも一部の人であれいつでも実際に区別できているという事態なのかという違いは別として、両者とも、必要を欲求から区別できるという点に焦点をあわせている。これに対して、本書では、すべての人に必要を欲求から区別する能力はあるとしても、多くの場合にほとんどの人は、区別をしそこなう、という側面に焦点をあわせている。

イグナティエフの区別できることの強調は、ルソーを「虚偽意識をめぐる近代特有の理論の最初のもの」（Ignatieff, 1984[1986], p. 12. 邦訳 p. 172）と位置づけ、それと対比でスミスを「虚偽意識についての批判の典型的なもの」と捉えたことの結果である。このような対比図式は非常に分かりやすく魅力的だが、一方でスミスの大事な論点が抜け落ちてしまう。すなわち富裕層の「虚偽意識」こそが経済成長の駆動力となるというスミスの論点である。私たちが虚偽意識に打ち克つことができるというイグナティエフの強調に従えば、富裕層の必要充足に十分なものを超える生産は組織されず、剰余も生まれなければ経済成長もなく、「見えざる手」も働かず、貧困者の必要は充足されないことになってしまう。それが本当にスミスの「希望」だったのだろうか。イグナティエフ、ウィンチ、そして本書が議論しているこのスミスの記述は、

「見えざる手」の一節の直前に置かれていることを考えると、スミスの視線は、必要から欲求を区別しそこなってしまう場合がほとんどであることの方に向けられているように思われる。[12]

さて、このような問題、すなわち「人が自身の必要を認識できるかどうか」を必要の認識論（epistemology）と呼ぶことにしよう。これに対して、「必要とはどのような性質のものか」という問題を必要の存在論（ontology）と呼ぼう。[13] スミスの場合、どのように必要の存在論を把握していたのかについて、第1章では必要を有限なものと捉えていたことを見てきた。本章では必要には、自然による必要と、慣習による必要の二種類があり、前者は客観的で、後者は間主観的であることを見てきた。また間主観的な必要の場合、何が必要とみなされるかは時代や場所によって異なるとスミスは捉えていた。これを進化的な（evolutionary）存在論と呼ぶことにしよう。[14]

ここで、欲求が主観的であり、必要が間主観的であるとか客観的であると形容することで、正確にはどのようなことを意味しているのか（そして意味していないのか）について、敷衍しておこう。ここでの「主観的」、「間主観的」、「客観的」の区別は、何かを欲求ないし必要たらしめている決定因についてのものである。すなわち「主観的」という形容で意味しているのは、何かが欲求ないし必要となるかが、私の「主観」によって決まるということである。あなたがビールを欲している時、それを欲求たらしめているのは、あなたの志向性（intentionality）である。ここで志向性とは、「心が注意を向けたり関心をもつさま」のことである（Searle, 2004,

p. 4. 邦訳 p. 17)。もしあなたの身体がアルコールを受けつけないのだとしたら、このビールも含むアルコールを摂取しない必要がある。この場合、あなたはアルコールを摂取しないという「客観的」な必要がある。あなたはAをしたいという主観的な欲求と、Aを差し控えるべきという客観的な必要とを同時に持つことができる。欲求は志向的だが、(欲求と重ならない)必要はそうではない。[15]

「客観的」という形容で意味しているのは、決定因が生理学的な領域にあるということである。先述のアルコールに対する身体的不寛容を持つ人がアルコールを摂取しない必要があるという例のほかには、たとえば水分摂取の必要や、雨露を凌ぐ必要などを挙げることができる。もちろん主観的にも雨露を凌ぐことを欲する場合もあるだろうが、雨露を凌ぐ必要が客観的にある時に、いくら主観的に雨露を凌ぐことを欲しなかったとしても、その必要は消え去らないという意味で、決定因は主観的ではなく生理学的であり、それゆえ客観的である。

「間主観的」という形容で意味しているのは、決定因が、間主観的な領域、すなわち集合的承認や否認の過程から生じる慣習にあるということである。スミスが挙げている亜麻布のシャツや革靴のほかにも、多種多様なものを挙げうるだろう。もしあなたの所属する共同体で、アルコールを摂取すべきでないという信念が共有されているとすれば、あなたは飲酒をしない間主観的必要を持っているかもしれない。同様に、すごく蒸し暑い京都の夏に、生理学的には服を着る必要がなく、また私自身素っ裸で外出したいと主観的に欲していたとしても、依然、公衆の面前では服を着る間主観的必要がある。

「間主観的な欲求」もあるのではないかという声もあろう。だれかの欲求や選好が「集合的承認や否認の過程から生じる慣習」によって影響を受けていることを指摘するのは容易い。私の息子は風呂につかりながら本を読むことを好むが、これがしばしば風呂で本を読むことの多い我が家の習慣の影響を受けていたり、風呂に浴槽があることが一般的だったり、あるいはそもそも一人が風呂に長時間入れるような環境（たとえば核家族の家に風呂があることが一般化している状況）だったり、といったその欲求を持つ個人のまわりの慣習の影響は大きい。浴槽のない家で育てば、あるいは週に一度沸かした機会に、家族全員が手際よく冷める前に入らなくてはいけない家では、そのような欲求は生じにくいだろう。このように考えれば「間主観的欲求」というものも、ある意味で成立しうる。ただしそれは、そのように「間主観的」という形容の意味を決めれば、ということであり、本書での使用法ではない。本書での使用法は「決定因」に焦点をあわせたものである。先の例では、風呂で本を読むことを欲するかどうかを決めるのは息子である。もし風呂で読みたくないと思えば、読みたくないという欲求を持つことを妨げるものは特にない。対照的に、もし彼が体を洗いたくないと思ったとしても、清潔さについての私たちの慣習や、私たちが集合的に持っている衛生観念などが、体を洗いたくないという息子の欲求と衝突するだろう。息子がこの欲求に忠実で、数年にわたって風呂に入らなかった場合、地域社会でさまざまな問題が生じる可能性がある。この場合、定期的に体を洗ってある

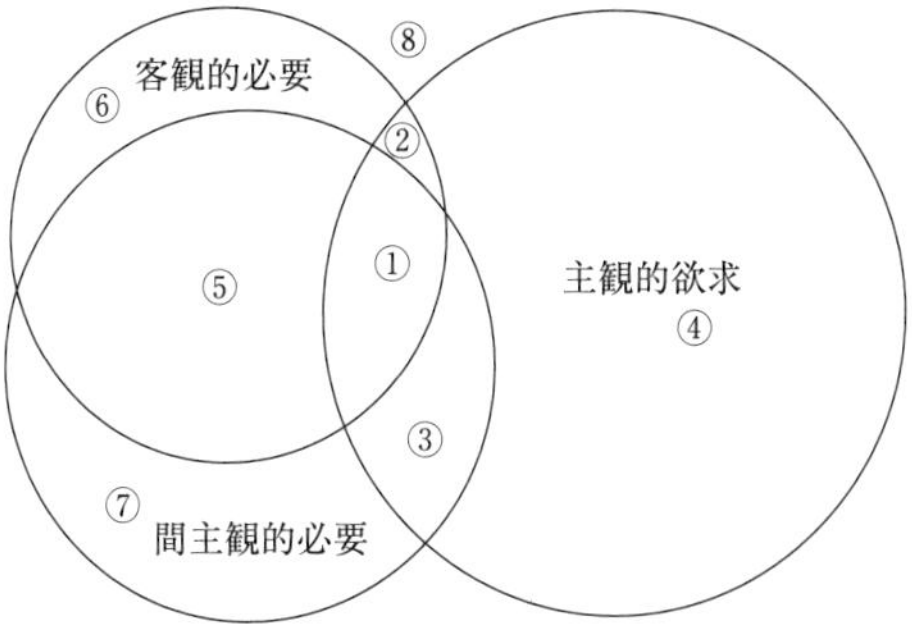

図４　客観的必要、間主観的必要、主観的欲求の間の関係
出所：Yamamori, 2000.

程度清潔に保つという「間主観的必要」があるように思われる。[16]

また上記とは別に、複数の主体が「集合的志向性（collective intentionality）」によって何かを欲求するという意味での「間主観的欲求」というのはありうるだろう。[17] そしてこのような使用法は、本書の決定因としての「主観的」「間主観的」という言葉の使用法とも矛盾しない。しかし本書では話をあまり複雑化させないために、複数の主体ではなく、単一の主体が持つ欲求や必要に、焦点をあわせている。

客観的必要、間主観的必要、主観的欲求の関係は図４のように示すことができる。論理的にいえば、客観的必要、間主観的必要、主観的欲求は重なりうるので、以下の八通りがありうる。

① 主観的欲求であり、かつ客観的必要でも間主観的必要でもある。

（例：雨露を凌ぎたいと欲し、客観的にもその必要があり、社会の慣習上もそれが必要だと認められている）

②　主観的欲求であり、かつ客観的必要でもある。
（例：医療上輸血が必要な状態にあり、本人も輸血を望んでいるが、所属している共同体では輸血が禁じられている）

③　主観的欲求であり、かつ間主観的必要でもある。
（例：結婚式へ行くのに革靴を履きたいと欲し、社会の慣習上もそれが必要だと認められている）

④　主観的欲求である。
（例：他の食品で栄養は満たされているが、チョコレートが食べたい）

⑤　客観的必要でありかつ間主観的必要である。
（例：有害なドラッグに依存し健康を害しており、医学的にも社会的にも依存から抜け出す必要があるとされるが、本人はそれを欲していない）

⑥　客観的必要である。
（例：喘息を患っており煙草の煙を避ける必要があるが、その社会では煙草の有害性が認識されておらず、本人も避けたいと思っていない）

⑦　間主観的必要である。

（例：本人はワイシャツにアイロンがけするのは嫌いで誰かにアイロンがけしてもらいたいとも思わず、また健康上の理由から防皺加工のワイシャツも着られないが、職場では皺のないワイシャツを着ていなくてはいけない）

⑧　どれでもない。

（例：チョコレートを食べる必要は医学的にも慣習的にもない上に、本人も食べたいと思わない）

本書では簡潔さを優先するために、上記のうち⑥の場合だけでなく、①、②、⑤の場合も短く「客観的必要」と呼び、⑦の場合だけでなく、③の場合も短く「間主観的必要」と呼ぶ。

ここでの用語法が、何を示していないかについても触れておこう。経済学では、主観主義－客観主義という二分法が、しばしば使われてきた[18]。経済学におけるこの二分法は、もともとは客観価値説－主観価値説という対比で使われだしたものである。価値（あるいはその他の何か）がある対象物に内在していれば客観的であり、そうではなく主体の側にあれば主観的であるとされる。もしコーヒーの価値が、コーヒー自体に内在していれば、客観的であるとされる。そうではなくて、コーヒーの価値が、コーヒー消費者の側から生じるとすれば、主観的であるとされる。本書での用語法は、この二分法とは関係していない。まずもって第一に、ここでの議論は、価値についての経済学者たちの議論とは分析的にいって異なるものであり、さしあたっては直接関係していない。第二に、たとえば、一杯の紅茶が私の水分補給の必要を満たすとして、紅茶にこの私の必要が内在しているわけではない。必要はむしろ主体の側にある。「私は水分補給の必要を持っている（I have a need for water）」。もしこの価値についての主観－客観二分法の用語法に従うならば、（本書でこれまで議論されてきた）欲求も必要もすべて「主体」が持っているわけだから、すべて「主観的」ということになる。しかし本書での用語法は、こうした用語法とは別個のものである。

4　経済学における主観主義とスミス

「主観主義」

必要の有限性という存在論が、現代の主流派経済学と抵触することは（存在論という言葉は使わなかったけれども）第1章で触れた。そのためか、必要の有限性を論理的根拠とし、また最下層の必要が充足されているという事実認識を根拠としながら展開されたスミスの「見えざる手」の議論は、主流派経済学者の間では、その「見えざる手」という比喩と不平等な社会の正当化という結論のみが受け継がれている。最下層の必要が充足されているかどうかはおろか、必要という概念すら消去されてしまっている。その理由には、前章で触れた必要の有限性のみならず、本章で触れた必要の間主観性や客観性という存在論もあるようである。

さきほど、経済学には客観主義－主観主義という二項対立があることに触れた。スミスやリカードなどの古典派経済学は、客観主義の立場に立ち、新古典派経済学に代表される現在の主流派経済学は、主観主義に立っているとされる。この二項対立における焦点は価値論をめぐる問題であって、必要の客観性や間主観性とは、直接関係はないと述べた。しかし、そのように考えない「主観主義」者もいる。たとえばイギリスの経済学者テレンス・ハチスン（Terence Hutchison, 1912-2007）は、スミスが「効用（utility）」という概念を、「使用価値（value in use）」という語と相互互換的に使っていることを以下のように非難する。

このような客観的な効用概念は、価値や選択、優先順位が、個人の純粋に主観的な嗜好や欲望によって決定されずに、「有用性（usefulness）」についての客観的性質によって決定されることを許容してしまう。そのような客観的な性質は、専門家や公務員が私たちのためにより正確に評価し決定することができるとされるものだ。（Hutchison, 1982, p. 39）

この言明はスミスの「客観的な」効用概念に対するものだが、この立場からは、スミスの必要概念も棄却すべきものとされるのは明らかだ。なぜなら客観的ないし間主観的な必要という概念もまた、価値や選択、優先順位が、ときには個人の純粋に主観的な嗜好や欲望によって決定されずに、専門家や社会が当該個人よりもより適切に評価し決定できるかもしれない客観的ないし間主観的必要によって決定されることを許容してしまうからだ。したがってここでの「客観的な」効用概念を否定する論理に従えば、必要概念をも否定することにならざるを得ない。

ハチスンが「客観的性質」（と呼ぶもの）を拒絶する動機の少なくとも一つは、個人に対してパターナリスティックな決定が押し付けられることへの怖れであろう。この怖れ自体は、これまでも議論されてきたように（Fehér et al., 1983；山森 1998a, 1998b）、理由のあるものである。その上でしかし、間主観的だったり客観的だったりする必要のような、主観的ではない概念を理論から追放すれば、このパターナリズムの問題は解決するのだろうか。そんなはずはないように思う。必要の言語とそれに付随するパターナリスティックな要素は、社会的生活の網の目の一部である。あるドラッグの有用性や有害性は、科学的事実によって客観的に決定されるか、社会によって間主観的に決定される。たとえば、あなたがコカインを摂取したいという個人的な選好を持っていたとして、それに対して社会は、あなたがコカインを摂取しない必要を持っていることを理由に、あるいはあなたの子どもにはコカインを使用していない保護者が必要であることを理由に、コカインの摂取を禁じるかもしれない。このような必要に基づく禁止は、あなたが子どもの養育権を失ったり、リハビリプログラムへの参加を強制されたりなどの、「パターナリスティックな介入による悲劇」を生み出すかもしれない。しかしながら、理論から必要概念を放逐しても、現実世界におけるいかなる解決策も私たちは手にすることができない。むしろ、穏当な範囲を超えてパターナリズムが支配するのを避けるために、必要概念を理論のなかに適切に位置づけ、その機能を吟味した方がよいのでないだろうか。

ハチスンが効用や必要の「客観的」側面を拒絶する、もう一つの理由は、「主観主義」についてのハチスンの理解であろう。彼にとって主観主義とは、客観価値説を拒絶し主観価値説に立つことだけではなく、上で述べたような効用や必要の非主観的要素を拒絶することも含むようだ。というのも彼は「主観主義」を、以下のように定義するからである。

「主観的」ないし「主観主義的」理論は、たんに、個々の消費者、生産者、投資家などの選択や行動に焦点をあわせるものとみなされるべきではない。「主観的」ないし「主観主義的」理論は、際立った「精神的（mental）」ないし「心理学的」な過程を伴う決定と選択にもまた、焦点をあわせなければならない。（Hutchison, 1994, p. 189）

このような主観主義解釈は、ひとりハチスンだけのものではない。そうした解釈を施される対象もスミスだけではない。こうした「主観主義」をめぐる問題について、「主観主義学派の父」とみなされることの多い、カール・メンガーを扱う第4章で再び立ち返ることにしよう。

個人間比較の不可能性

客観的必要や間主観的必要の存在を無視し、主観的欲求のみを視野にいれることのその他の帰結の一つは、「個人間比較の不可能性」である。第1章3節で、ライオネル・ロビンズの『経済学の本質と意義』（Robbins, 1932）の刊行は、一つは間接的、もう一つは直接的に、二つの仕方で、経済学者の視野から必要概念を遠ざけることとなった、と述べた。そのうち一つは、経済学の希少性定義によって、有限の必要が経済学の視野から間接的に零れ落ちるようになったというものだった。直接的なもう一つの仕方については、本章で説明すると予告していた。それが、この「効用の個人間比較の不可能性」である。

ロビンズは、同じ個人のなかで、ある状態と、別の状態とを比較し、どちらかを選好したり、順序つけたりすることはできるが、同じことは個人間では当てはまらないという。すなわち、

〔ある個人〕Aの満足と〔別の個人〕Bの満足とを比較し、その大きさを検証する手段は何もない。もし、両者の血流状態を検査したのであれば、それは血液の検査であって、満足の検査ではないだろう。内省によっても、AはBの心の中で何が起きているかを知ることができない。同様に、BもAの心の中で何が起きているかを知ることはできない。異なる人々の満足を比較する方法はないのである。（Robbins, 1932, p. 124. 邦訳 pp. 124-25）

ここで効用は、スミスのような「客観的」概念ではない。ロビンズの言葉に従えば、「心の中」の「満足」であり、間主観的必要も客観的必要も除外された主観的な概念である。

もし必要の存在を認めるならば、その必要に照らして、個人間の比較が可能となる場合がある。たとえば、Aさんが、労災隠しにあい、働いていた現場から放り出され、傷病を負った状態で路上で生活することを余儀なくされ、この一〇日ほどは、脱水気味でかつ栄養失調の状態にあるとしよう。他方でBさんは、衣食住が保障された状態で、今晩どのウィスキーを水割りで飲もうか思案中である。ここにたった一杯しか水がないとして、その一杯の水をAさんとBさんのどちらが飲むべきだろうか。健康な身体の維持という必要の存在を認めれば、その水はAさんの方がより必要としているということができるかもしれない。しかしロビンス流の経済学がいえることは何もない。なぜならAさんが、その水にありつけて命をしばしつなぐことによるAさんの「心の中」の「満足」と、Bさんが熟慮の末選んだ高級ウィスキーを、欲した通りに水割りで飲むことによるBさんの「心の中」の「満足」とは、その大きさを比較しようがないからである。

このように書いただけでは、ロビンズに公平ではないだろう。第一に、効用を「心の中」の「満足」と等置するのは、ロビンズの独創ではなく、同時代の経済学者たちを踏襲したものである。第二に、ロビンズがここで念頭に置いているのは、特定の言説、すなわち、限界効用逓減の法則から、分配の平等が導き出されるという言説である。効用を心理的状態と解釈した上で、たとえば一杯目のビールより、二杯目、三杯目、とビールを飲むことから得られる満足は減っていくというような状態を一般化したものが、「限界効用逓減の法則」である。そのことから特定の個人に沢山の効用充足手段が集中するより、ひろく多くの人に平等に効用を充足する手段がいきわたった方が、社会全体の満足度は高まるという考え方である。[19] 第三に、ロビンズは経済学ないし経済科学とは別に、応用経済学ないし政治経済学という学問を認めており、そこでたとえば右記のような問題が取り組まれること、あるいは経済学者が一市民として右記のような問題に取り組むことを除外していない。

しかしロビンズの意図はどうあれ、この「効用の個人間比較の不可能性」の議論が経済学者たちに広く受け入れられていくなかで、「心の中の満足」に還元できない必要概念は経済学から追放されてしまった。

＊　＊　＊

前章での『道徳感情論』における必要概念の検討に引き続いて、本章では『国富論』における必要概念を詳しく検討した。両者から浮かびあがるスミスの必要概念は、存在論的には、第一に有限であり、第二に非主観的であることである。ここで非主観的とは、客観的ないし間主観的であることであり、第三に間主観的な場合には進化的であることも明らかとなった。この『国富論』における間主観的な必要は、『道徳感情論』における共感の理論と整合的である。他方で、限界革命以降、いわゆる「主観主義」を標榜する立場が経済学における主流となるなかで、必要概念は、有害なものとして退けられるか、主観的な欲求ないし選好概念へと還元されてしまった。次章では今一度時計の針を一八世紀後半に戻し、前章で提出された二つの問い、すなわちスミスの必要充足テーゼは成立していたのかという歴史的事実に関わる問い、およびそのそのテーゼを成り立たせうる社会の仕組みはどのようなものかという理論的な問いについて、詳しく見ていくことにしよう。

注

1 『道徳感情論』では「見えざる手」の一節のみならず、第一部三篇二章にも、同様の趣旨の議論が展開されている。

2 スミスは『道徳感情論』のなかで、ストア派の哲学者エピクテトスに何度か言及している。

3 必需品への課税は、労働の自然価格を上昇させてしまうので望ましくないというスミスの議論とは反対に、必需品への課税は賃金の上昇をもたらさず、むしろ貧困者を勤勉にするという主張もあった。当時の議論の概括的紹介として、Furniss (1920) 参照。

4 訳文は、山岡訳に従っているが、一部、大河内訳に従って改変している（第Ⅲ巻 p. 299)。本書での『国富論』からの引用は、特記なき場合は山岡訳に従っている。

5 ここでスミスは、消費財を必需品 (necessaries) と贅沢品 (luxuries) の二つに分けている。しかし多くの別の箇所では、必需品、便宜品 (conveniencies)、贅沢品の三つに分けている。三つに分けている場合の便宜品とは、いったいどういう性質の財なのだろうか、またここでの二分法では必需品か贅沢品のどちらに含まれるのだろうか。上記引用箇所は、前述のように労働の自然価格と必需品との関係についての議論の前段だが、この両者の関係については、『国富論』第一篇第八章の議論 (WN, pp. 87, 95, 103) が下敷きにされている。この箇所では自然価格に影響を与えるものとして必需品と便宜品の双方に言及しているので、本文引用箇所でいう二分法における必需品は、論理的には第一篇第八章での三分法の場合の必需品と便宜品の双方を含むものに対応する。スミスの三分法のそれぞれについての興味深い解釈について、Gram（1998）。

6　引用箇所の少し後のところで、必需品の例として、塩、燃料、穀物などを挙げているが、これらをスミスが、それぞれ自然による必要とみなしていたか、それとも慣習による必要とみなしていたかは、必ずしも明らかではない（WN, p. 874. 邦訳下巻 p. 466）。

7　『国富論』の別の箇所で、使用価値と交換価値を説明するときに、水とダイアモンドを対比させて、「水ほど役立つものはないが、水と交換して得られるものはほとんどない」のに対して、ダイアモンドはその逆であると述べている（WN, pp. 44-45. 邦訳上巻 pp. 31-32）。

8　この種類の必要（スミスのいうところの慣習による必要）を「客観的」と呼べるかどうかは、客観性をどのように定義するかによる。ここで「間主観的」とした必要を「客観的」としている例として、Doyal and Gough（1991）、Ramsay（1992）、武川（2001）など。もし哲学者ジョン・サールの用語法に従えば、これらの必要は、存在論的に主観的であるが認識論的には客観的である、ということになるかもしれない（Searle, 1995[1996], 2010）。なおサールは、間主観性という用語が哲学や社会科学で広く使われていることは認識しながらも、自身はその用語を曖昧なものとして拒否している。「もし間主観性が論理的に筋の通った概念であるとすれば、それは集合的志向性（collective intentionality）に等しいものに違いない」（Searle, 2006, p. 16）。スミス研究の文脈では、本書での「間主観性」は、ハーベイ・グラムが新古典派の個人主義に対比させてスミスの「社会主義（socialism）」と呼ぶものと類似している（Gram, 1998, p. 162）。本書で「集合的志向性」や「社会主義」ではなく、「間主観性」という用語を採用した理由は二つある。第一に、「間主観性」という用語は他の二つの用語と比較して、スミス研究においても（Tugendhat, 2004; Brown, 2011; Fricke and Føllesdal, 2012）、非主流派の経済理論においても（Fullbrook, 2002; Latsis, 2006; Zanotti, 2007）、比較的広く使用されていること。第二に、「間主観性」という用語は他の二つの用語と比較して、主観性や客観性との対比であることが、直感的にわかりやすいことである。

9　引用箇所中、「無視される」と訳されている二か所のうち、最初のものは'out of the sight'、二回目のものは'be overlooked'である。ここでスミスが言及しているのは、意図的な「無視」というよりも、「見過ごし」に近いかと思われるが、貧しい人が、貧しくない人たちの「視野に入らない（out of the sight）」場合に、意図があるかないかはそれほど単純でない。主観的には無視する意図が意識されていなくても、たとえば偏見や差別ゆえに「目に入らない」ということもあるだろう。無視する意図はなくとも、偏見や差別から抜け出ることをしてこなかったことに、本人の意図はまったく関与していないのだろうか。人種差別の下での黒人を描いたラルフ・エスリンの小説『見えない人間』を導きの糸として、こうした問題を論じるものに、Honneth and Margalit (2001)。

10　『道徳感情論』の第五部では「慣習と流行が是認の可否の感情におよぼす影響について」論じられており、そこでの慣習についての議論も、ここでの『国富論』での慣習による必要の議論と整合的である（TMS, pp. 194–211. 邦訳 pp. 421–52）。

11　主観的な欲求については、新古典派の経済理論が前提とする合理的経済人のもとでは、私たちはそれを把握しているとされる。すなわち、私たち一人ひとりは、主観的な選好に基づく自身の効用関数を持っていて、かつそれを知っていて、選択が可能であるとされる。しかし一歩、新古典派経済学の前提とする世界の外に出れば、主観的だからといって、主体がそれを把握できるとは限らない。「私はいったい何がしたいのだろう」と自問自答して、答えに窮した経験があるのは私だけではないはずだ。しかし、ここではこの問題には触れない。

12　ここでの議論から明らかなように、イグナティエフはスミスをストア派に連なるものとして解釈している。このような解釈への批判としては、Robertson (2005) がある。これらの解釈の中間には、スミスを「折衷的なストア派」と解釈するMontes (2008) がある。

13　ここで存在論という言葉を、ケンブリッジの経済学者で哲学者のトニー・ローソン（Tony Lawson, 1950–）に従って使っている。彼によれば存在論とは、「特定の存在する事柄の性質の研究をふくむ、何が存在するかについての研究」であると同時に、「存在する事柄がどのように存在するのかについての研究」であるとされる（Lawson, 2015, p. 19）。

14　ここで紹介しているスミスの必要についての進化的な存在論をもって、スミスは欲求と必要を区別していなかったと結論づける論者もいる。たとえばニコラス・クセノス（Nicholas Xenos）によれば、「彼〔スミス〕が分析した実質的な内容は、一八世紀には、人間の必要と欲望との間に重要な違いはないと見なすことが可能となった、ということである」と論じている（Xenos, 1989, p. 11. 邦訳 p. 18. ただし訳を一部変更している）。しかし前章と本章で論じているのは、そうではないということである。必要が進化的であることと、必要を欲望に還元できることとの混同は、現在のいわゆる「相対的貧困」をめぐる議論においても、広く見られる。この点については本書第六章で再訪する。

15　Wiggins（1998, p. 6. 邦訳 p. 8）. また、欲求は内包的（intensicnal）だが、必要は外延的（extentional）である（O'Neill, 2011, p. 28）。なお、Doyal and Gough（1991, p. 42. 邦訳 pp. 52–53）の議論は、志向性（intentionality：t字のインテンショナリティー）と内包性（intensionality：s字のインテンショナリティー）を混同しているようにも読める。

16　このような「間主観的必要」について、どこに線を引くかについての難しさを指摘する声はあろう。たとえば身体の清潔さについて、どのくらい清潔であれば十分なのだろうか。風呂に入る頻度は、週に一回は許容範囲だろうが、半年に一回はどうだろうか。このような困難はあっても、実際には多くの社会でどこかに線を引いている。この問いは「相対的貧困」についての問題に繋がっており、第6章でより詳細に議論することとなる。

17　集合的志向性については、Searle（1995, 2010）参照。

18　経済学における主観主義と客観主義について、Ikeda and Yagi（2012）参照。

19　そのような論者として、ロビンズが具体的に挙げているのは、フランシス・イシドロ・エッジワース（Francis Ysidro Edgeworth, 1845–1926）やエドウィン・キャナン（Edwin Cannan, 1861–1935）である（Robbins, 1932, p. 120. 邦訳 p. 121）。

第3章　スミスの「未開人」——必要は静態的か進化的か

繁栄している文明国では、……最下層の貧しい労働者でも、……未開の民族では考えられないほど大量に、必需品と便宜品を手に入れることができる。（『国富論』）

ここまでの二つの章で、有名な「見えざる手」の比喩による市場社会の正当化においても、『国富論』における経済理論の中心概念である自然価格においても、必要概念は枢要な役割を果たしていたことを確認してきた。そして、スミスはその必要を、自然による必要（客観的必要）だけでなく、慣習による必要（間主観的必要）も含めて考えていたこと、それらが社会の最下層においても充足されている（「必要充足テーゼ」）と考えていたことを明らかにしてきた。

本章では、「必要充足テーゼ」について、まずスミス自身による、理論的説明を概観しよう（1節）。ついで、スミスが観察した一八世紀後半の商業社会において、必要が充足されていたかどうかのスミス自身の事実認識を検証しよう（2節）。結論を先取りすると、『国富論』のスミスの叙述には、必要が充足できていない事実が、あちこちに記されている。一方で必要が充足されていないことを認識しながら、他方で必要が充足されていることを前提に議論を組み立てたのはなぜなのだろうか。この答えを探るのが、3節と4節である。

1　「必要充足テーゼ」の理論

必要充足テーゼが回答を要請する理論的問題——どのようにして最下層の必要を商業社会が満たすことができるのか——についてのスミス自身の答えは、分業と自然価格であった（Hont and Ignatieff, 1983）。

> 繁栄している文明国では、……社会全体の労働の生産物がきわめて多いので、……最下層の貧しい労働者でも、……大量に、必需品と便宜品を手に入れることができる。このように労働の生産性が向上してきたのはどのような要因があったからなのか、社会のさまざまな階層に労働生産物が分配されていくときの自然な秩序はどのようなものなのかが、本書第一篇の主題である。（WN, pp. 10–11. 邦訳上巻 p. 2）

第一篇の最初の三つの章は分業について論じている。（貨幣についての第四章、価格についての第五、六章と続いてそのあとの）後半五つの章は自然価格について論じている。分業が、「パイ」を十分に大きくするための、高い生産性を説明するものだとすれば、自然価格は、その「パイ」の分配がどのように行われるかを説明するものである。この分業と自然価格の二つの働きで、最下層の人びとの必要は満たされるとする。[1]「自然価格（natural price）」について、スミス自身は以下のように説明している。

ある商品を生産し市場に運ぶのに使われた土地の地代、労働の賃金、資本の利益をそれぞれの自然水準にしたがって過不足なく支払える価格を、その商品の自然価格と呼ぶこともできる。ある商品の自然価格とは、その商品の値打ち通りの価値であり、その商品を市場に供給した人にとって、実際に要した額に等しい価格である。ここでいう実際に要した額は、日常の言葉で原価や元値と呼ばれているものとは違って、資本の利益を含んでいる。

（WN, pp. 72-73. 邦訳上巻 p. 58）

労働の自然価格は、自然による必要と習慣による必要双方を満たすのに十分な最低水準を下回ることはないとスミスは論じる。まず第一篇第七章および第八章で、労働の自然価格は労働者とその家族の生活を支えるに足る水準（「普通の人道的観点から見て明らかに最低の水準」、「労働者が子供を育てるのにぎりぎり必要な水準」）を下回ることはないと論じる（WN, pp. 85-96. 邦訳上巻 pp. 72-82）。そして本書第2章で既に触れたように第五篇第二章で、この水準には、自然による必要を満たす必需品だけでなく習慣による必要を満たすための必需品の購入費も含まれると論じている。

問題は、スミスの自然価格をどのように理解するかをめぐって、複数の解釈があり、主流の解釈はここまでの説明と整合的ではないことである。[2]

主流の解釈は、新古典派の均衡価格の先駆として自然価格を位置づける。[3] この解釈は主流派の経済学者たちの間で一種の常識となっている（Schumpeter, 1954［1994］; Samuelson, 1977; Negishi, 2000）。また、哲学者の間でも賛同者がいる（Fleischacker, 2004a）。『国富論』の以下の一節が、この解釈を正当化するものとしてしばしば持ち出されてきた。すなわち、「自然価格はいうならば中心価格であり、すべての商品の価格がたえず自然価格に引き寄せられている」（WN, p. 75. 邦訳上巻 p. 61）。[4] しかしこの解釈は、これまで紹介してきた、スミス自身の自然価格についての説明と矛盾する。すなわち第一に、社会の最下層の必要が満たされる仕組みを、分業と共に説明するものとしての自然価格というスミスの位置づけ、第二に、労働の自然価格の下限は、最下層の（労働者とその家族の）必要の充足を可能にする水準以下にはならないというスミスの説明である。というのも、新古典派の均衡価格は、最下層の必要の充足を保証しないからである。

これまでのスミス研究のなかで提示されてきた別の解釈の一つに、自然価格を生産費から説明するものがある。これは先ほどの引用で紹介したスミス自身による自然価格の説明、すなわち「その商品の値打ち通りの価値であり、その商品を市場に供給した人にとって、実際に要した額に等しい価格」に従ったものである。

この生産費としての自然価格は、また慣習価格でもある。というのもスミスは、労働の賃金の自然水準は雇い主と労働者の間の交渉によって決まること、そしてそれぞれの交渉力は規制やその他の要因によって社会的および慣習的に決まっていることを認識しているからである（Garegnani, 1983, 1990; Martins, 2014）。そうして決まる労使間の交渉力の不平等をスミスは認識していたが（WN, pp. 83–85. 邦訳上巻 pp. 70–72）、にもかかわらず労働の自然価格は、（すくなくとも長期的には）「労働者が子供を育てるのにぎりぎり必要な水準」を下回ることはないし、実際に同時代のイギリスでは「明らかに上回っているように思える」と述べている（WN, p. 91. 邦訳上巻 p. 77）。そうでなければ「子供を育てることができず、つぎの世代の労働者が育ってこない」（WN, p. 85. 邦訳上巻 p. 72）。しかし、個々の雇い主がどうして労働者全体の再生産や次世代の経済全体のことを気にかけるのであろうか。この点、スミス自身はあいまいに「普通の人道的観点（common humanity）」といったことを示唆するのみである（WN, p. 86. 邦訳上巻 p. 72）。この点に関して何人かのスミス研究者は、『道徳感情論』で展開された道徳理論に私たちの注意を促す（Young, 1986, 1995; Stirati, 1994, pp. 58–65）。そこでは経済活動の目的は「共感、行為、是認をもって他人から見られ、遇され、認められること」とされる（TMS, p. 50. 邦訳 p. 148）。中立な観察者（impartial spectator）の共感が、スミスの自然価格理論の前提にあるように思われる（Young, 1986）。[5]

筆者の理解では、この解釈は、「自然価格が支払われるべき」という意味での「規範的

（normative）」なものを意味しない。そうではなくて、スミスがここでしているのは、人びとが普通の道徳感情をもって市場に参加している場所では、生産費によって自然価格が規制されることになるという「事実解明的（positive）」な理論的説明であろう。[6] この解釈は、分業と自然価格を、不平等な商業社会で最下層の人びとの必要が満たされる機構の説明とするスミス自身の位置づけと、整合的である。[7]

「必要充足テーゼ」の背後にある経済理論——スミスによる市場経済の正当化の核心——は、生産費が（人びとの道徳感情という間主観的な媒介項を経て）価格を規制する理論であったといえるだろう。

2　「必要充足テーゼ」と事実認識

必要充足テーゼについての経験的（empirical）な回答を要請する問題——じっさいに最下層の必要を商業社会が満たしていたのか——に移ろう。ここで検証するのは、当時のイギリスにおける貧困者の境遇についてのスミス自身の観察と、彼の必要充足テーゼが、一致しているかどうかである。[8]『国富論』のなかで、スミスは以下のように述べる。

スコットランド高地地方で栄養失調に近い（half-starved）女性は、二十人以上の子供を産むことが少なくない。……スコットランドの高地地方では、子供が二十人生まれても、二人も生き残らなかったという話をよく聞く。……いくつかの地域では、子供のうち半分は四歳までに死んでいる。子どもの半分が七歳までに死ぬ地域は多い。そしてほとんどの地域で、九歳か十歳までに半分が死んでいる。しかし、子供の死亡率がこれほど高いのは、どの地域でも主に、上流階級のようには子供を養う余裕がない庶民の間のことである（WN, pp. 96–97. 邦訳上巻 p. 83）

「栄養失調に近い（half-starved）女性」や、「四歳までに死んでいる」子どもが、必要を満たしているとは、その必要をどのように定義したとしても、言えないのではないだろうか。当時の医療や科学の水準では仕方のないことであった、という反論があるかもしれない。というのもたとえばほとんどの人が四〇歳までに死ぬ集落が現代にあれば、必要が満たされているとは言えないかもしれないが、平均寿命が三五歳だった遠い過去の社会でほとんどの人が四〇歳までに死んでいたからといって、必要が満たされていなかったとは言えないかもしれない。しかしここでの『国富論』での記述の場合、スミス自身、庶民の子どもの高い死亡率を、当時の医療や衛生についての一般的な技術的ないし科学的水準の帰結として捉えるのではなく、「上流階級」と同じようには「子どもを養う余裕がない」という金銭的問題の帰結として理解しているのである。

このように必要が充足されていない状態が、「ほとんどの地域」で起きていることをスミスは認識しているわけだから、このような状況を例外的なものと捉えていたとは考えづらい[9]。ここで私たちが直面する問題は以下のようなものである。すなわち、必要が充足されない事態が広範に存在することを認識しているにもかかわらずスミスは何故、社会の最下層の必要が充足されているという前提のもとに不平等を正当化する（『道徳感情論』で）規範的、および（『国富論』で）事実解明的（positive）理論を構築したのだろうか。この問いに答えるためには、スミスの必要充足テーゼを、彼と同時代および少し先行する時期の諸言説のなかに位置づけてみないといけないだろう。

3　一八世紀の賃金と必要についての言説[10]

本章1節で見たように、必要充足テーゼを支える議論の中心は、労働の自然価格であった。賃金は生活を支えうる水準以下には下がらないという議論は、スミスだけのものではない。彼の同時代人のフランスの経済学者で同国の財務総監も務めたジャック・テュルゴー（Anne Robert Jacques Turgot, 1727-1781）も同様の議論をしている。需要と供給で決まる「現在価格（prix courant）」と区別されうるものとして「基本価格（prix fondamental）」について言及し、賃金の基本価格は労働者の生活費に等しいとしている（Turgot, 1767, p. 663）。そしてその労働者の生活費について、以下のように述べている。

競争によって、未熟練労働者の賃金が生活資料を獲得するのに必要なだけの額に限定されるということは確かである。しかしながら、このことは、飢えないで済むために必要なだけの額――すなわち幾らかの小さな快楽をも可能にしないような額、あるいは病気や物価高、失業などの不測の事態に備えて貯蓄することが倹約家であってもできない額――を意味しない。(Turgot, 1770, p. 288)

第一に、市場価格とは別に、基本価格(テュルゴー)ないし自然価格(スミス)があること、第二に、賃金におけるそれは、労働者の生活費であること、第三に、労働者の生活費とは、生理的な生存をぎりぎり可能にする水準以上であること、これら三点についてテュルゴーとスミスの間の類似を見てとることができるだろう。

スミスやテュルゴーの議論は、彼らに先行する時代から同時代にかけて広く共有されていた常識との関係で理解されなくてはならない。たとえば重商主義と称される言説では、賃金は生存水準以下となるべきではないとされていた。

3　一八世紀の賃金と必要についての言説

競争が中立で公平な分配機構として機能するという思想が現れる以前、賃金が一貫した規制の対象であった時には、賃金の議論で訴えられる諸原理は、経済理論の諸原理ではなく、社会正義と国家利益の諸原理であった。問題は、労働者への正義にかない、また国家の繁栄に資するためには、いくら支払われるべきかを決めることであって、所与の諸条件が機能しているなかでいくら支払われることになるだろうかということではない。(Furniss, 1920[1957], p. 157.)

スミスと同時代のスコットランド出身の経済学者ジェイムズ・ステュアート(James Steuart, 1712-1780)は、「労働と勤労にあたってその体がどんなに虚弱でも、また創意を要する仕事をするのにその才能がきわめて貧弱でも、生まれついての欠陥がなくて健康に暮らしているのであれば、その人は自分の力に見合った労働によって最低の程度の生理的必要物を獲得できることが社会では必要だ」と論じた(Steuart, 1767[1966], p. 272. 邦訳第一・第二篇、p. 286)。

同時に多くの重商主義者たちは、賃金で賄うことができるものが、ステュアートのいう生理的必要物を超えないべきであるとも主張した。その動機は、最下層の人たちが「堕落」しないようにという規律・訓練ないし「道徳的」なものであったり、賃金の上昇を防ぐという意味で経済的なものでもあった(Furniss, 1920[1957], p. 180)。

興味深いことだが、ステュアートは「生理的必要物(physical necessary)」だけでなく、「政治的必要物(political necessary)」と彼が呼ぶものも認識していた。ここで、「生理的な必要物」

は「余剰なものを少しも含まない程度の、十分な生活資料」とされ、スミスの自然による必要にほぼ対応しているといってよいだろう。これに対して、「政治的必要物」は、スミスの慣習による必要より幅広い。後者は最下層にとって慣習的に必要となるものだけが含まれるが、前者は、それぞれの階層がそれぞれの階層に応じて異なる「政治的必要物」を持つとされるのである（Steuart, 1767[1966], pp. 269–71. 邦訳 pp. 283–85）。生理的な必要物以外にまで必要物の概念を広げようとした点で、スミスに近いところにステュアートはいる。その上でスミスと異なる点が三つある。第一に、賃金について事実解明的にではなく規範的に語っていること、第二に、賃金水準の決定にあたって参照されるべきは生理的な必要物のみである、としている点。この二点について、最後の重商主義者と呼ばれることもあるステュアートだけに、重商主義者の伝統に忠実である。そして、スミスが、この問題について規範的にではなく、事実解明的に語ろうとしていること、そして賃金水準に影響を与える必要に、慣習による必要も含めて考えていることと、対照的である。第三に、たとえば貴族にのみ必要とされるような財を、ステュアートは「政治的必要物」としているのに対して、スミスの慣習による必要は、最下層でも慣習によって必要とされるものに限定されている。[11] このようにスミスの必要概念はステュアートのそれより限定的であったが、同時に、商業社会の哲学的擁護を行ったスミスに先行する思想家たちよりは広いものであったことを、彼自身認識していた。『道徳感情論』でスミスは、バーナード・デ・マンデヴィル（Bernard de Mandeville, 1670–1733）が慣習的必要を必要と認めていないことに、批判的に言及している。

人間の本性を維持するためにどうしても必要な最低限度を超えるものはすべて奢侈であり、清潔なシャツを着ることにも、心地よい家に住むことにも、悪徳が存在するという。（TMS, p. 312. 邦訳 p. 647）

生理的な最低限より広い必要の概念は、スミスの道徳理論をマンデヴィルのそれと区別する点で重要なものであった。

スミスの事実認識としての「必要充足テーゼ」は、スミスにおいては事実解明的な理論としての自然価格論に一つの根拠をおいていたが、それと類似の理論はテュルゴーにおいても見られたことを本節で見てきた。そしてそれらの事実解明的な理論に先行して、「賃金は労働者の必要を充足できる水準であるべきである」という重商主義の規範的言説が存在していたことを見てきた。その上で、以下の疑問が残らざるを得ない。一方で、（スミス自身の慣習的なものも含む広い必要概念はおろか）マンデヴィルの狭隘な必要概念に従った場合でも、庶民の間で必要が充足されていないことをスミスは認識していたにもかかわらず、他方でなぜ必要充足テーゼを保持していたのだろうか。

4 「高貴な未開人」と「野卑な未開人」

もしスミスが、前節で見たような議論の文脈のみから、必要について考えていたなら、庶民の必要が充足されていないことを認識しながら、「必要充足テーゼ」を語るようなことにはならなかったかもしれない。しかしながら、前節で概観した議論の文脈とはまったく別の眼差しがスミスの議論に入り込んでいることに、彼の必要をめぐる議論を丹念に読み込んでいくと気づく。それはイギリスなど商業社会の最下層と、「未開」の王侯との比較という眼差しである。『道徳感情論』の公刊から三年後に書かれたと想定されている、いわゆる「国富論草稿」の冒頭でスミスは、イギリスなど商業社会の「ふつうの日やとい労働者」が、「一千人の裸の未開人の生命と自由の絶対的な支配者」よりも、はるかに贅沢な暮らし向きにあると述べる。

> これほど大きな抑圧的不平等のなかで、文明社会のこの最低でもっとも軽蔑されている成員でさえもが、もっとも尊敬され活動的な未開人が達成できるのにくらべて、はるかにまさった豊富潤沢をふつうに所有していることを、われわれはどのように説明すればいいのだろうか。（ED, p. 564. 邦訳 p. 447. 傍点は筆者）

「文明人」と「未開人」との同様の比較は『国富論』の冒頭でも行われている。「未開」状態の平等社会よりも、商業社会の最下層の人びとの方が多くを得ており、十分に必要は充足されている（どころか豊富潤沢である）というのである（WN, p. 10. 邦訳上巻 pp. 1-2）。商業社会の最下層の人びとの必要充足を語る際に、「未開」状態との比較が、スミスにとって鍵となっているのである。これは何故だろうか。

本書第1章で触れたように、スミスの商業社会の正当化は、ルソーの商業社会批判への応答であるといわれている（Hont and Ignatieff, 1983; Robertson, 2005; Hont, 2015）。ルソーの『人間不平等起原論』（Rousseau, 1755）は、「人びとの間における不平等の起源はなんであるか、そしてそれは自然法によって容認されるか」という懸賞論文の問いへ答えとして提出された。同書のなかで、自然法を自然法学者の議論からいったんは切り離し、「自然状態」における「自然人」についての推測的考察から組み立て直そうとする。そこにおいては所有権が存在せず、不平等も存在しない。ルソーによる自然人の考察は、単に彼の哲学的思考だけではなく、アメリカ大陸で「発見された」人びとなどの「未開人（l'homme sauvage）」についての当時の知見にも基づいている。ルソーは、そうした「未開人」を汚れなき存在として描く、いわば「高貴な未開人（noble savage）」的な表象に基づいて、自然状態を記述した。ルソーの「未開人」は「心が平静で身体が健康で自由な存在」である（Rousseau, 1755, p. 92. 邦訳 p. 48）。これに対して文明社会は「堕落」しており、不平等で、「多くの飢えた人々が必要なものにもこと欠く」

状態にあるのである（Rousseau, 1755, p. 148. 邦訳 p. 96）。

それに対して、スミスにおける「未開」社会と「文明」社会の評価は、逆転している。スミスの「未開人」は「悲惨なほど貧しく、ものが足りないという理由で、幼児や老人や長患いの人を殺すか、原野に放置して飢え死にしたり動物に殺されたりするに任せるしかなくなることが多い」（WN, p. 10. 邦訳上巻 p. 1）。

ロナルド・ミーク（Ronald Meek, 1917–1978）はスミスによる「未開人」表象を、ルソーらの「高貴な未開人（noble savage）」と対比して、「野卑な未開人（ignoble savage）」と特徴づけ、スミスやテュルゴーらの歴史観を特徴づける大きな要素の一つであったと指摘している（Meek 1976, 1977）。なぜスミスは、ルソーと正反対の未開人表象に基づいて議論を展開したのだろうか。理論的な側面と、系譜学的な側面に分けて、以下考察していこう。

まず理論的な側面だが、必要の存在論の理解が、ルソーと（この議論の文脈での）スミスとの間で違っていたことが挙げられる。ルソーは「未開人」と「文明人（l'homme civil）」の間で必要が異なることを認識していた。前者が「非常に限られた必要（des besoins très bornés）」しか持っていなかったのに対して、後者は新しい必要を持っていて、それらはかつて贅沢品であったが、習慣となることで「真の必要（de vrais besoins）」となったものである（Rousseau, 1755, pp. 114–15. 邦訳 p. 67）。必要の違いについてのこの認識がルソーをして、必要を平和裏に充足している満ち足りた「未開人」と、必要を充足しようと奮闘しながらも満たせず悲惨な生活を送る「文明人」という対比を可能にしている。この見方は、必要についての進化的な存在論を下敷きにしており、第2章で見たように、自然価格論の文脈では、スミスもこの存在論を共有していた。すなわちスミスは、慣習的な必要の存在と、それが時間や空間によって変わりうることとを認識していた。しかしながら「未開人」という植民地主義的概念が言及されている箇所では、まったく正反対の認識、すなわち必要についての進化的な存在論ではなく静態的な存在論が同時に入り込んできている。

スミスにおける必要の存在論をめぐる認識の揺らぎについては、彼が一七六二年ごろに執筆したと推測される「国富論草稿」(ED)や、同じころにグラスゴー大学で行った『法学講義』の受講生による筆記ノート、すなわち一七六二年から翌年春にかけての講義ノート(LJA)、一七六三年秋冬の講義ノート(LJB)に、手がかりを見つけることができる。[12] これら三つすべてに、「未開人」と商業社会の最下層を比べて、後者の比較的富裕を論じる箇所があるが、それらの一部を以下に引用しよう。いずれも後者の方が比較的にいって富裕であるという論旨は変わらないが、必要の存在論をめぐっての揺らぎをそこに読み取ることができる。まずは「国富論草稿」から。

孤立した個人の助力を受けない労働は、……、あらゆる文明社会ではもっとも下賤な農民の自然な欲望にとってさえも、必要だと想定されるような衣食住を、かれに提供すること

がまったくできない。(ED, p. 562. 邦訳 p. 441)

ついで一九六二年から翌年春にかけての講義ノート(LJA)。

これらの〔未開人の〕必要物は、ある無理のない仕方で各個人の勤勉によって苦もなく供給されうる。(LJA, p. 335. 邦訳 p. 357)

私がさらに示したのは、人類の三つの大きな必要——すなわち衣食住——を満たすために、技術と科学の非常に重要な部分がいかに発明され改良されてきたか、あるいはその三つの目的に、手段としていかに役立ってきたかであった。(LJA, p. 340. 邦訳 p. 362. 傍点は筆者)

一未開人の単独の勤勉は彼に、現在はもっとも卑しい職人にも必要とされているものを決してもたらすことはできない。(LJA, p. 340. 邦訳 p. 362)

右記でスミスは、「未開人」の必要(を満たすための必需品の種類と量)と、スミスと同時代の「もっとも卑しい職人」の必要(を満たすための必需品の種類と量)に違いがあることを認識しており、ルソーと同じように、進化的な存在論に立っているように見える。しかしながら、一七六三年秋冬の講義ノート（LJB）における以下の記述はどうだろうか。

一般的には、人間の必需品は、個人の、人手を借りない労働で供給されえないほど、大きなものではない。（LJB, p. 487. 邦訳 pp. 265-66. 傍点は筆者）

選択の根拠であり、また快楽と苦痛の原因でもあるこれらの性質は、多くのとるにたりない欲求をひきおこすが、それらの欲求はわれわれにとって、けっして必要なものではない。人間生活のすべての勤労は、われわれの三つのささやかな必需品、すなわち食物、衣服、住居の供給を手に入れるためにではなく、われわれの趣味の微妙繊細さに応じた生活の便宜品を手に入れるために使用される。（LJB, p. 488. 邦訳 pp. 267-68. 傍点は筆者）

こちらでは、人間の必要を一般化して、「未開人」のそれに同定しているように読める。どちらの場合も、商業社会の最下層と「未開人」とを比較して、前者の方が、潤沢で豊富な量の財を享受しているという比較をしている。しかし必要の存在論についての違いから、描写も微妙に異なっているのが見てとれるだろう。スミスは必要の存在論において、静態的な見方と進化的な見方との間で揺れ動いているように見える。

さて、上記いずれの場合でも、未開人の例として参照されているのは、北米大陸の先住民である。[13] 新大陸にて「発見された」先住民を、自然状態ないし原始平等社会と同一視、ないし近似したものとする言説は、ルソーやスミスたち一八世紀中葉の思想家たちの独創ではない。トマス・ホッブス（Thomas Hobbes, 1588-1679）は『リヴァイアサン』（一六五一年）で、自然状態が戦争状態となることの例証として、「アメリカの未開人は今日でも……野蛮な生活を営んでいる」と論ずる（Hobbes, 1651[1991], p. 89. 邦訳第一巻、p. 219）。

スミスにおける、イングランドの日雇い労働者と「未開人」の支配者との間の生活水準の比較という構図は、ジョン・ロック（John Locke, 1632-1704）にまで遡ることができる。ロックは『統治二論』（一六九〇年）第二部の有名な所有権を論じる章（第五章）で、労働に基づく所有権が土地の共有（権）に優越しうるということを論じる際に、同様の比較を用いている。すなわち土地が生み出す価値のうち、自然に帰する部分は一〇〇分の一ほどで、ほとんどの部分は労働によるものと主張し、以下の例がそのことを証明するという。

> 豊かな土地をもちながら、生活を快適にする物についてはすべてにおいて貧しいアメリカの諸部族ほど明瞭な例を提供するものはないであろう。彼らは、自然から、豊かな資源、すなわち、食物、衣服、生活の快適さに役立つものを豊富に生産するのに適した肥沃な土地を他のどの国民にも劣らないほど惜しみなく与えられておりながら、それを労働によって改良するということをしないために、われわれが享受している便宜の一〇〇分の一もも

っていない。そして、そこでは、広大で実り多い領地をもつ王が、イングランドの日雇労働者より貧しいものを食べ、貧弱な家に住み、粗末な服を着ているのである。（Locke, 1690[1960/1988], pp. 296–97. 邦訳 pp. 341–42）

ロックの労働による私的所有権の正当化論において、土地という当時最大の生産手段の私的所有を正当化する際の鍵となる論証に、この「イングランドの日雇い労働者」対「アメリカ先住民の王」の間の生活水準の比較――そして前者より後者の方が貧しいとロックが認識する「事実」――が用いられているのである。そしてここでの労働が価値の（ほとんどの）源泉であるという主張[14]は、スミスの『国富論』の出発点とも接続しているように見える。[15]

ロックにおける「未開人」言説の占める位置について、もう少し詳しく見ておこう。先の引用の前の段階で、そもそも「労働による所有」というテーゼを説明するところでも、アメリカ先住民についての観察が枢要な位置を占めている。「囲い込みを知らず、今なお共有地の借地人である未開のインディアン」が、彼らが拾った果実や殺した鹿の肉を彼らのものとできるのはどうしてか、とロックは問う（Locke, 1690[1960/1988], pp. 286–87. 邦訳 pp. 325–26）。ロックの答えであった。果実の採取や鹿の狩猟に費やした労働がそれを可能とするのだというのが、ロックの答えであった。そして「最初の頃は、全世界がアメリカのような状態であった」（Locke, 1690[1960/1988], p. 301. 邦訳 p. 350）と仮定することで、現存する所有権の起源を労働にもとめ正当化する議論を一般化するのである。

このようにロックは、アメリカン・インディアンの社会を「自然状態」にあるとみなしたのだが、近年の研究によれば、この立場は、単に彼の労働所有説――私的所有の強力な正当化――に資しただけではなく、植民地支配の正当化にも資したと指摘されている。イングランドの「共有の土地のどの部分についても、仲間の共有権者すべての同意がなければ、囲い込んだり占有したりすることはできない」（Locke, 1690[1960/1988], p. 292. 邦訳 p. 333）のに対して、アメリカ先住民の共有地はヨーロッパからの入植者を含む万人に開かれているとされる。なぜなら後者は自然状態にあるとされるからである。このようなロックの事実認識を今の知見から問うことは、歴史的錯誤だという批判もあるかもしれない。しかしロックの事実認識に重大な誤りがあることは、なにも近代の人類学者だけが指摘できた（cf. Driver, 1969; Jennings, 1975）ことではなく、ロックと同じく一七世紀に生きた、ロジャー・ウィリアムズ（Roger Williams, 1603–1683）やウィリアム・ペン（William Penn, 1644–1718）によって認識されていたのである。ウィリアムズはロードアイランド植民地の共同設立者の一人であり、ペンはペンシルヴァニア植民地総督であった。彼らは、アメリカ先住民の共有地がロックの言うような自然状態にはないことを認識していたからこそ、自分たちの植民地建設にあたって、先住民の共同体からの同意を得ることに意を尽くしたのではなかったか[16]。先住民社会を自然状態とうっかり誤認してしまったから植民地主義を正当化する言説を生み出したのか、それとも植民地主義を正当化するために、先住民社会をよく知る同時代の同胞に知られていた事実を故意に捩じ曲げたのか、その問いには本書では立ち入らない。ここでは、アメリカの先住民を『未開人』と位置づけ、前者の社会を自然状態と位置づける議論が、少なくとも第一に時代の制約によるものではなく、第一に植民地主義と深い関係にあったことだけを確認して、話をスミスに戻そう。

スミスは、自然状態が歴史上存在していたことを否定しており（LJB. p. 398. 邦訳 p. 21）、この点でロックとは異なる。しかしアメリカ先住民を、未開人として、歴史の初期段階に位置づける点ではロックをおおよそ引き継いでいる。「北アメリカの先住民族」は「社会が未開でもっとも初期の段階」にあり、「主権者、国と呼べるものはない」とされる（WN, pp. 689-90. 邦訳Ⅱ巻 p. 281）。

「未開人」を「高貴な」存在と描くにせよ、「野卑な」存在と描くにせよ、あるいは彼らの必要は充足されていると描くにせよ、あるいは充足されていないと描くにせよ、そして彼らと「文明人」とがどのように比較されるにせよ[17]、ロックからスミスにいたる思想家たちが依拠したヨーロッパ人による記録[18]が、当の「未開人」の状況を正しく描き出していると考えるのはあまりにナイーブである。先述したように、その後の人類学や歴史研究のみならず、すでにロックと同時代に植民地社会の建設にあたったヨーロッパ人によっても、当時の先住民社会は、ロックやスミスたちが想定したような状態とは異なっていたことが明らかにされている。竹本洋は、さまざまなヨーロッパ人による記録のなかでも、「未開人」やその他の「野蛮な」段階にある人びとの発達度合いを好意的に記録したものを、スミスはさしたる根拠も示さずに退け、スミスにとって利用可能な文献のなかでも、これらの社会の発展段階を低く見積もった記録のみを、意図的に参照していたことを明らかにしている（竹本 2005、第四章）。竹本によれば、スミスが依拠した「推測的歴史」という方法が、そのような資料操作に影響を与えたとされる。そしてミークによれば、その「推測的歴史」という方法自体が、「野卑な未開人」言説に大きな影響を受けて成立しているのである（Meek, 1976）[19]。

スミスにおける、イギリス最下層の人びとの必要充足という事実認識が、「未開人」についての植民地主義的眼差しに支えられていたことは、ここまでの議論で明らかだろう[20]。

＊　＊　＊

この章では、一八世紀後半の「商業社会」において、最下層の人びとの必要が充足されているとするスミスの「必要充足テーゼ」の妥当性について検討をした。スミス自身が、スミス自身の必要概念に照らして必要が充足されていない事態が広範に存在していることを把握していたことを明らかにした。それゆえ、必要充足テーゼが妥当することを根拠にしていた、スミスによる「商業社会」における不平等の正当化は、スミス自身によってその根拠を掘り崩されてしまっていることになる。スミスの「見えざる手」は、スミスその人によって否定されているのである。

なぜ、一方で最下層の必要は充足していると主張し、他方で最下層の多くの人の必要が充足されていない現実を描写するという、相矛盾する著述をスミスが行ったのかについて、本章では、スミスの議論を、一八世紀半ばの言説状況のなかに位置づけることで、理解することを試みた。一方での、重商主義から古典派経済学へ連なる賃金や必要をめぐる言説と、他方での「未開人」をめぐる植民地的言説の交差するところに、スミスの揺れうごき矛盾する言説が生まれたというのが本章の提示する仮説であった。[21]

注

1　「国富論草稿」では、分業だけが触れられている。「分業だけが、諸文明社会に生じる高度の富裕と、所有の不平等にもかかわらずそれが共同体の最下層の成員にまで到達することを説明しうるのである」(ED, p. 564. 邦訳 pp. 447–48. 傍点は筆者)。そのためこの段階のスミスは「必要充足テーゼ」が可能性にすぎないと、明確に留保をつけている。「私は、利潤が正確にここにのべたとおりに、実際に分割されるといっているのではなく、そのようなやりかたで分割されうる、といっているのである」(ED, pp. 566–67. 邦訳 p. 454. 傍点は筆者)。この留保は、『国富論』で「必要充足テーゼ」の理論として、分業のみならず自然価格を展開したことで、消えている。

2　自然価格をどう理解するかについての詳細な分析は本書の課題ではないので割愛するが、以下では、本書の議論に直接に関連するいくつかの点に触れたい。また、スミスの労働の自然価格論で必要把握が問題となるのは、前章でも触れたように、必需品への課税を最終的に誰が負担することになるのかという、税の帰着についてのスミスの特定の理解によっている。スミスにおける税の帰着について、Dome (1998)。

3　新古典派における均衡価格とは、「見えざる手」に導かれて、財の需要量と供給量が一致する価格である（Colander, 2010, p. 95）。

4　この一節を、新古典派の均衡価格の先駆として読むべきではないという議論については、Montes (2004, ch. 5) を見よ。Blaug (2007) は新古典派の一般均衡理論の先駆としてスミスを解釈するあり方を「歴史的こじつけ (historical travesty)」と表現する。新古典派の一般均衡とスミスの「一般均衡」との違いについては、Witztum (2009, 2010) も参照。

5　「中立的な観察者」とは、「共感」と並んで『道徳感情論』における中心的な概念である。実際に存在する中立的な立場にいる他人としての中立的な観察者――外部の人 (man without)――と、自分の胸中にある (man within) 想像上の中立的な観察者とがある。これらの中立的な観察者と自分との「想像上の立場交換」によって、自分の状況や行動が、中立的な観察者の共感を得ることができるかどうかを内省することによって、私たちは自らの道徳感情を構築していくとされる。

6　ここでの「規範的」と「事実解明的」の区別は、奥野・鈴村 (1985) の用語法を踏襲している。すなわち、「規範的な」研究とは、「ある経済問題を解くためには経済の制度的仕組はいかにあるべきか」という問題を扱うものである。また「事実解明的な」研究は、「ある経済制度が、さまざまな経済問題をどのように実際に解決するかを調べ、その経済制度の運行メカニズムの実体を解明しようとするもの」であり、それは「理論的な事実解明」である (pp. 6-7)。また、すぐあとに筆者が使用している「経験的」研究は、このような「理論的な事実解明」ではなく、歴史資料や統計資料などに基づいて事実がどうであったかを明らかにする研究である。この経験的研究は、「実証的研究」とも呼ばれることが多いが、「実証的」は本書で「事実解明的」と訳した'positive'の訳語としても使われるため、混乱を避けるためにここでは使用を避けている。

7　本書では、自然価格をめぐるさまざまな解釈の妥当性には立ち入らない。ここで行ったのは、スミス自身の自然価格の位置づけの説明に合致する解釈はどれかの検証であった。なお第1章で触れたリカードとマルサスだが、リカードは、ここで触れた生産費としての自然価格という解釈をとっている。

すなわち労働の自然価格を「労働者たちが、平均的にいって、生存しかつ彼らの種族を増減なく永続させうるのに必要な、その価格」とし、そうしたことを個々の労働者に可能とする財として、「食物、必需品（necessaries）、および慣習から彼に不可欠となっている便宜品（conveniences become essential to him from habit）」を挙げている（Ricardo, 1817b, p. 93. 邦訳 p. 109）。この便宜品は、「慣習が絶対必需品としている慰安品（those comforts which custom renders absolute necessaries）」とも表現されており（Ricardo, 1817b, p. 94. 邦訳 p. 110）、スミスの慣習による必要に対応していると読むことができよう。マルサスは、このような自然価格解釈を「もっとも不自然な価格」と呼んで退ける（Malthus, 1820, p. 192. 邦訳下巻 p. 17）。またスミスによる「普通の人道的観点」という説明に対して、「もし人間性がうまいぐあいに仲介しえたならば、ずっと以前にそうしたはずであり、また粗食とか食物不足のために若死がおこってくるのを防げたはずである」と批判する（Malthus, 1820, p. 192. 邦訳下巻 p. 15）。

8　本書では、スミスの必要充足テーゼが、歴史的事実と一致しているかどうかは問わない。その理由は、以下でスミス自身が必要充足テーゼに反する事実を認識していたことが明らかとなり、したがって、本書の議論との関係ではその確認で充分であるからである。なお、スミスの時代の労働者の生活水準に関連して、スミスの晩年の頃と、その後の産業革命の進展を経た一九世紀中葉とで、労働者階級の生活水準が向上したのかそれとも悪化したのかについては、いわゆる「生活水準論争」で議論された。同論争については、Sen et al.（1987）、松村（1989, 1990）。

9　これらの事例を例外的なものと捉える議論として、Gilbert（1997, p. 289）がある。

10　この節の目的は、スミスの必要概念が、彼の孤立した思索から独創的に導き出されたというより、彼に先立つ、あるいは同時代の言説への応答として生み出されたものであることを明らかにすることである。一八世紀後半の賃金や必要についての言説総体の歴史を提示することは、この節の目的ではない。賃金に関するそのような試みとしては、Furniss（1920［1957］）やStirati（1994）が存在している。

11　この点で、スミスの必要概念が存在論的に有限であるのに対して、ステュアートのそれは、存在論的に無限であるという解釈がなりたつ。ステュアートの必要概念を無限のものとする見解として、Menudo (2018)。ステュアートの「政治的必要物」は、今日の「地位財（positional goods）」の概念に近いようにも思われる。地位財については、Hirsch（1976）。この問題は、本書第6章で、再訪する。

12　ＬＪＢを一七六三年秋冬の講義とする推定は、Meek et al.（1978）および水田（2005）に従っている。

13　'an Indian prince'（ED, p. 562. 邦訳 p. 441 ; LJA, p. 338. 邦訳 p. 441）、'an Indian sovereign'（LJB, p. 489. 邦訳 p. 269）。ＥＤとＬＪＢの水田洋訳ではそれぞれ「インドの王侯」、「インドの主権者」と訳されている。ケンブリッジ学派はじめ英語圏の研究者は、これをいわゆる「アメリカン・インディアン」、すなわち北米大陸の先住民を指すものと解釈している。

14　「すべてのものに価値の相違を設けるのは、実に労働に他ならない」（Locke, 1690[1960/1988], p. 296. 邦訳 p. 341）。

15　「どの国でも、その国の国民が年間に行う労働こそが、生活の必需品として、生活を豊かにする便宜品として、国民が年間に消費するもののすべてを生み出す源泉である」（WN, p. 10. 邦訳上巻 p. 1）。多くの論者はこの箇所を労働価値説の立場を取っているものと解釈して来た。ただしたとえば有江大介は、スミスがロックの労働所有説を継承していないこと（スミスにおいては共感が所有を根拠づける）を一つの根拠に、スミスは労働を富の源泉と考えていたが価値の源泉とは考えていなかったと結論づける（有江 1994, p. 166）。たしかにスミスには、ロックのようには、労働が価値の源泉だと直接的に述べている箇所はない。有江の議論にしたがえば、スミスに労働価値説はない。その議論を受け入れるとすれば、ロックとスミスに共通している議論を、たとえばさしあたり労働富説と言い換えてもよい。

16　ロックと植民地主義との関係について詳しくは、Tully（1995）、Arneil（1996）、三浦（2009）参照。

17　アメリカン・インディアンより、文明社会の人びとの方が悲惨な生活を送っていると論じたのはルソー一人ではない。たとえばトマス・ペイン（Thomas Paine, 1737-1809）は以下のように言う。

普通に用いられる言葉によれば、人間の状態は文明生活と非文明生活の二種類に分類されてきた。前者には至福と豊かさとが、後者には困苦と欠乏とが属するとされてきた。だが、わたしたちの想像力が美化し比較対照することによってどれほど強く動かされようとも、文明国と呼ばれている国々の人間の大部分が貧困と不幸の状態に、アメリカ・インディアンのそれよりもはるかに劣る状態にあることは、やはり真実なのだ。ただ一国についてだけ言っているのではない。あらゆる国々について言っているのだ。イングランドがそうであるし、全ヨーロッパがそうなのである。

（Paine, 1791-92, pp. 262-63. 邦訳 p. 286）

18　スミスとその同時代の思想家が主に依拠していたのはピエール・フランソワ・ザビエル・シャルルヴォア（Pierre-François-Xavier de Charlevoix, 1682-1761）およびジョゼフ・フランソワ・ラフィートゥ（Joseph-François Lafitau, 1681-1746）の諸著作だと言われている（Meek, 1976, 1977）。水田洋（1919-2023）は、スミスがアメリカ大陸についての多くの著作を持っていたことを明らかにしている（Mizuta, 2000）。スミスは上述のシャルルヴォアとラフィートゥを「これらの民族の生活様式についてもっとも明確な説明を与えている」としている（LJA, p. 201. 邦訳 p. 208）。当時のイギリスにおけるアメリカン・インディアンの表象をめぐる包括的な考察としては、Bickham（2005）を参照。

19　前節で触れたテュルゴーも、スミスと同様の推測的歴史を展開しており、その際に参照していた文献も一つ前の注で触れたスミスが参照したものと重なっていると指摘されている（Meek, 1976, 1977）。日本における関連研究としては、竹本（2005）、野原（2014）など。野原論文が収められている田中（2014）は「野蛮と啓蒙」という興味深い視角で啓蒙思想を論じている。一六―一七世紀における「自然人」とアメリカ大陸で「発見」された人びとを同一視する言説について、Pagden（1982）が詳しい。

20　スミスは反植民地主義的であったという議論がある。これは『国富論』において、イギリスがアメリカ東海岸の植民地支配を自発的に放棄するという提案に言及し、それがイギリスの利益に適うものであるとスミスが論じたことを根拠にしている（第四篇第七章、および第五篇第三章）。またロックと異なってスミスは、ヨーロッパ人がアメリカ大陸で為した「野蛮な不正義」（WN, 448. 邦訳下巻 p. 23）「正義にもとる計画」（WN, p. 561. 邦訳下巻 p. 146）について言及している。このことは両者のあいだの（考えようによっては）大きな違いと言わなくてはならない。とはいえ、竹本洋が指摘するように、スミスは、「文明」国が「野蛮」国を、軍事力で圧倒することを「「文明の永続と拡大」という人類の大義に棹さす」ものとみていた（竹本 2005, 第四章）。ロックは、アメリカでの植民者とアメリカン・インディアンのあいだの処罰権の行使が、軍事力で圧倒する植民者の側のみに可能であることに、何の疑問も抱かなかった（三浦 2009, pp. 30-31）。この点で、ロックとスミスの間の距離はそれほど遠くはなく、共通の植民地主義的眼差しを共有していたといえるだろう。スミスを反植民地主義者と捉える視点への疑義については、Williams（2014）も参照。

21　啓蒙の普遍主義的言説が、植民地主義と抜き差しならない関係にあることは、現代にも再演されている。本書第6章で触れるケイパビリティ・アプローチについて、植民地主義と普遍主義言説の歴史的かつ現在的共犯関係を再演してしまう方向性と、内省し乗り越えようとする方向性があり、後者を「構築的普遍主義」として意識的に追求しようとしたものとして、Yamamori（2003）参照。

A5 判上製 472 頁　定価 4950 円
ISBN978-4-326-60371-8

6月の重版

対話型論証ですすめる探究ワーク
松下佳代・前田秀樹・田中孝平

各教科の「探究」や「総合的な探究の時間」で活用できるワークブック。学校で生徒や教師が「対話型論証」を実践する上で役立つ一冊。

B5 判並製 176 頁　定価 1980 円
ISBN978-4-326-25164-3　1 版 2 刷

比較政治学入門
岩崎正洋

政治とは何かを知るために必要不可欠な要素を盛り込みつつ、国際的な視点からの比較を通じて、より深い理解を促すテキストが誕生。

A5 判並製 272 頁　定価 3080 円
ISBN978-4-326-30238-3　1 版 4 刷

勁草法律実務シリーズ
再生可能エネルギー法務 [改訂版]
第一東京弁護士会環境保全対策委員会 編

2022 年改正再エネ特措法対応！　太陽光発電等電源ごとの基礎知識、制度の状況を整理し、導入・運用、ファイナンス実務を解説。

A5 判並製 608 頁　定価 6820 円
ISBN978-4-326-40409-4　2 版 2 刷

民法〔財産法〕講義 [第 2 版]
長坂 純

2020 年 4 月 1 日施行改正債権法に加え、その後の関連法規改正に対応し、民法の財産法分野を通して解説する、最新教科書第 2 版。

A5 判並製 432 頁　定価 3960 円
ISBN978-4-326-40417-9　2 版 2 刷

社会システム　上
或る普遍的理論の要綱
ニクラス・ルーマン 著
馬場靖雄 訳

これは「社会システム理論」ではない。本書もまた社会システム（の一部）なのだ。ルーマンの転機となった著書、待望の新訳！

A5 判上製 496 頁　定価 7700 円
ISBN978-4-326-60324-4　1 版 2 刷

構築主義とは何か
上野千鶴子 編

社会学に端を発し人文諸科学を席巻するこの方法についての入門・解説書。執筆者には中堅・若手の気鋭を動員し構築主義の可能性を広く探る。

四六判上製 336 頁　定価 3520 円
ISBN978-4-326-65245-7　1 版 11 刷

脱アイデンティティ
上野千鶴子 編

人はアイデンティティなしでは生きられないのか？　一貫性のある自己とは誰にとって必要なのか？　食傷気味の概念に問題提起。

四六判上製 352 頁　定価 3520 円
ISBN978-4-326-65308-9　1 版 7 刷

第4章　メンガーの「魔法の杖」――必要の認識論的限界と市場の限界

ある必要／欲求の充足がわれわれにたいしてもつ重要性は、恣意的な決定によって測れるのではなく、この必要／欲求の充足がわれわれの生命または福祉にたいしてもつ――恣意的でない――重要性によって測られる。にもかかわらず、様々な必要／欲求充足の相対的重要度は、経済人によって判断されるわけだから、その重要性の認識は場合によっては誤謬に陥ることがある。（『経済学原理』）

1　はじめに

前章まで、アダム・スミスの『道徳感情論』と『国富論』に即して、彼の経済理論の核心に、必要概念があり、それは存在論的にいって、有限性、客観性または間主観性、間主観的な場合に進化的といった特徴を持っていることを明らかにしてきた。そしてこれらの特徴を持つ必要概念は、現代の主流派経済学では、受け継がれていない。

スミスは「経済学の父」として、現在でも経済学者から敬意をもって遇されているが、実際にスミスの著作を読んだ経済学者のなかには、現代経済学の源流としてのスミス像とは異なるスミスを発見してしまい、当惑を隠せない人びともいる。とくにスミスの「客観主義」的傾向は、そのような当惑の源泉となってきた。このことについて第2章で論じた際にも触れたテレンス・ハチスンは、「客観主義」的傾向を持つスミスやスミスに続いた古典派経済学者について、「退行（regress）」や「光の消滅（eclipse）」と描写している（Hutchison, 1994, p. 195）。

客観主義に反対する主観主義の立場の「父」とされるのが、カール・メンガーである。第1章でも触れたように、メンガーにジェヴォンズとワルラスを加えた三人は、限界革命を担った中心人物であり、現代経済学の父として遇されてきた。メンガーはさらに、「主観主義学派」とも称されるオーストリア学派の父ともされてきた。

また、第1章で触れたように、ライオネル・ロビンズは、スミス以来の経済学の「物質主義的」定義に対置して「希少性」定義を提唱し、また効用の主観的な解釈に基づいてその「個人間比較の不可能性」を強調することで、必要概念を間接的にも直接的にも経済学者の視野の外へとはじき出した。「希少性」定義を定式化した箇所で、ロビンズは五つの参照文献を挙げているが、その筆頭はメンガーの『経済学原理』である（Robbins, 1932, p. 15. 邦訳 p. 17）。したがって、メンガーに、主観的ではない必要概念など、あろうはずがないようにも思われる。しかし、果たしてそうだろうか、というのがこの章の主題である。

メンガーは、一八四〇年に当時オーストリア領だった西ガリチアのノイ・ザンデツ（現ポーランド領ノヴィ・ションツ）に生まれた。[1] ジャーナリストとして働いたのち、独学で経済学を研究し、一八七一年に『経済学原理（*Grundsätze der Volkswirtschaftslehre*）』第一版を刊行する。[2]この業績で、翌年よりメンガーはウィーン大学で働き始め、一八七九年に正教授となった。同書はドイツの経済学者ヴィルヘルム・ロッシャー（Wilhelm Roscher, 1817–1894）に捧げられたが、ロッシャーを始祖と仰ぐ歴史学派が支配するドイツの経済学界は、抽象的理論に冷淡で、メンガーの同書を受け入れなかった。[3]メンガーは一八八三年に『社会科学の方法、とりわけ経済学の方法に関する研究』（以下、『方法に関する研究』と略記）、翌年には論文「ドイツ国民経済学における歴史主義の誤謬」を著し、歴史学派との間で「方法論争」と呼ばれる論争が起こった。[4]『経済学原理』について、メンガーは改稿して第二版を世に問う構想を持ち、一九〇三年にはその作業に専念することも理由の一つとして大学を退職した。改稿作業は断続的に続いたが、一九二一年に亡くなるまで第二版が完成することはなかった。メンガーの死後に残された遺稿をもとに、一九二三年に『経済学原理』第二版が、息子カール・メンガー（Karl Menger, 1902–1985）によって編集され出版された。

メンガーはドイツ語で著述を行っており、本書で注目するのは彼の'Bedürfnis'という概念である。メンガーのこの語が英語に翻訳される場合は、通常、'need'と訳される一方、日本語訳では「欲望」と訳されている。この語でメンガーが表そうとしている事柄の範囲は、客観的だったり間主観的だったりする（本書の意味での）必要'need'を含むがそれより広い。[5]また日本語の（主観的な）「欲望」と重なる部分があるのは事実だが、上記のように間主観的および客観的必要も含む。本章で焦点をあわせるのは、この日本語の「欲望」をはみ出る部分である。本章の目的は、メンガーの'Bedürfnis'概念の全体像を描くことではなく、同概念のうち、より良い経済理論のために重要だと思われるにもかかわらず忘れ去られている部分に光を当てることである。なお、以下この概念に言及するときは原則、上記の特徴を踏まえ「必要／欲求」と訳すことにする。これは、後述するように、カール・ポランニーの英訳に従っている。[6] ただし、明らかに主観的な使用法の場合には「欲求」、明らかに間主観的ないし客観的な使用法の場合には「必要」と表記することもある。

メンガーが必要／欲求についてもっとも詳しく論じたのは、『経済学原理』第二版においてであるため、以下ではまずこの第二版について検討する（2節）。ついで『原理』第一版について検討する（3節）。『原理』第二版でのメンガーの議論は、彼を始祖（の一人）と仰ぐ新古典派やオーストリア学派の経済学者の間ではほとんど、真剣に検討されてこなかった。その理由について、理論的な批判（4節）、文献学的批判（5節）の順に検討する。[7] 最後にメンガーの必要／欲求の存在論・認識論とオーストリア学派の「主観主義」との関係について整理する（6節）。

2　『経済学原理』第二版

メンガーの遺著『経済学原理』第二版の第一章は、「必要／欲求の理論（Die Lehre von den Bedürfnissen）」と題され、第一版にはなく新しく付け加えられたものである。この章は以下の文で始まる。すなわち、「あらゆる経済理論研究の出発点は、必要／欲求をもつ人間本性である。必要／欲求がなければ、経済も国民経済も、またそれについての科学も存在しないであろう」（Menger, 1923, p. 1. 邦訳 p. 27）。

『経済学原理』第二版における必要／欲求概念については、ジャンドメニカ・ベッキオ（Giandomenica Becchio, 1972-）による先行研究が存在している。ベッキオの研究も本章も、メンガーについての主流の解釈からは零れ落ちてしまう側面に焦点をあわせる点では共通している。相違点は以下である。すなわち、ベッキオは、個人の必要／欲求の総計には還元できない、団体（Verbandsbedürfnisse）の必要／欲求に焦点をあわせている（Becchio, 2014）。本章では、個人の欲求／必要のうち、客観的だったり間主観的だったりする場合に焦点をあわせている。

これに対して、ロビンズやフリードリヒ・ハイエク（Friedrich von Hayek, 1899-1992）など、メンガーを新古典派やオーストリア学派の父として称揚する経済学者たちは、必要／欲求（Bedürfnis）を主観的なものと解釈し受容している。しかしながら、『経済学原理』第二版でメ

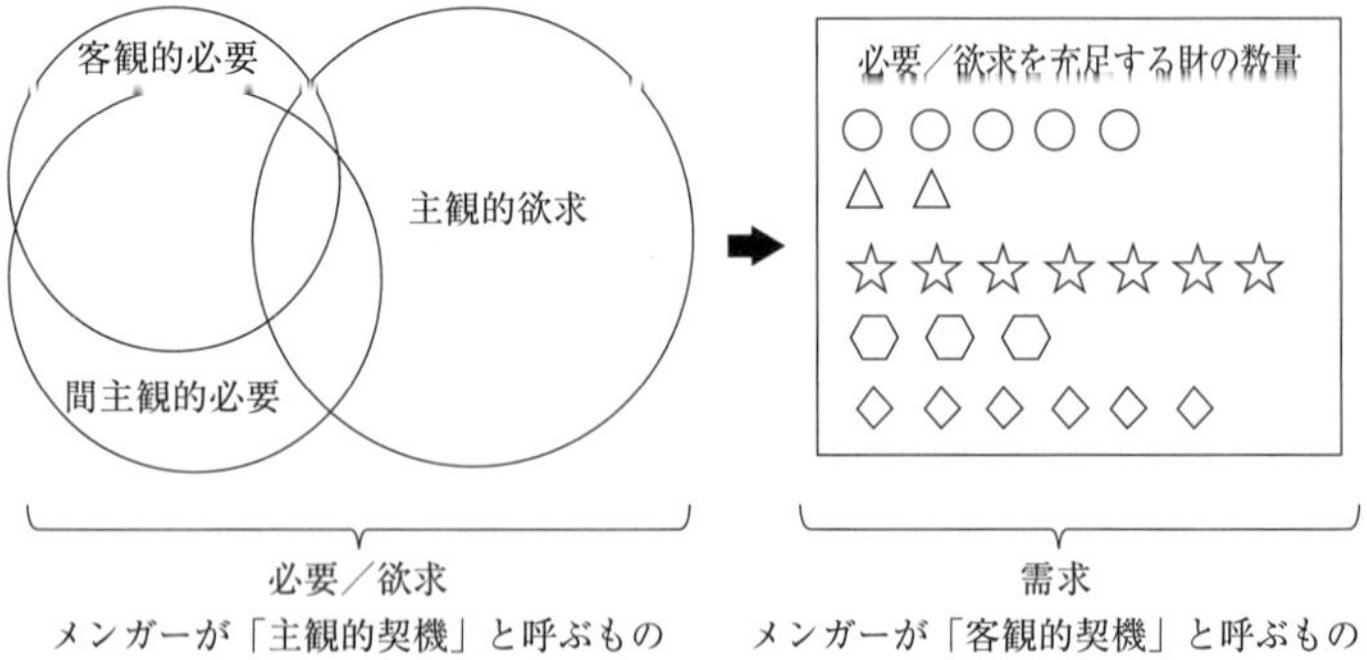

図５　「客観―主観」の二つの位相

出所：Yamamori, 2000.

ンガーが展開した必要／欲求概念は、純粋に主観的な欲求ないし欲望に還元できない。この点詳述する前に、以下の二点に注意を促したい。第一に、メンガーの欲求／必要が主観的な場合がないと示唆しているのではないこと。メンガーの欲求／必要には、主観的な場合、間主観的な場合、客観的な場合の三通りがあるのである。

第二に、メンガーは「必要／欲求（Bedürfnis）」とその「需求」（Bedarf）とを区別している。後者は「一定の時間の範囲内で、ある経済主体の必要／欲求を量的および質的に完全に満足させるのに必要な財の数量の全体」と定義される（Menger, 1923, p. 32. 邦訳 p. 67）[8]。興味深いことに、その上でメンガーは、前者を「主観的（subjektiven）」、後者を「客観的（objektiven）」と描写する（Menger, 1923, pp. 32–33. 邦訳 p. 68）。ここで「必要／欲求」を主観的、「需求」を客観的と形容することで何を意味しているのかは、

『原理』第二版第五章での以下の使用法と同じである。すなわち、「相異なる具体的必要／欲求の充足が、人間にとってどれほど異なる意義を持つか（主観的契機 subjektives Moment）」と「個々の場合にあって、いかなる具体的な必要／欲求充足が、ある一定の財をわれわれが支配することに依存しているか（客観的契機 objektives Moment）」である（Menger, 1923, p. 119. 邦訳 p. 177）[9]。この客観－主観二分法は、本書での使用法とは異なる（図5）。メンガーのいう主観的契機および客観的契機は、それぞれ主体的契機および客体的契機とも呼びうる。実際、同様の二分法が第四章第一節で使用されている箇所の邦訳は、'subjektive' に「主体的」、'objektive' に「客体的」という訳語を当てている（Menger, 1923, p. 60. 邦訳 pp. 104-05）。というのも主観的－主体的契機は、主体にとっての意義であり、客観的－客体的契機は、客体の数量によって表されるものだからである。これに対して、本書での主観－間主観－客観という用語法は、メンガーのいう主観的（主体的）契機に焦点を絞り、そこでの必要／欲求の充足が人間とって持つ意味が、その当該個人の主観によって決まるのか、それとも当該個人が属する共同体の慣習＝間主観によって決まるのか、あるいは私たち人間の生存についての客観的条件によって決まるのか、についてのものである。

　このように、主観－客観という二分法の使用が意味するものは複数ある。より正確にいえば、主観－客観についての二分法と、「主観主義」についての三つの使用法がある。すなわち、

①　上述のメンガーの主観的契機―客観的契機の二分法に基づいて、価値は主観的契機から生じるとする「主観主義」。

②　上述のメンガーの主観的契機―客観的契機の二分法に基づいて、経済分析において客観的契機よりも主観的契機を重視しようとする「主観主義」。

③　上述のメンガーの主観的契機―客観的契機の二分法に基づいた上でさらに、（意図的か、混同によるものかはともかく）、本書で明らかにした、欲求や必要の決定因としての二分法（本書では主観的・間主観的・客観的の三分法をとっているが、主観的かそうでないかという点では二分法）も含んで、非主観的な必要の存在を否定する「主観主義」。

この整理から引き出しうる含意の一つは、メンガー自身の「主観」理論は、必要の（本書の意味での）客観性や間主観性と両立しうるということである。メンガーの主観理論は、価値がある財に内在するものではなく、主体（subject/Subjekt）の持つ必要／欲求から価値が生じるというものである。たとえば誰かが水分摂取を必要としていて、水筒の水がその必要を満たすことができるとしよう。ここで、客体（水筒の水）の性質なり機能なりから直接的に価値が生じるのではなく、主体が持つ（本書の意味での客観的な）必要から価値が生じる。このような必要／欲求を持つ主体なしに、価値は生じない。メンガーのこのような価値理論を支持するために、必要の客観性や間主観性を否定したり、経済理論から追放したりしなくてはいけないわけではない。したがってメンガーの必要／欲求概念がしばしば持つ（本書の意味での）非主観的な特徴は、彼の価値の「主観」理論と矛盾しない[10]。

以上を踏まえた上で、メンガーの必要／欲求概念がしばしば含意する非主観的な性質について見ていこう。

> 必要／欲求の認識の契機。ある生物が本性上必要とする要件は、この生物自身がそれを認識することによって初めて必要／欲求となるわけではない。……必要／欲求の担い手自身が必要／欲求〔の内容〕を知らないのに、他の人びと〔例えば保護者や後見人や医師〕がそれを認めることができることもまれではない。必要／欲求はそれを認識する知性と区別されなければならず、したがって、必要／欲求をもつ主体による必要／欲求の認識は、必要／欲求の概念にとって本質的ではない。(Menger, 1923, p. 3. 邦訳 p. 30)

メンガーによれば、人はしばしば自分自身の必要／欲求を認識することが難しく、その人の必要／欲求を、専門家などの他者がよりよく把握できることもあるという。上記引用の前半は、必要の認識論的限界の指摘と考えることができる。後半は、存在論的な非主観性——すなわち客観性ないし間主観性——の指摘と考えることができるだろう。メンガーの必要／欲求概念における認識論的限界という把握の重要性は、彼が「想像上の必要／欲求（eingebildete Bedürfnisse）」から「真の必要／欲求（wahre Bedürfnisse）」を区別していることからも明らかであろう。

合理的な理論と実際的な経済学は、真の（客観的事態に照応した）必要／欲求の研究と結びつかなくてはならない。（Menger, 1923, pp. 4-5. 邦訳 p. 32）

必要／欲求に「真の」ものとそうでないものがあるというこの区別は、表明された欲求をすべて所与として扱い、その真偽を問わない、現代の主流派経済学の立場とは相容れない。必要の間主観性について、メンガーはスミスと同じ把握をしているように思われる。メンガーは以下のように述べる。

真の必要／欲求が、慣習的な（konventionell）必要／欲求と対比して区別されることも多い。この区別は完全に正しいとは言えない。慣習的な必要／欲求には明らかに想像上の必要／欲求とみられるものがある。しかしながら、われわれがある社会の構成員として感じている必要／欲求は、その充足の特殊な形態が慣習によって規制されているとしても、想定上の孤立的人間の必要／欲求と同様に真の必要／欲求である。（Menger, 1923, p. 5. 邦訳

p. 32)

上記引用の直後でメンガーは、身体的（physische）必要／欲求と心理的（psychische）必要／欲求の両方が経済学にとって重要であるとも強調している。ここで、メンガーの導入している二つのカテゴリー――慣習的な必要／欲求と心理的な必要／欲求――は、完全には重ならないとしても、ある程度重なっていると考えられよう。たとえば、スミスの亜麻布のシャツや革靴は、メンガーの慣習的必要／欲求であると同時に心理的必要／欲求であろう。

まとめよう。メンガーの必要／欲求概念は、スミスの必要概念と、いくつかの重要な認識論的、存在論的特徴を共有している。すなわち認識論的限界、存在論的客観性ないし間主観性、そして間主観的な場合には進化的であることである。そして認識論的限界および存在論的非主観性（客観性ないし間主観性）は、現代の主流派の経済理論とは相容れない。なお、ここで二人の概念に共通点があるというのは、文字通りの意味であって、スミスのメンガーへの影響を示唆するものではない[11]。すなわち必要の存在論的および認識論的特徴について、スミスとメンガーに共通に把握されているものがあるということである。

ところで、序章や第2章で触れたように、スミスやメンガーを始祖と仰ぐ現代の主流派経済学では、必要は主観的欲求に還元され、その主観的欲求は、顕示選好として消費行動における選択を通じて把握される。このような市場を通じた把握の限界について、メンガーは『原理』第二版で触れている。第三章第五節でメンガーは、「真の経済（wahren Volkswirtschaft）」について語っている。そこで彼は、「真の需求（wahre Bedarf）」を、購買力に裏打ちされた需求から区別している。

実業界においては、支払能力のある人々のものであれば、どんなに微弱な願望であっても極めて丁寧な顧慮を受けるが、貧窮の中でやつれはてている人々の需求は、どんなに切迫したものであってもまるで顧慮されることはない。われわれの社会的組織にあっては、国民の真の需求ではなくて、たんに支払能力があり支払う意思のある需求だけが、実業界が熱っぽい視線をなげる対象なのである。（Menger, 1923, p. 49. 邦訳 p. 92）

これに対してメンガーは「真の需求」に注意を払う。というのも彼の焦点は「人間の経済一般（menschlichen Wirtschaft überhaupt）」（Menger, 1923, pp. 50. 邦訳 p. 92）であるからである。必要の認識論的限界を示す「真の」必要および「真の」需求という議論は、一方でそれらが「想像上の」必要や需求と対比されるだけではなく、他方で、実際に市場で充足される必要と対比されている。すなわち、市場では認識されない必要や需求が存在し、これらにも対応するのが「真の」経済だとされるのである。

社会の最下層の人びとの必要を、市場が適切に認識して充足することができていないという、この議論は、第一に、スミスの必要充足テーゼと正反対の事実認識である。[12]第二に、この議論は、必要の理論とならんで、メンガーが第二版で新しく議論している、もう一つの主要な議論へと繋がっていくものであるが、必要の話とは表面的には離れていくことになるので、その詳細は次章に譲り、ここでは先を急がず、メンガーの必要／欲求概念について、時系列を遡りながらもう少し詳しく見ていこう。

3 『経済学原理』第一版

『経済学原理』第二版の第一版と異なる部分については、メンガーの遺稿に基づいて死後に息子カールの編集で出版されたという経緯もあり、父メンガーの著作としての真正性について議論がある。この問題については本章第5節で詳しく触れることになるが、ここでは、第二版での経済学における必要／欲求概念の枢要性や、この概念が持つ特徴についての議論は、第二版のようには独立した章という形はとっていないけれども、第一版にも存在していることを見ておきたい。

必要／欲求の中心的役割について、第二版におけるのと同様の言明はメンガーが初期に刊行した二つの著作、すなわち一八七一年の『経済学原理』第一版と一八八三年の『方法に関する研究』にも見つけることができる。『経済学原理』第一版の序文でメンガーは、「理論的経済学は経済的行為にたいする実際的提案を取り扱うものではなく、人間が必要／欲求の充足に向けて先慮的行為を展開するにあたってその基礎となる諸条件を取り扱うものである」と述べる（Menger 1871, p. IX. 邦訳 p. vi. 傍点は筆者）。さらにメンガーは財についての第一章を、以下のように、ある物が財となるための四つの前提の説明から始めている。

① 人間の必要／欲求。
② ある物をこの必要／欲求の充足との因果的連関のなかに置くことを可能にするようなその物の所属性。
③ 人間の側でのこの因果連関の認識。
④ その物を上記の必要／欲求の充足のために実際に用いることができるように、それを支配すること。（Menger, 1871, p. 3. 邦訳 pp. 4-5）

このように『原理』第一版での必要／欲求概念の枢要性は明らかだが、『方法に関する研究』でも、「経済とは物質的必要／欲求の充足に向けられた人間の先慮的な行動である」とメンガーは述べる（Menger, 1883, p. 44. 邦訳 p. 52）。

このように経済理論の出発点に必要／欲求概念を置くのは、メンガーの独創ではなく、彼以前のドイツ語圏の経済学の伝統を踏襲している。前述のようにメンガーは『経済学原理』第一版をロッシャーに捧げているが、そのロッシャーは『経済学体系（*System der Volkswirtschaft*）』の第一巻として一八五四年に出版された『経済学の基礎（*Die Grundlagen der National Ökonomie*）』で、財を「必要／欲求の充足に役立つと認識される物」として定義している（Roscher, 1854, p. 1）。メンガーはロッシャーによる財の定義を引用しているのだが、上記の初版ではなく、一八六八年の第七版から引用している。これはもちろん、メンガーが執筆していた時期を考えれば自然なことなのだが、興味深いのは第七版ではロッシャーは上記の定義に「真の（wahren）」を挿入しており、「真の必要／欲求の充足に役立つと認識される物」と変わっていることである（Roscher, 1868, p. 2; Menger, 1871, p. 2. 邦訳 p. 4）。このロッシャーの財の定義のメンガーによる引用箇所は、メンガーが「真の必要／欲求」について最初に触れている箇所であり、『原理』第二版での真の必要／欲求と想像上の必要／欲求の区別を予期させるものでもあろう。[13]

『経済学原理』第一版には必要／欲求を主題とした章はないものの、第二版での必要／欲求の客観的ないし間主観的存在論を予期させる萌芽的な記述がいくつかの箇所にある。新古典派やオーストリア学派の「主観主義」的存在論とは相容れないメンガーの記述を二点示そう。第一版の第一章で、「本当は存在しない人間の必要／欲求が誤って前提されている」場合について言及している（Menger, 1871, p. 4. 邦訳 pp. 5-6）。人によって単に想像されただけの必要／欲求を充足するとされる財（および真の必要／欲求を充足しうる属性を持つと誤って想像される財）

を「想像財（eingebildete Güter）」とメンガーは呼ぶ（Menger, 1871, p. 4. 邦訳 p. 6）[14]。そしてこの箇所にメンガーは脚注をつけ、アリストテレス（Αριστοτέλης, 384-322BC）が「必要／欲求が理性的な考慮によって導かれているか、それとも非理性的なものであるかにしたがって真の財と想像財とを区別している」ことに読者の注意を促している（Menger, 1871, p. 4. 邦訳 p. 6）[15]。この一節と脚注において、メンガーは必要／欲求の認識論的限界について明確な把握をしており、第二版での真の必要／欲求と想像上の必要／欲求との区別を予期させるものとなっている。ちなみに、想像財の例としてメンガーが挙げているものは、大多数の化粧品、地下の水脈・鉱脈を探り当てるとされる魔法の杖、惚れ薬、まったく存在しない病気に対する薬剤、などである（Menger, 1871, p. 4. 邦訳 p. 6）。なお本章の表題は、この例の一つに由来している。

第一版の第二章では、「人々の必要／欲求充足」が人々の「生命と福祉」と等置されている（Menger, 1871, p. 32. 邦訳 p. 29）。この箇所では、単なる主観的な欲望充足一般ではなく、本書の意味での客観的および間主観的必要を、「必要／欲求」という言葉でメンガーが念頭においていることは明らかだろう。同じく第二章で、メンガーは「需求（Bedarf）」という語を導入し説明しており、その本文の記述は前節で触れた第二版でのものと同様なのだが、同箇所でメンガーは興味深い脚注を付けている。すなわち、ドイツ語の一般的用法では、メンガーの用法（「人間の必要／欲求を完全に満足させるのに必要な財数量」）と同じ場合のみならず、違う場合、すなわち「一人の人間が消費すると予想される財数量」という用法もあることに注意を喚起している（同様の注記は第二版にも引き継がれている）。この両者の違いへの留意は、前節で触れた、市場では満たされない「真の必要／欲求」と「真の需求」の存在への着目と、それらを視野に入れる「真の経済」というメンガーの議論を予期させるものであろう。

第一版の第三章では、必要／欲求概念が非主観的な特徴を持ちうることについて、（本章冒頭でも掲げたが）以下のような仕方で触れている。

ある必要／欲求の充足がわれわれにたいしてもつ重要性は、恣意的な決定によって測れるのではなく、この必要／欲求の充足がわれわれの生命または福祉にたいしてもつ——恣意的でない——重要性によって測られる。にもかかわらず、様々な必要／欲求充足の相対的重要度は、経済人によって判断されるわけだから、その重要性の認識は場合によっては誤謬に陥ることがある。（Menger, 1871, p. 121. 邦訳 p. 105）[16]

以上から、『原理』第二版だけではなく、第一版においても、メンガーの必要／欲求概念は純粋に主観的な概念には還元できないことは明らかであろう。

4　『原理』第二版への理論的批判

現代経済学の源流としてのメンガーへの高い評価の一方で、彼の必要／欲求概念については、一部の例外を除いて、非難されるか、無視されるかであった[17]。非難について見ていこう。ルートヴィヒ・フォン・ミーゼス（Ludwig von Mises, 1881-1973）は、メンガーを始祖とするオーストリア学派の重要人物の一人だが、『原理』第二版で展開されたメンガーの必要／欲求概念を拒絶する（Mises, 1928, pp. 177-85）。前述のようにメンガーは「真の必要／欲求」と「想像上の必要／欲求」を区別するが、ミーゼスによればそれは「悪い過ち（notorious slip）」である。なぜならこの区別の背後にある認識論は、「何が必要であり、また何が必要でないか」は当該個人のみによって決められるべきだというミーゼスの信条に反するからである。ここでミーゼスは以下のように三つの興味深い言明をしている。第一に、『原理』第一版での必要／欲求概念については、その背後にある認識論がミーゼスの主観主義者としての信条と矛盾しないという推測に基づいて、問題がないという。第二に、メンガーの著作に「現代の学派の主観主義とまったく相容れない」内容が含まれていることについて、以下のような理由を述べている。すなわち、メンガーは「初期には旧来の概念や理念に馴染んでおり、後期になって初めてより満足のいく概念や理念にそれらを置き換えた」のだという。第三に、必要／欲求に「真の」ものとそうでないものがあるという区別を無効化する論理を、メンガー自身が提供しているとして、以下を引用する。

身体的必要／欲求だけがわれわれの科学の対象であるという見解は誤りであり、われわれの科学をたんに人間の身体的な福祉の理論として捉えることは支持できない。のちに見るように、人間の身体的必要／欲求の考察だけに自己限定しようとした場合には、われわれによる人間経済の諸現象の解明はきわめて不完全になるか、ときにはまったく不可能になるであろう。(Menger, 1923, p. 5. 邦訳 p. 32)

ここでメンガーは身体的必要／欲求のみならず心理的必要／欲求も視野に入れるべきであると主張している。ミーゼスによるとこのメンガーの主張は、身体的必要／欲求を真の必要／欲求に、そして心理的必要／欲求を想像上の必要／欲求に置き換えてもまったく同じように当てはまるという。

これら三つのミーゼスの指摘のうち、最初の二つは論理的に破綻している。ミーゼスの一番目の指摘だが、前節で見た「想像財」の議論から明らかなように、必要／欲求の非主観主義的な認識論と存在論は『原理』第一版に既に明らかである。ミーゼスの二番目の指摘によれば、初期に比べて後期になるほど、メンガーはより主観主義的に首尾一貫するとのことだが、これ

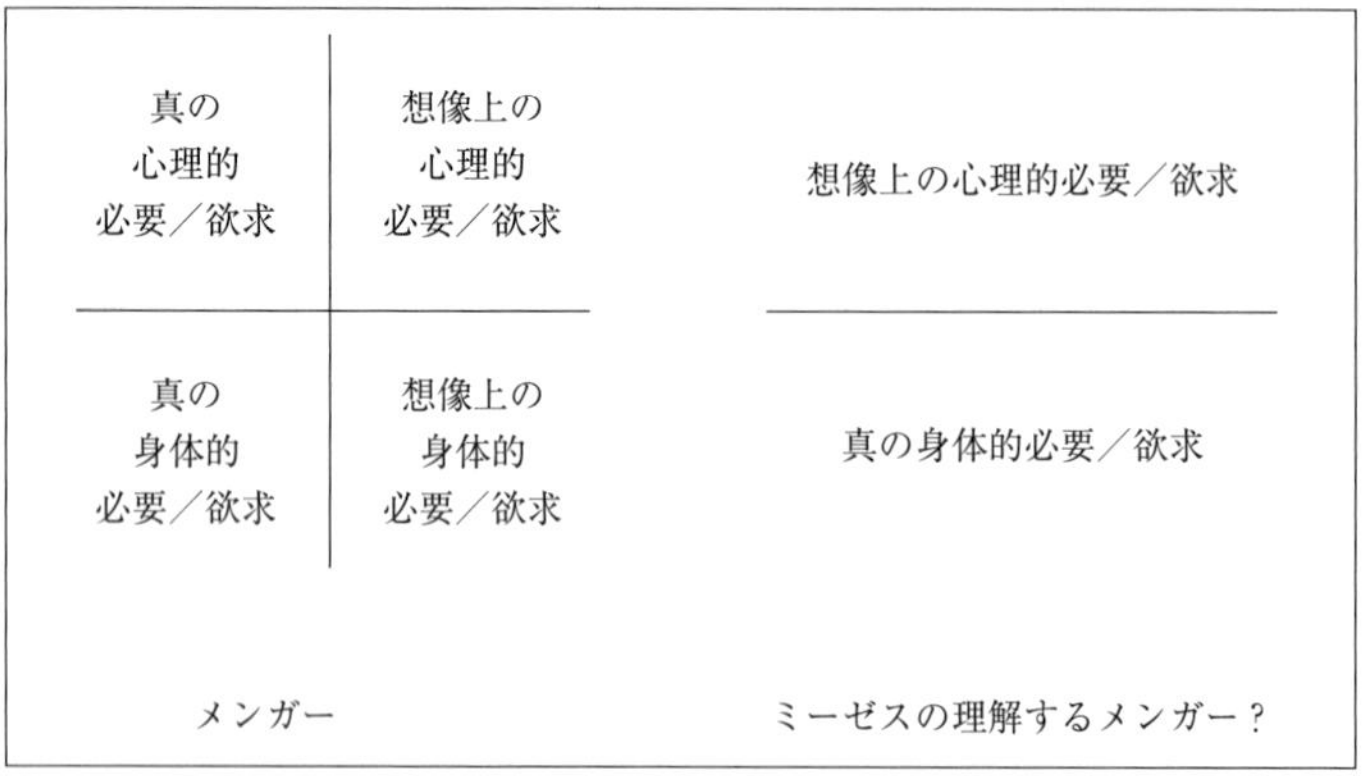

図６　想像上の必要／欲求をめぐるメンガーとミーゼスの相違

はメンガーの一八七一年の概念を肯定し、一九二三年のそれを拒絶するミーゼスの主張と完全に矛盾している。

ミーゼスの三番目の指摘には、二つの解釈がありうるだろう。一つは、心理的必要／欲求と想像上の必要／欲求が同一であるとメンガーが主張しているという解釈である。そうであれば、メンガー解釈としては誤りである。メンガーにとってその二つは別のカテゴリーに属する。心理的必要／欲求は身体的必要／欲求と対比されるもので、想像上の必要／欲求は真の必要／欲求と対比されるものである。ヒ素が不老不死をもたらすと誤って信じられた社会があったとして、そのヒ素は身体的必要／欲求であり、同時に想像上の必要／欲求である。また、本が誰かの心理的必要／欲求を充足するとしても、それは誤った想像上のものであるとは限らない。真の必要／欲求である場合もおおいにありうるというのがメンガーの立場である（図６）。ミーゼスの第三の指摘のもう一つの解釈は、メンガーの立場を理解した上で、心理学的必要／欲求を把握することの重要性を述べた論理が、想像上の必要／欲求を把握することの重要性にも当てはまるというものである。しかしこの場合でも、ミーゼスの主張を論理的に支持するものにはなっていない。なぜならミーゼスの主張は、真の必要／欲求と想像上の必要／欲求を区別して把握することそのものの拒絶のはずだからである。仮にミーゼスの言うように、メンガーの心理学的必要／欲求についての主張が想像上の必要／欲求についても当てはまるとしても（なぜ当てはまるのか自体もミーゼスは説明していないが）、そのことは真の必要／欲求と想像上の必要／欲求が概念的に区別できることを拒絶する根拠にはならない。というのもメンガーの元々の言明は、身体的必要／欲求と心理的必要／欲求を区別できること自体を否定していないからである。

ルートヴィヒ・ラッハマン（Ludwig Lachmann, 1906–1990）もまた、ミーゼスとならんでオーストリア学派の重要人物の一人である。彼はミーゼスとは異なって、『原理』第一版の必要／欲求概念の「客観主義」的特徴をただしく把握している。その上で、「主観主義的な思考様式に彼〔メンガー〕が立ちきれなかった、その障壁」の一つとして否定的に言及する（Lachmann, 1978, p. 57）[18]。

必要／欲求概念への非難から無視へと移ろう。これについては、『原理』第二版が英訳されていないこともその理由の一つだろう。いくつかの先行研究が示唆するところによると、第二版央訳の不在は、偶然の産物というよりも、新古典派とオーストリア学派の何人かの経済学者たちによる熟慮に基づく選択であった可能性がある。最初の「選択」は、ハイエクによってなされた。ハイエクは一九三四年から三六年にかけて、ロビンズの支援を受けながら、四巻本のカール・メンガー全集を編集する。その際『経済学原理』については第二版ではなく、第一版を選択した。その解題でハイエクは以下のように記している。

『原理』の主題を扱った〔メンガーの死後残された〕草稿の一部は、その〔『原理』の〕新版のために書かれたものであり、彼の息子の手によって一九二三年に刊行された第二版に含まれた。しかしながら、さらに膨大で断片的かつ順序づけられていない草稿が残されている。それらは、かなり熟練の編集者の忍耐強い長期にわたる努力によってのみ、日の目をみることとなろう。現時点においては、メンガーの晩年の仕事は失われたものと見做さなくてはならない。（Hayek, 1934, p. xxxiii）

たしかに第二版に含まれなかった部分の草稿で展開された内容については、「失われたもの」と当時みなさざるをえなかったかもしれない。しかしハイエクも正しく認識しているように、「メンガーの晩年の仕事」の一部は、第二版に含まれているのである。にもかかわらずハイエクがなぜ、「メンガーの晩年の仕事は失われたものとみなさなくてはならない」との非論理的な断定をし、第二版に含まれている「メンガーの晩年の仕事」を検討しなかったのかは、明らかではない。ともかくハイエクは第一版を選び、ＬＳＥ版メンガー著作集から、メンガーの晩年の仕事は除外された。

二番目の選択は、フランク・ナイト（Frank Knight, 1885-1972）が、『原理』の英訳に携わったときに行われた。彼もまた、第二版ではなく、第一版を選んだ。英訳に寄せたナイトの解題には、その理由はまったく触れられていないから、ハイエクとは異なって、ナイトはこの選択を正当化する必要性すら感じなかったのかもしれない。[19]興味深いことにナイトは、メンガーによる「必要／欲求（Bedürfnis）」という用語の使用それ自体を問題視している。

> 彼〔メンガー〕がいつも、欲求や欲望（want, desire/Wunsch, Verlangen）や渇望（craving/Begierde）ではなく、必要（need/Bedürfnis）について語っているのは興味深い。（Knight, 1950, p. 16）

ナイトはさらに、「メンガーの『原理』に、論理的および哲学的な観点からは高い評価を与えることはできない」と結論付けている（Knight, 1950, p. 17）。第二版を拒絶したのはナイトにとって論理的帰結だったのだろう。というのもメンガーの必要／欲求（need/Bedürfnis）という用語の選択に納得がいかないのであれば、第二版で展開された必要／欲求の理論に寛容ではありえなかったであろう。

ハイエクをロンドン・スクール・オブ・エコノミクス（ＬＳＥ）に招聘し、『原理』第一版の再刊（を含むメンガー全集の刊行）を支援したのはロビンズであった。ハイエクが第二版を拒絶し（一九三四年）、ロビンズが経済学の希少性定義を定式化し、また効用の個人間比較の不可能性を述べたとき（一九三二年）、二人は同じ職場で協働していたのである[20]。ナイトとハイエク、ロビンズは一九四七年にモンペルラン・ソサエティの創立に協働している[21]。その三年後の一九五〇年、ハイエクはナイトがいるシカゴ大学へと移り、ハイエクのセミナーにナイトは出席している。ナイトが携わった『原理』英訳が刊行されたのはこの年のことである。ロビンズの希少性定義や個人間比較の不可能性と、ハイエクとナイトによる『原理』第二版の拒否との間に、こうした協働関係に基づく何らかの連関があるように推測するのは、穿ちすぎだろうか[22]。

5　『原理』第二版への文献学的批判

前節で見たような『原理』第二版への理論的な批判とは別に、文献学的批判とでも呼びうる批判がある。『原理』第二版のメンガーの著作としての「真正性」を問う議論である。前述のように、第二版はメンガーの息子カール（Karl）の手によって出版されたものである。問われているのは、第二版で新しく挿入された部分は、本当に著者とされている父カール（Carl）のものなのか、むしろ編者である息子カール（Karl）によるものではないのか、という疑問である。この議論はもちろん、新しく挿入された部分が編者によって完全に意図的に捏造されたと主張しているのではないが、それでも、非常に優秀な知識人であり、後に数学者として成功することとなる息子（Karl）の見方が、編集作業の際に密輸入されてしまっているのではないか、という死後編纂に必然的に付きまとうある種合理的な疑念である。[23]

「必要／欲求の理論」と題した新しい第一章のもととなった草稿を含む、第二版で加えられた箇所の草稿は、息子カール（Karl）の死後、アメリカ合衆国のデューク大学に寄贈された。前述のベッキオは、このデューク大学のメンガー・アーカイブで調査している。そして父カール（Carl）の残した草稿と、息子（Karl）によって出版された『原理』第二版の該当部分は、ほぼ正確に一致すると結論づけている（Becchio, 2014, p. 248）。したがって、「真正性」をめぐる疑念は晴れたというべきだろう。

ただしこれには異論もある。注8で触れたカンパニョーロは、デューク大学とは別の場所にあるメンガー・アーカイブでの調査に基づいて、別の結論を導き出している。別の場所のメンガー・アーカイブとは、一橋大学社会科学古典資料センターのメンガー文庫のことである。メンガーのアーカイブがウィーンを遠く離れた東京にあるのは以下のような事情による。メンガー死去時に、ドイツ・ベルリンに一橋大学の前身である東京商科大学から派遣されて留学していた大塚金之助が、メンガーの蔵書が売りに出されていることを知り、東京商科大学による購入を働きかけ実現したとされる。大学より大塚への購入のゴーサインは一九二二年七月、実際に購入された蔵書類がオーストリアを離れたのは同年一〇月だったという（重田 1996）。この中には、父カール（Carl）が欄外に改訂作業のための書き込みを多数している『原理』第一版も含まれている。

さてカンパニョーロによれば、「彼〔息子 Karl〕が達成したこと〔第二版の編集と刊行〕……は、彼の父〔Carl〕が望んだこととは異なっていた」（Campagnolo, 2008, p. 36）。カンパニョーロがこのように結論づける鍵となる理由は、右記引用で省いた中略部分にある。すなわち、「〔メンガーの〕アーカイブの多くを利用できない」状態で息子カール（Karl）が行った作業だからというのである。ここで、息子カール（Karl）による第二版の編集作業が、アーカイブの多くを利用できずに行われたという、カンパニョーロの認識は、以下のような時系列から想定されたものであろう。すなわち、一九二一年二月に父カール（Carl）が死去し、一九二二年一〇月にアーカイブの多くが日本に輸送され、第二版は一九二三年に刊行されている。この時系列は動かしようのない歴史的事実だが、これに加えて、アーカイブがウィーンのメンガー家から東京に向けて運び出された後に、息子カール（Karl）による編集作業が始まったという推測を付け加えることで、はじめてカンパニョーロの議論は成り立つ。

しかしこの推論は、少なくとも必要／欲求の理論に関する章については、当てはまらないのではないだろうか。というのもデューク大学のメンガー・アーカイブに保存されている息子カール（Karl）の日記を利用した研究によれば、息子カール（Karl）による第二版の編集作業は、一九一八年一二月に始まり、この時まだ存命中の父カール（Carl）の「精神は活発」で、「父と息子は経済学についてしばしば会話を行った」とされる（Scheall and Schumacher, 2018, p. 655）。さらに、「必要（Bedürfnisse）と財についての章〔の編集作業〕は一九二一年のイースターまでにほぼ終了していた」とされる（p. 666）。これは父カール（Carl）の死の直後で、アーカイブの多くが東京商科大学に売られるより一年以上前である。

一方のベッキオ、シェール、シューマッハ、他方のカンパニョーロのどちらが正しいのかについて結論づけることは、本書の趣旨の範囲外だろう。ここでは、メンガーの後継者を自称する人びとの「主観主義」的理解とは相容れないとされる側面を持つ必要／欲求概念の枢要性は、すでに『原理』第一版――その真正性は疑われたことはない――に明らかだったことを再度確認しておくにとどめよう。

6　メンガーの「必要／欲求」の存在論と認識論再訪

本章2節で、スミスの必要概念と、メンガーの必要／欲求概念との、存在論および認識論上の特徴が、ほとんど重なることを指摘した。すなわち、認識論的には、主体による認識に誤謬がありうること、存在論的には、間主観的であったり客観的であったりしうること、間主観的である場合には進化的であること、といった共通点がある。ここでは、二点補足したい。一つは、スミスにあって、メンガーにあるかどうか触れていなかった存在論的特徴についてである。すなわち、必要の有限性である。もう一つは、現代のオーストリア学派からメンガーの「主観主義の不完全性」が指摘されていることについてである。

第一の点、すなわち必要の有限性について、まず考えよう。スミスの必要概念と異なり、メンガーの必要／欲求（Bedürfnisse）概念は、スミスにおいては有限であった必要のみならず、無限であった欲望（の少なくとも一部）をも含むものである。そのため有限な概念ではないことが予想される。しかし少なくとも、現代経済学における欲求ないし選好と同じ無限性は想定されていないのではないかと考えうるメンガーの記述がある。たとえば、メンガーは次のように言う。

……もしも人間の必要／欲求が発展可能であり、しかも、時々述べられるように、無限にすら発展しうるとすれば、そのために次のようになるかのごとく一見考えられよう。必要／欲求を充足するために必要な財数量の限界は絶えず前へ前へとおしやられ、いや、まったく確定不可能になるまで拡大される。したがってまた人間の需求は（少なくともかなり先にまでわたる期間を顧慮すれば）われわれにとっては、不確定でもあり無限でもある量として現れる、というようにである。

けれどもこのような見解は、一つの誤謬を含んでいる。すなわち人間の必要／欲求の発展能力は、ともかく無限であると把握されよう。しかしながら無限という概念は、ここでは明らかに、発展の無限定の進歩だけにかかわるに過ぎず、一定の期間内の必要／欲求の規模にはかかわらない。級数が無限であるとしても、この級数の各々の項は有限である。人間の諸必要／欲求はきわめて先までの期間をとるならその発展はとどまることを知らないと考えられるとしても、一定の期間をとればすべて、またとくに、人間の経済において実際上考慮される期間をとれば、それらは決定されている。したがって、人間の必要／欲求の発展に不断の進歩を想定したとしても、われわれが一定の期間をとってみる限り――そしてそのような期間だけが人間の経済では考慮されるのであるが――われわれはやはりいつも、有限の量をとりあつかうのであって、無限の、したがって完全に確定不可能な量をとりあつかうわけでは決してない。(Menger, 1923, p. 38. 邦訳 p. 76)[24]

メンガーのこの言明には、二つの解釈があるように思われる。一つは、スミスの必要の進化的な存在論に類似のものとの解釈である。すなわち、第1章で見たようにスミスは必要は有限なものだとする一方で、第2章で見たように、慣習による必要（すなわち本書での間主観的な必要）が、時間軸のなかで進化していくことを認識していた。メンガーは、彼の必要／欲求概念を展開するにあたって、スミスを参照してはいないが、これらの点についてかなり類似の把握をしている、と上記の引用を解釈することが可能かもしれない。

もう一つの解釈は、上記の引用は単に、仮に無限の欲望であったとしても、一瞬一瞬を切り取れば、有限なものとして計測可能だということを言っているに過ぎないというものである。仮に私が毎日スマートフォンを買い換えないと、しかも前日購入個数の倍購入しないと満足できない欲望を持っているとしよう。この場合でも、一日、一日の単位で見た場合には、有限（初日一個、二日目二個、三日目四個、四日目八個……）のスマートフォンを欲しているに過ぎないことになる。このことを表現しているという解釈である。

ここではこれら二つの解釈のどちらか正しいかの判断は控えておきたい。しかし、もし上記の引用箇所の解釈として後者が正しいとしても、それはメンガーの必要／欲求概念が、スミスの欲望概念のような、あるいは現代経済学における選好概念とまったく同じ無限の存在論に立っているとは考えにくい。一つには、本章4節で触れたナイトの指摘にもあるように、メンガー自身が、主観的でかつ無限になりうる欲求（want/Wunsch）や欲望（desire/Verlangen）ではなく、必要／欲求（need/Bedürfnis）という用語を選択しているという事実である。そしてその必要／欲求は、人間の本性に根ざしているとしている（Menger, 1871, p. 32. 邦訳 p. 29）。そして既に触れたように、必要／欲求に真のものと想像上のものがあるとされ、アリストテレスが参照されている。アリストテレスの χρεία（Chreia）は、一方で「必要（need）」と訳されたり、他方で「需要（demand）」と訳されたりするが、どのような英語や日本語に訳すにしても、ア

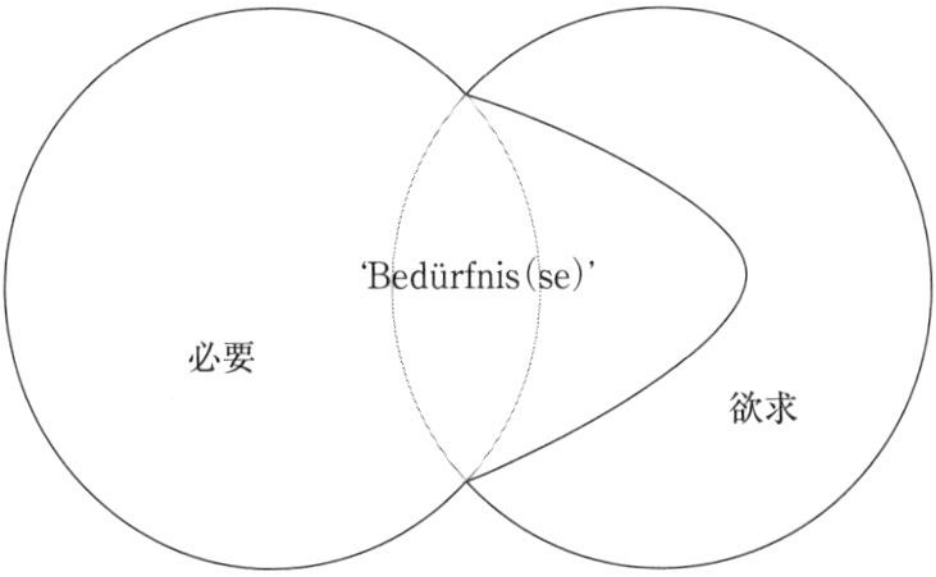

図７　主観的な欲求、非主観的な必要、メンガーの必要／欲求

リストテレスはこの言葉で表されるものを有限と考えていた。そもそも富の獲得は自足のためであり、限界があるとしている。[25] メンガー自身、必要／欲求は、「人間の恣意から独立して」いて、「その本質とその程度とについて厳密に定められて、与えられている」と述べる（Menger, 1883, p. 45. 邦訳 p. 53）。[26] メンガーの必要／欲求概念は、スミスの（そして本書の）必要概念より広いとしても、スミスの無限の欲望や、現代経済学の選好概念をすべて含むわけではないように思われる（図７）。

メンガーの必要／欲求概念の存在論に内在的な問題から、やや外在的な問題に移ろう。現代のオーストリア学派からメンガーの「主観主義の不完全性」が指摘されていることについてである。これまでミーゼスやラッハマンによる批判に触れてきた（３節）。メンガーの必要／欲求概念が時に非主観的（間主観的ないし客観的）であるという存在論、また必要／欲求を当の主体が認識しそこなうことがあるという認識論が、ミーゼスやラッハマンの批判の対象となっている。また別のオーストリア学派の主要な論者の一人イスラエル・カーズナー（Israel Meir Kirzner, 1930–）も、「メンガーの主観主義の不完全性」について言及している。つい先ほど引用したメンガーの「人間の恣意から独立」したものとしての必要／欲求把握は、「メンガーの洞察の主要な欠点」とされる（Kirzner, 1995, pp. 12–14）。

オーストリア学派の「主観主義」の――ここで触れている個々の論者たちの主張の力点には違いがあるとしても、なお共通している――主要な洞察の一つは、私たち一人ひとりの行為者として持っている情報の断片性、不完全性というものではないかと思う。オーストリア学派を擁護することは本書の焦点でもなければ、私にその資格があるとも思わないが、ここでは、彼らが批判するメンガーの必要／欲求概念の存在論的、認識論的特徴は、この部分のオーストリア学派の「主観主義」的洞察と必ずしも矛盾しないことに触れておきたい。

この点に関わるメンガーの主張は、以下のように腑分けできる。

①　必要／欲求は、人間の本性や人間のこれまでの発展の歴史に規定されている。
②　必要／欲求は、主観的、間主観的、客観的な場合がある。
③　人は、自身の必要／欲求を正しく認識できない場合がある。
④　文化の発展によって、人が自身の必要／欲求を正しく認識できる度合いは高まる。[27]
⑤　市場は、支払い能力／意図に裏打ちされない必要／欲求を把握できない。

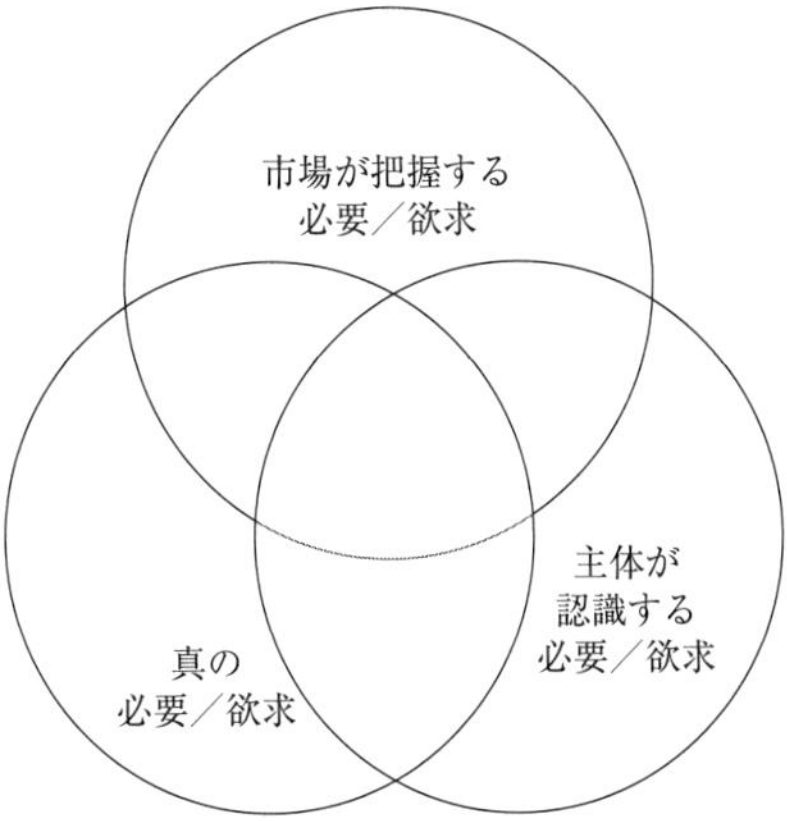

図8　必要／欲求の三つの位相

⑥ 人間の経済は、真の必要／欲求を充足するものでなくてはならない。

一見、右記六項目すべて、現代オーストリア学派の「主観主義」と相容れないように見えるだろう。実際、六番目の項目は、ハイエク、ミーゼス、ラッハマン、カーズナーのどの立場のオーストリア学派でも同意できないだろう。おそらく四番目も。しかしそれ以外は、事実認識としては必ずしも矛盾しないのではないか。これまでの検討、あるいは上記の整理から、メンガーの必要／欲求概念には、真の必要／欲求、主体が認識する必要／欲求、市場が把握する必要／欲求の三つの位相があることがわかる。整理すると図8のようになるだろう。現代オーストリア学派にとって、主体にも市場にも認識／把握されない必要／欲求の充足を重要と考えるメンガーの規範的立場は受け入れられないかもしれない。しかし、上記の三つの位相がずれる（ことがありうる）という事実認識を受け入れることはできるのではないだろうか。メンガーと、現代オーストリア学派の違いは、事実認識ではなく、規範的立場なのではないだろうか。彼らは本気で、誰かが自分の必要／欲求を認識し損なったりすることはあり得ないと考えているのだろうか。主体や市場が認識／把握する必要／欲求のみが重要だという規範的立場のために、必要／欲求が存在論的に非主観的である場合や、必要／欲求の認識論的限界という事実を否定する必要はないように思われる。むしろ必要／欲求の認識論的限界こそが、情報の不完全性や、主体の側の「理解」の重要性といった、現代オーストリア学派が「主観主義」のラベルのもとで強調している事柄の根底にある私たちの生の現実（の主要な一部）なのではないだろうか。それとも、現代オーストリア学派の論者たちの想定している主体は、自身を取り巻くさまざまなことについては不完全な情報しか持ち得ないが、自身の必要／欲求については完全な情報を持っているというものなのだろうか。

＊　＊　＊

本章では、スミスより直接的に現代の主流派経済学に関係しているとみなされているカール・メンガーに、スミス的な必要概念が存在するかどうかを検討してきた。その検討を通じて、メンガーの必要／欲求概念は、主観的な場合もあるが、間主観的だったり客観的な場合もあることが明らかとなった。これらは、必要／欲求の理論のために新たに第一章が当てられた『経済学原理』第二版で詳しく展開されたが、『経済学原理』第一版でも、メンガーが同様の（すなわち必要／欲求は間主観的ないし客観的な場合があるという）認識に立っていることが裏づけられた。

メンガーは、新古典派経済学の始祖の一人として遇されると同時に、オーストリア学派経済学の父としても認識されている。新古典派（たとえばナイト）やオーストリア学派（たとえばハイエクやミーゼス）といった、メンガーの「正統」な遺産相続者たちは、しかし、こうしたメンガーの必要／欲求概念を無視するか批判するかして、受け入れなかった。[28]

第4章　注

1　本段落におけるメンガーの伝記的記述は、八木（1999）によっている。

2　'*Grundsätze der Volkswirtschaftslehre*' は直訳すれば『国民経済学原理』であり、第一版の邦訳もそのように訳している。他方で、'Volkswirtschaftslehre' は意味としては経済学と同義に使用されていたことから、英訳は '*Principles of Economics*' であり、日本におけるメンガー研究でもしばしば『経済学原理』と言及されているので（八木 1979, 1990）、本書もそれに従う。

3　ドイツ歴史学派は、経済学において理論よりも歴史研究を重視する立場で、代表的な論者にグスタフ・フォン・シュモラー（Gustav von Schmoller, 1838-1917）。詳しくは、田村（2018）参照。

4　メンガーとシュモラー（前注参照）の間で行われた経済学のあり方をめぐる論争。詳しくは玉野井（1975）、徳丸（2010）、田村（2018）を参照。

5　英語の 'need' とドイツ語の 'Bedürfnis'（およびフランス語の 'besoin'）との違いから生じる問題に

ついては、Macpherson（1977）参照。

6　Polanyi（1971）。Oakley（1997）も同様。Campagnolo（2008）も同様の趣旨で、‘desire or need’と訳している。ただし英語の‘want’や‘desire’という言葉が指し示す範囲すべてがメンガーの‘Bedürfnis’に含まれるかどうかについては、本章の最後で再訪する。

7　メンガーの遺稿や蔵書などのアーカイブは一橋大学とデューク大学にある。以下のアーカイブ・ワークから多大な恩恵を本章は受けている。Menger（1961: Emil Kauderによるもの）八木（1979, 1984, 1990）、Yagi（1993, 2010, n.d.）、池田（1990）、Ikeda（n.d.）、Barnett（1990）、Campagnolo（2000, 2008）、Becchio（2014）、Scheall and Schumacher（2018）。

8　第一版でも、同様の定義を与えている（Menger, 1871, p. 34. 邦訳 p. 31）。なお、ジル・カンパニョーロ（Gilles Campagnolo, 1972-）は、ドイツ語の日常的な使用法において、‘Bedürfnisse’と‘Bedarf’の意味は重なりうるとした上で、どちらも英語では‘needs’と翻訳しうるとしている（Campagnolo, 2008）。‘Bedarf’は英訳では‘requirements’と訳されている（Menger, 1871[1950]の七八ページの訳注も参照のこと）。コモンズは‘Bedürfnisse’を‘want’、‘Bedarf’を‘quantities wanted’と訳している（Commons, 1934, pp. 378-79. 邦訳中巻 pp. 191-92: 邦訳では前者を「欲望」、後者を「需求量」としている）。なおコモンズはメンガーの『原理』第一版だけでなく第二版も参照している。邦訳では、‘Bedürfnis’を「欲望」と訳し、‘Bedarf’を「需求」と訳している。訳注で八木紀一郎は、「メンガーが「欲望」といっているのは、人間が生命を維持し社会的な生活を営む上でもたざるをえない必要を主観的な側面からみたものである。この必要が財の数量であらわされる場合が「需求」である」と解説している（Menger, 1923[1982-4], p. 10の訳注）。また「需求」という訳語は、一九三七年に刊行された安井琢磨による第二版の翻訳の際の訳語を踏襲したものだという（Menger, 1923[1982-84], p. 69の訳注）。本書でも安井、八木の二人の先達の工夫に敬意を表し、彼らの訳語を踏襲している。なお、本章の元となっている拙稿（Yamamori, 2020）では‘Bedarf’を‘satisfier-provisions’と訳している。メンガーとコモンズの関係については、Tokumaru（2017）参照。

9　この二分法は第一版にもある（Menger, 1871, p. 88. 邦訳 p. 76）。
10　しかしながら、前章で触れたような、効用や必要の非主観的な性質を許容できない他の何人かの「主観主義者」たちは、①の立場に立つメンガーとは異なって、③の立場に立っている。この点については本章注14および4節と6節で再訪する。
11　メンガーのスミス理解について、池田（1991）。
12　もちろん、スミスが、メンガーと同時代に生きていれば、あるいは現代に生きていれば、どのように考えたかは分からない。
13　さらに興味深いのは、この「真の必要／欲求」という、後の主流派経済学のメンガー理解と相容れない存在論へのメンガーの言及は、英訳では脚注から削除され、補遺として本の後ろに収められていることである（Menger, 1871[1950], pp. 287–88）。ロッシャーがメンガーに与えた影響については、池田（1990）、八木（1990）、Streissler（1990）、塘（2006）、徳丸（2010）参照。一九世紀前半のドイツ経済思想における必要／欲求概念については原田（2020）参照。また、メンガーの同時代には経済学のみならず、ドイツ語圏のさまざまな学問分野で必要／欲求概念が研究されていた。たとえばKraus（1894）やBrentano（1908）などである。ルヨ・ブレンターノ（Lujo Brentano）のメンガーの必要／欲求概念への影響について、Endres（1984）は肯定的に推論しているが、Alter（1990）は否定的である。オスカー・クラウス（Oskar Kraus）はフランツ・ブレンターノ（Franz Brentano）の学生の一人で、フランツ・ブレンターノのメンガーへの影響については、八木（1984）とDappiano（1996）参照。
14　池田幸弘はこの「想像財」の議論の持つ潜在的意味を正しく認識した上で、この議論をメンガーの「主観主義の厳格な枠組み」と矛盾するとして否定的に評価している（Ikeda, 2012, p. 94）。ジェレミー・シアマー（Jeremy Shearmur, 1948–）も「想像財」の非主観的特徴と、その背後にある必要概念とを認識している（Shearmur, 1990）。
15　アリストテレスのメンガーへの影響については、Kauder（1965）、Smith（1990）、Lawson（1996）、

Campagnolo（2010）、Yagi（2010）、Mittermaier（2018）など。アリストテレスとメンガーの間のいくつかの重要な方法論上の相違について、Crespo（2003）参照。

16　この箇所、原文の「必要／欲求の充足（Bedürfnissbefriedigung）」は英訳ではただ'satisfaction'とされ、「何の」充足なのかは不透明である（Menger, 1871[1950], p. 147）。

17　数少ない例外として、Bloch（1937）、八木（1979, 1984）、そして既に触れたBecchio（2014）など。

18　ローレンス・ホワイト（Lawrence H. White）もまた、『方法に関する研究』の英訳における解題で、メンガーは「彼自身が始祖となった経済学の主観的アプローチのすべての含意を理解はできなかった」と指摘している（White, 1985, p. xiv）。シュムペーターもまた、「一九二三年の〔『原理』〕第二版は、老年期の著作であり、重要なことは何一つ付け加えなかった」と手厳しい（Schumpeter, 1954, p. 823）。なお、オーストリア学派の中心に「主観主義」をおき、その「主観主義」を始めた人物としてメンガーを称揚しつつ、その不完全性を指摘する言説には、Horwitz（1994）、Kirzner（1995）もある。前者はミーゼスの議論を下敷きにしており、後者は別のことを問題としている。このことについては本章最後でまた立ち返りたい。

19　訳者（James Dingwall and Bert F. Hoselitz）は序文で以下のような理由を述べている。「〔第一版と第二版の〕異同を注記する翻訳の形はとらなかった。なぜなら経済教説の発展に影響を与えたのは第一版だけであったし、第二版は死後に編集・出版されたものであったし、二つの版の異同は多数ありすぎてそれを注記するかたちで翻訳するのは実際的に困難であったからである」（Menger, 1871[1950], p. 39）。

20　この時期のハイエクとロビンズの間の「親密な友情」について、Howson（2004）参照。

21　ハイエクらが中心となって創立された、市場の自生的秩序を重視し、それへの介入に反対する知的共同体。最初の会合が、スイスのモンペルラン（Mont Pèlerin）という山の麓で開かれたことにちなんでいる。現在も活動しており、ホームページは、https://www.montpelerin.org/

22　そのような意図を読み込む解釈として、Polanyi（1971）やBecchio（2014）。ポランニーについては第5章で詳しく触れる。ベッキオは、ナイトがメンガーの『原理』の翻訳事業を思い立ったきっかけは、シカゴでのハイエクのセミナーへの参加ではないかと推測している（Becchio, 2014, p. 257）。

23　息子カールは、一九二七年にウィーン大学幾何学教授に就任した。ウィーン学団の中心メンバーの一人でもあったが、一九三七年にノートルダム大学に職を得て、アメリカ合衆国に亡命した（Menger, 1994）。

24　第一版にも同様の記述がある（Menger, 1871, p. 38. 邦訳 p. 34）。

25　『政治学』第一巻第八章（Aristotelis, [1957], p. 14. 邦訳 pp. 50–51）。アリストテレスの必要／欲求概念について、Polanyi (1957, 1959)、Wiggins (1987)、Meikle (1995)、森岡 (1993)、Vivenza (2001)、Theocarakis (2006) 参照。

26　同書の補論では、必要／欲求について、「われわれの本性やこれまでの発展によって厳密に定められ」ているとも述べる（Menger, 1883, p. 264. 邦訳 p. 245）。

27　この点はこれまで触れてこなかったが、『原理』第一版、第二版それぞれに記述がある（Menger, 1871, pp. 4–5. 邦訳 p. 6; Menger, 1923, p. 3. 邦訳 pp. 31–32）。

28　ナイトを新古典派、ハイエクをオーストリア学派に位置づける本章後半の議論がやや図式的すぎることは筆者も承知している。ナイトにもハイエクにも、それぞれが属すると通常理解される新古典派やオーストリア学派の枠の中に止まらない仕事があるし、それぞれの学派の標準的な理解において仮定されていることを掘り崩していくような論理もある。その上で、メンガーのテキストについての二人の取り扱い方は、まさしくそれぞれの学派の標準的な理解に忠実なものであったと言えるだろう。本章の整理で述べたことはそのことであって、それ以上のことではない。ナイトを新古典派と位置づけることの問題点については、黒木（2011）。

第5章　メンガーの遺産——経済の二つの意味・必要・エコロジー経済

持続的な開発とは、将来世代の必要を満たす能力を損なうことなく、現在の必要を満たす開発である。（『ブルントラント報告書』）

1　はじめに

前章前半では、メンガーの経済理論において、必要／欲求概念（Bedürfnis）が枢要な位置を占めていたことを概観した。メンガーのこの概念は、主観的な欲求の場合もあれば、間主観的な必要であったり、客観的な必要であったりする場合もあることを明らかにした。このスミスの必要概念とも共通する存在論は、『経済学原理』第一版にも存在したが、詳しく展開されたのは『経済学原理』第二版に付け加えられた新しい第一章「必要／欲求の理論」であった。前章後半では、メンガーを始祖（の一人）と仰ぐ新古典派やオーストリア学派の経済理論においては、『原理』第二版での議論は、批判されるか、無視されるかのどちらかであったことを概観した。

『原理』第二版には、「必要／欲求の理論」とは別に、もう一つ新しく付け加えられた議論があり、それはカール・ポランニーやカール・ウィリアム・カップといった異端（Heterodox）とされる経済学者たちによって再発見され、制度経済学やエコロジー経済学の源流の一つとなっている。本章では、この流れを概観しつつ、そのなかで必要概念がどのような役割を果たしているのかを検討する。[1]

2　ポランニーと経済の二つの意味

前章で見たような、メンガーの初期の仕事は称揚するものの、『原理』第二版で展開された後期の仕事を消し去ってしまう、その後の（主流派およびオーストリア学派）経済学におけるメンガー評価に、比較的早い時期に異議を唱えたのは、カール・ポランニー（1886-1964）だった。ポランニーはウィーンに生まれブダペストで育ったユダヤ系ハンガリー人で、ハンガリー革命後の混乱のなか一九一九年にウィーンに亡命する。[2]ミーゼスらによって始められた社会主義経済計算論争にギルド社会主義の立場から参加したり、『オーストリア・エコノミスト』誌の国際問題担当の編集者となるなど、活発な言論活動を行った。[3]オーストリアでのファシズムの台頭のなか一九三三年にイギリスに亡命する。一九四〇年以降、何度か渡米し、アメリカ滞在中に『大転換』を執筆する。戦後、コロンビア大学の客員教授となるが、当時の反共政策の影響でポランニーの妻イロナ・ドゥチンスカ（Duczyńska Ilona, 1897-1978）に査証が発行されなかったため、カナダに居住し、カナダからコロンビア大学へと通った。コロンビア大学では、後に経済人類学と呼ばれるようになる研究を行った。一九六四年に死去し、さまざまな未発表の草稿が残された。

そうした草稿の一つが、死後の一九七一年に公刊された「カール・メンガーの〈経済的〉の二つの意味」である。この論考でポランニーが焦点をあわせたのは、ロビンズの経済学の希少性定義と、ハイエクやナイトによる『原理』第二版の拒否だった。第二版第四章第三節でメンガーは、「人間の経済の基本的な二方向」について論じている。一つは「技術的‐経済的（technisch-ökonomisch）」な方向であり（Menger, 1923, p. 73. 邦訳 p. 121）、もう一つは「節約化（経済化）（sparende（ökonomisierende））」の方向である（Menger, 1923, p. 76. 邦訳 p. 124）。ポランニーは、前者を「手段の稀少や不足に関係なしに、生産の必要性からくる方向」、後者を「手段の不足からくる経済化（economizing）への方向」と簡潔にまとめたあと、メンガーから以下の一節を引用する。

> 私は、……人間経済の二方向――技術的な方向と節約化（経済化）の方向――の双方を、基本的な方向とよぶ。というのは、この二方向は現実の経済においては通常、いや、ほとんど例外なしに結びついて出現するものの、本質的に異なった、互いに独立の原因から発生するものだからである。経済的活動の個々の部門をとってみればそれらは独立の現象と

なってあらわれるのであり、また、もっぱら一方のみが現れるような経済も特定の場合には十分想定可能なのである。……人間経済の技術的な方向は、節約化の方向を、必然的な前提とするわけでもないし、その方向と必然的に結合しているわけでもない。(Menger, 1923, p. 77. 邦訳 pp. 125-26 ; Polanyi, 1971, p. 18. 邦訳 p. 322)

ポランニーは前者を「実体的（substantive）」、後者を「形式的（formal）」とも呼んだ（Polanyi, 1971, p. 18. 邦訳 p. 323）。経済学の形式的意味（the economising direction）のみが、ロビンズの希少性定義に対応する。[4] さらにポランニーは、ハイエクとナイトによる『原理』第二版の無視は意図的であって、第二版でのメンガーの議論がハイエクやナイトの経済学理解と矛盾するからだと示唆する（Polanyi, 1971, pp. 21-22. 邦訳 pp. 332-34）。この経済の実体的な方向についてのポランニーのメンガー理解の文脈に、前章で明らかにしたメンガーの必要／欲求概念はどのように関係するのだろうか。[5]

3　経済の二つの意味と必要／欲求概念

メンガーの必要／欲求概念について、ポランニーがどのように考えていたのかは、必ずしも明らかではない。前節で見たような『原理』第二版第四章第三節（「人間の経済の基本的な二方向」）についての言及と同じようには、『原理』第二版第一章（「必要／欲求の理論」）について言及していないからである。同論文で必要／欲求について以下のように言及している。

これ〔メンガーが『原理』第二版で研究の範囲を拡大したこと〕は、理論的には欲求と必要の体系を要求した。この体系によって、次のような区別が可能となるだろう。それはすなわち、人間の生理的な要請と、必要の観点からのそれらの要請の文化的定義の区別……である。(Polanyi, 1971, p. 22. 邦訳 p. 335)

ここから、メンガーによって析出された「経済の技術的・方向」（ポランニーの実体経済）について研究を進めるには、必要／欲求についての理論的分析が必要となることをポランニーが把握しているように理解できる。しかも客観的必要と間主観的必要という区別（この本書の用語法にポランニーが賛同するかはともかくとして）を予期させる記述もある。しかし不思議なことに、メンガーが実際にそれらを展開したことについて、ポランニーは言及していない。上記の引用は以下のように続く。

『経済学原理』が、欲求と必要の理論の余地をもうけるために拡大されたと見るのは容易い。実際は、生産の様式を「明確に決定」するために、しかし何よりも競争的な市場システムをとおして制度化された経済の規範を犠牲にすることなく、経済一般を扱う社会諸科学の要求を満たすような「経済」の定義を提供する目的で、拡大されたのである。

(Polanyi, 1971, p. 22. 邦訳 p. 335)

ここで、必要／欲求の理論と、経済の二つの方向の解明という『原理』第二版の二つの主要な新しい議論は、相互に密接に関連するものとは考えられていないようである。[6]

ポランニーがこの二つを関連づけて考えなかった理由はおそらく、メンガーの必要／欲求理論を、経済学者たちの必要／欲求の無限性の仮定を問い直すものとしては読まなかったからではないだろうか。というのもポランニーは以下のような認識を示しているからである。

> 新古典派経済学が一八七一年に誕生したとき、それはメンガーの線（『経済学原理』の第二版一九二三年と一八七一年の初版）に沿って展開された。それは稀少な諸資源によって満たされる人間の欲求と必要から出発した。……こうした方法による「市場過程」の概念化は、……価値とは（物を作るのに費やされた労働量にもとづく）内在的なものであるという考えを永久に葬り去ったのである。（Polanyi, 1971, pp. 20–21. 邦訳 p. 330. 傍点は筆者）

メンガーの必要／欲求は、『原理』初版におけるそれも第二版におけるそれも、新古典派経済学の出発点として、ポランニーには認識されている。そして別の論文で以下のようにポランニーが言明しているように、その場合の必要／欲求は存在論的には無限だとされているのである。

> 人間の経済は、人間の欲求や必要の無限性——今日の用語でいえば、希少性の事実——から派生するものではなかった。（Polanyi, 1957, p. 66. 邦訳 p. 262. 傍点は筆者）

ここでポランニーが、必要／欲求の無限性から派生する新古典派的な経済観に対比している「人間の経済」は、実体的なものに他ならない。以上からは、メンガーの必要／欲求理論は、ポランニーが着目するメンガーの実体経済とは、控えめに言って関連していないように（大胆に言えばむしろ相反するかのように）、ポランニーによって解釈されていることが分かる。

しかしながら、私たちが見てきたように、メンガーの必要／欲求概念は、主観的な場合のみならず、非主観的（すなわち間主観的または客観的）な場合もある。非主観的な場合に、かならずしも有限であるとは限らないが、それでもほぼ常に無限と仮定される純粋主観的な欲望概念に還元できないことは明らかである。したがってここでの私のメンガー読解は、ポランニーによるメンガー読解と稀少性定義の相対化とに触発されながら、さらに一歩進んで、『原理』第二版での二つの主要な新展開の間の関連性を明らかにしようとするものである。関連性を担保するものは二つある。第一に、必要概念を欲望概念へと還元してしまえば、すなわち必要を無限と仮定してしまえば、その論理的帰結として、これらを満たすための手段は相対的に常に稀少となる。ひとたび、人間の必要はいつも無限というわけではないことを認識すれば、経済学の稀少性定義が適用できる範囲は部分的なものとなるだろう。これは現代の主流派経済学者たちのようにその定義の普遍性を疑わない立場とは異なるのはもちろん、ロビンズ自身のより注意深い言明、すなわち「ほぼどこにでもある（almost ubiquitous）条件」という認識とも異なるものである。[7] 私たちは、経済学の別の定義を必要としている。[8]

『原理』第二版での、必要／欲求理論の展開（第一章）と、経済の二つの方向性の区別（第四章第三節）の議論の関連の指摘は、ポランニーにないとはいえ、筆者の独創ではない。以下のように、八木紀一郎による先駆的な指摘がある。

> メンガーが人間の生命維持・福祉にとって必須と考えた調和的・理性的な欲望満足は、初版では所持財という、物質的な条件への反映の中に眺められたが、改訂版では（I, Ⅳ-§1では）、経済理論の出発点として、直接に、いわば公準として設定されたのである（改S. 3, 56f.）。これは……他面では「欲望はあらゆる人間経済の究極の根拠であり、欲望の満足がわれわれに対してもつ意義は人間経済の究極の尺度であり、欲望の満足の確保は人間経済の究極の目標である。」（改S. 1）というように、経済を稀少性の面ぬきに欲望満足の視点からのみ定式化するのは、改Ⅳ-§§1, 3にみられる、初版と対比しての経済概念の拡

大ないし実体化の傾向に適合したものである。（八木、1979, p. 497. 原文にあった傍点は省略、ここでの傍点は筆者による）

この八木の指摘に真剣に向き合おうとするのが、ここでの試みである。[9]

第二に、非主観的な（間主観的ないし客観的な）必要の場合の認識論的限界という問題は、節約化（経済化）の方向という、経済についての形式的かつ支配的な理解だけでは不十分であることを示唆する。というのも、この形式的理解においては、市場価格に基づく資源の配分に焦点があわされ、その資源配分は主観的な欲求の一部——購買力に裏打ちされたもの——を反映するに留まるからである。これは、『原理』第二版の二つの主要な新展開の間の論理的な関係についてのもう一つの重要な点である。前章2節の最後で触れたように、第二版で新しく挿入された一節でメンガーは、「真の経済（wahren Volkswirtschaft）」について語っている。そこで彼は、「貧窮の中でやつれはてている人々」の、真の必要と需求が、市場においては「どんなに切迫したものであってもまるで顧慮され」ないことを問題視し、それらの充足を視野にいれることが「真の経済」であると主張する。この議論に触発されて、『原理』第二版での二つの主要な新しい部分についての首尾一貫した意味を見出そうとするための私の推測は以下のようなものである。すなわち、経済の節約化の方向は、通常、表明された欲求と、支払い意思と能力によって裏づけられたその充足手段の数量のみを扱う。したがって、「真の」必要、その

「真の」充足手段の数量、ひいては「真の」経済を無視しがちである。対照的に、経済の技術的－経済的方向は、これら「真の」必要や経済を適切に扱いうる。

このように二重の形で、一方での必要の理論と、他方での経済の二つの意味という、『原理』第二版でのメンガーの新しい議論は連関しており、同じコインの表と裏のような関係にあると捉えることができる。

4　K・W・カップと必要概念

前節で、『原理』第二版でのメンガーの二つの主要な新しい議論――存在論的に客観的ないし間主観的で、認識論的限界を持つ必要概念をめぐる議論と、経済の技術的な方向性をめぐる議論――は、相互補完的なものだと示唆した。カール・ウィリアム・カップ（1910–1976）の「社会的最低限（social minima）」アプローチは、本書で示唆してきたメンガー理解の延長上で、『原理』第二版でのメンガーの仕事をさらに発展させたものと解釈することができる。

カップは、「社会的費用」概念を最初に提唱し、制度経済学やエコロジー経済学のパイオニアの一人として認識されている。[10]一九一〇年にドイツ・ケーニヒスベルク（現ロシア・カリーニングラード）に生まれた。ケーニヒスベルク大学とベルリン大学で学んだが、一九三三年にナチス体制を逃れ、スイス・ジュネーブに亡命する。ジュネーブ国際研究大学院（現ジュネーブ国際・開発研究大学院）で、ミーゼスや同じく亡命してきたフランクフルト学派の人びととも交流しながら研究し、一九三六年に博士論文「計画経済と外国貿易（*Planwirtschaft und Aussenhandel*）」を提出する。一九三七年にアメリカに移り、コロンビア大学、ニューヨーク市立大学、ウェスリアン大学などで教鞭を執る。この間一九五〇年に『私的企業と社会的費用』、一九六一年に『社会における人間の科学に向けて』を上梓し、またインドやフィリピンで訪問調査を行った。一九六五年にスイス・バーゼル大学に移る。新古典派経済学に代わる新たな経済学としての社会経済学ないし制度経済学の構築を進め、社会的費用をめぐって新古典派経済学者と論争をしたり、『制度経済学の基礎』の出版に向けた執筆を行った。さらに「環境と開発」に関する国連の専門委員団に加わったり、グンナー・ミュルダール（Karl Gunnar Myrdal, 1898-1987）とともに、制度経済学の新しい学会設立などに向けて活動したりした。しかし一九七六年国際会議参加のため滞在していたユーゴスラビア（現クロアチア）で急死する。未完成のまま残された『制度経済学の基礎』が、カップ研究者のセバスチャン・バーガー（Sebastian Berger）とカップの助手だったロルフ・ステパッチャー（Rolf Steppacher）の手で出版されたのは実に没後三五年の二〇一一年であった。

一九五〇年に刊行された『私的企業と社会的費用』は、カップの名を広く学界に知らしめた記念碑的著作であり、エコロジー経済学の源流の一つとして高く評価されている。またミュルダールとカップが構想を練っていた制度経済学の新しい学会は、後に欧州進化経済学会として設立されたが、同学会は二人に敬意を表し、同学会の定める最優秀書籍賞をミュルダール賞、最優秀論文賞をカップ賞と名付けた[11]。

前述のバーガーは、カップ・アーカイブにあるポランニーとカップの間で交わされた書簡について調査し、この二人が相互に敬意を持ち、「形式的」経済学ではなく「実体的」経済学を発展させなければならないという同じ目標を共有していたことを明らかにしている（Berger, 2008）。以下ではカップ自身の著作と、バーガーによる書簡の分析などに依拠しながら、カップがどのようにメンガーの影響を受けながら、必要概念についての研究を深めていったのかを跡づけよう。

カップは、前述の博士論文のなかで、メンガーの『原理』第二版に言及しながら、必要について論じている。同論文の第四章は、社会主義計算論争において、ミーゼスらによって擁護された市場価格に基づく経済計算について批判している。その批判の内容はいくつかあるが、その第一に挙げられているのが、もっとも悲惨な境遇にある人びとのもっとも緊急の必要は、その人たちの支払い能力の不足ゆえに市場価格に反映されず、それゆえ市場価格に基づいた経済計算にも含まれないことである。この点について、前章2節で引用した、メンガーの『原理』第二版における同様の記述を、カップは引用している（Kapp, 1936, pp. 36–37）。

興味深いのは、前述のようにポランニーもまた、一九二〇年代に社会主義経済計算論争に参加し、ミーゼスを批判している点である（Polanyi, 1924）。このことに限らず、ポランニーとカップの仕事には初期から多くの共通点があることを、バーガーは指摘しているが、にもかかわらず、実際に二人がコミュニケーションをとっている記録が残っているのは、早くて一九五〇年代だという。このときコロンビア大学で二人は会っている。バーガーによると、カップがポランニーに言及したのは、一九五四年の以下の言明が最初だという。

> 人が持つ実際の必要と、自然・社会環境に人が依存し相互に影響を与え合うということから出発するという意味で、経済学は「実体的」でなくてはならない（ポランニー）。(Kapp, 1954, p. 4. 傍点は筆者)

これらから以下のことが言えるように思われる。第一に、メンガーの『原理』第二版は、ポランニーとカップの両方に影響を与えた。第二に、ポランニーとカップの二人とも、「実体的」経済学を発展させようとした。第三に、必要概念が「実体的」経済学にとって重要だと、カップは考えていた。以下は、カップの著作における必要概念の展開を簡単に整理したものである。

一九五〇年の『私的企業と社会的費用』では、新古典派経済学の枠組みでは、社会的費用が適切に把握されえないことが明らかにされる。そしてその最終章「新政治経済学への途」で、新古典派経済学とは異なる「新しい首尾一貫した知識の体系」を「多数のひとびとの協力」によって作りだすことを、カップは呼びかける（Kapp, 1950a. 邦訳 p. 281）。そしてその「第一歩は、哲学への復帰でなければならない」とされる。そして次のように言うとき、メンガーとポランニーの名前こそ言及されないが、ポランニーのメンガー読解にかなり近い地平に立っているように思われる。すなわち

> 富と生産性に関する古典学派および新古典学派の概念を改訂しようとする第一の目的は、これらの概念の意義を拡張して、社会的費用と社会的報酬という現象を経済分析の領域内に持込もうとすることにある。……社会的費用と社会的報酬とを含ましめることによって、富、生産および「経済的」の意味を拡張すれば、交換不可能な社会的効用を創造する諸活動が恣意的・規範的に不生産的であるとなされることから免れうることになるであろう。
> （Kapp, 1950a. 邦訳 pp. 290–91）

同書と同じ年に出された論文でカップは、「新古典派の価値理論の主観主義」が、全体から個人へと向かう「社会的因果関係のもっとも重要なつながり」を除外し、それゆえ「消費者の選好と欲望を所与のもの」として扱うことを批判している（Kapp, 1950b, p. 39）。この論文で、「経済的快楽主義《ヘドニズム》」とカップが呼ぶ、人間本性についての功利主義的理解に基づく捉え方をとりわけ非難している。一九五四年の論文では、ミーゼスを批判する。ミーゼスによれば経済学は「プラクシオロジー（praxeology）」と彼が呼ぶ人間行為の一般理論の一部門であるという。

そしてこのプラクシオロジーは先験的な理論であり、人間本性についての経験主義的な研究の知見に左右されないものだとしていた（Mises, 1949）。[12] ミーゼスのこのような経済学の位置づけを批判してカップは、経済学という科学は、「構造化された集団の文脈において、また特定の環境的条件との相互作用のなかで、個人の行動を見る」のでなければならないと論じる。そしてそれは、「充足を繰り返し求める人間の必要の性質と、それらの必要が生起し一時的な充足がなされる様式とについての理解」に基づいたものでなくてはならないと論じる（Kapp, 1954, p. 11. 傍点は筆者）。

カップをして必要概念を展開せしめたのは、新古典派やオーストリア学派に共通に見られるいわゆる主観主義経済理論へのこの批判である。[13] これまで見てきたように、メンガーの「必要／欲求（Bedürfnis）」概念は、主観的である場合もあれば、間主観的であったり客観的である場合もありうるものである。したがって、純粋に主観的な概念に還元することはできない。ポランニーはメンガーのこの使用法を受け継いでおり、彼の英語での著述では「必要（needs）」と「欲求と必要（wants and needs）」を相互互換的に使っている。[14] カップの使用法もここまで言及してきた初期においては同様であった。カップの一九六一年の著作『社会における人間の科学に向けて』の事項索引には「必要（needs）」の項目がある（Kapp, 1961）。

「社会経済学と社会的厚生最低限」（Kapp, 1965）や、一九六〇年ごろから一九七六年に死去するまでの間に書かれた『制度派経済学の基礎』草稿（Kapp, 2011）などの後期の著作でカップは、新古典派経済学の諸概念――消費者余剰、顕示選好、社会厚生関数や外部経済――を主観主義的なカテゴリーであるとして問題化する。この批判の理由は、それらの主観主義的な概念では「社会的厚生の非経済的な側面も重要な社会的費用や社会的便益もとらえることができない」からである（Kapp, 1965, pp. 251-52. 邦訳 p. 174）。同論文では、新古典派経済学のあり方を決定づけているものとしてロビンズによる定義に触れるとともに、カップ自身の提唱する新しい経済学を「社会経済学（social economics）」と呼ぶ。三年後の論文では、ロビンズの経済学の希少性定義を批判し、主流派の「経済人《ホモ・エコノミクス》」概念を「制度的人間（institutional man）」へと取り替えることを主張する（Kapp, 1968）。この論文以降、主流派に代わる望ましい経済学の呼称を「社会経済学」ではなく、「制度経済学（institutional economics）」と呼んでいる。一九七六年に急死した直後に公刊された論文「制度経済学の本質と意義」のタイトルからは、ロビンズの『経済学の本質と意義』（Robbins, 1932）を意識しつつ、ロビンズ流の主流派のパラダイムとは根本的に異なる、新しい経済学の構築に向けた意気込みが窺えよう（Kapp, 1976a）。

この新しい経済学は「人間の（肉体的・精神的な）必要の動態的構造や異なった社会環境のもとで人間の必要を決定する客観的・文化的要因とを考慮に入れなければならない」とされる（Kapp, 1965, p. 252. 邦訳 p. 174）。これは、主流派経済学が、「人間の必要を取り上げたり多様な必要を弁別したりすることを拒絶し」ていることに対置されるものである（Kapp, 2011, p. 88. 邦訳 p. 120）。そして興味深いことにカップは、自身の「最低限の生活維持のための必要

(minimum subsistence needs)」という概念の出自を、古典派経済学に求めている。

> それは伝統的に、もっぱら人間の生活や生存の生物学的な必要条件という観点から定義され決定されていた。とはいえ、少なくともリカード以来、それは慣習的で文化的に条件づけられた要素を含むとされた。(Kapp, 2011, p. 89. 邦訳 p. 122)

ここまで本書を読んできた人ならば、「少なくともリカード以来」を「少なくともスミス以来」に訂正する誘惑にかられるだろう。

カップはさらに進んで、アメリカ制度学派らの仕事が、豊かな社会における人間の必要をどのように捉えるかという問いへの答えを模索するものであったと位置づける(Kapp, 2011, pp. 89–90. 邦訳 p. 122–24)[15]。そして「心理学的であって憧れに基づくような必要は、人と人とのあいだの関係に依拠するものであり、より具体的にいえば、その充足にあたって他者からの尊敬に依拠するものである」と述べる(Kapp, 2011, p. 91. 邦訳 p. 125)。客観的ないし間主観的というスミスの必要の存在論をカップも引き継いでいることは明らかであろう。

このように把握された必要の充足に向けて、カップは具体的な基準を提唱する。「社会的厚生最低限」(Kapp, 1965)、あるいは「最低限かつ適切な生活水準(minimum adequate living condition)」(Kapp, 2011) とカップが呼ぶものである。こうした基準は、「暫定的」なものであり、「時間と空間を異にすれば変化し、それ自身が発展状態の関数である」とされる。このように一方では可変的であるものの、他方で、限られた時間と場所においては、固定したものと考えることができるとされる（Kapp, 2011, pp. 92–94. 邦訳 pp. 126–28）。必要の有限性という存在論、および、間主観的な必要についての進化的な存在論を、カップはスミスやメンガーと共有していると言って良いだろう。

5　持続的開発と必要

カップは、「現代における最初の環境経済学者」とも言われる（Söderbaum, 1992, p. 128）。彼の一九五〇年の著作『私的企業の社会的費用』は、「「持続的開発」という名前で今日脚光を浴びているすべての重要な問題についての包括的な分析」を提供したとも評価されている（Leisinger, 1995, pp. 27–28）。実際、一九七一年には、国連の環境問題に関する専門委員団に関わった（Berger and Steppacher, 2011, p. 9）。同専門委員団は、翌一九七二年にストックホルムで開かれた「国連人間環境会議」の準備にあたった。この会議は、国連が環境問題に本格的に取り組み始めた画期とされるものだ。同会議の一〇周年の機会に設置に向けて動き始めた「国連環境と開発に関する世界委員会」は、一九八七年に報告書を出す。[16]委員長の名をとって通称『ブルントラント報告書』と呼ばれる同報告書は、「持続的な開発（sustainable development）」

という、現在のSDGs（Sustainable Development Goals）へも繋がっていく概念を定義したことで有名である。それによると（本書冒頭でも掲げたが）、

持続的な開発とは、将来世代の必要を満たす能力を損なうことなく、現在の必要を満たす開発である。（World Commission on Environment and Development, 1987, p. 43）

前述のように、カップは一九七六年に当時のユーゴスラビアで開かれていた国際会議参加中に急死したが、遺稿ともいうべき、その会議の報告原稿で次のように問題提起をしていた。

必要不可欠な財（たとえば、食糧、衣料、住宅、保健、教育など）の産出を増大させるという緊急の必要を、安全な生態系的（環境）バランスを維持する必要と調和させることが可能であろうか。（Kapp, 1976b. 邦訳 p. 185）

現在における生態系バランスの維持が、将来世代の必要充足を可能にすることを考えれば、国連による持続的な開発の定義における現世代と将来世代の二つの必要の調和は、このカップにおける現世代と生態系バランスの二つの必要の調和と重なる。

このようにカップの必要をめぐる議論は、持続的な開発の国連による定義へと受け継がれた。

しかしその後の経済学における持続的な開発の議論では、ジョン・オニール（John O'Neill, 1956–）がいみじくも「必要を覆い隠す」と表現したように、必要について語られることは影を潜め、選好の言語に取って代わられてしまった（O'Neill, 2011）。たとえば、ウィリアム・ノードハウス（William Nordhaus, 1941–）は、気候変動をマクロ経済分析に統合した業績で、いわゆるノーベル経済学賞（アルフレッド・ノーベル記念スウェーデン国立銀行経済学賞）を二〇一八年に受賞しており、環境問題に取り組む経済学者としては世間一般にもっとも知られていよう。そのノードハウスによる、気候と経済の動学的統合モデル（Dynamic Integrated Climate-Economy: DICE model）では、人びとの主観的な効用や選好は考慮されるが、非主観的な必要は考慮されない（Nordhaus, 2008）。

本書第1章や第2章で触れたような主流派経済学のパラダイム——無限の欲望を充足するという目的にてらして、相対的に希少である諸手段の間の最適な選択——においては、希少性概念は陳腐化されてしまい、環境やエコロジーとの関係で問題となる、絶対的な希少性を取り扱えない。また、このパラダイムの下では、無限ではない人間の必要という考え方の入る余地はない。オニールが嘆く必要の言語から選好の言語への移行は、主流派経済学の枠内で持続可能性やエコロジーを考えようとする限り、いわば論理的必然なのだ。

メンガーからポランニー、そしてカップへと引き継がれた、必要概念への着目と実体的経済学から、今こそ学べることがあるのではないだろうか。[17]

＊　＊　＊

本章では、メンガーの必要／欲求概念が、現在のエコロジー経済学へと繋がっていく道筋を、カール・ポランニーや、カール・ウィリアム・カップの議論を導きの糸として辿った。『経済学原理』第二版で新たに展開された二つの重要な議論には、前章で触れた必要／欲求理論の他に、「経済的」という言葉の二つの意味の指摘があった。この後者に着目したポランニーやカップによって展開された実体的経済学が、エコロジー経済学へと繋がっていくこと、またそのなかで必要概念が大きな役割を果たしていることを明らかにした。またメンガー解釈としては、必要／欲求理論と、経済の二つの意味という『原理』第二版での二つの新しい展開が、論理的に関係しているとの仮説を提示した。

注

1　メンガーの『原理』第二版がポランニーとカップに影響を与えたこと、およびポランニーとカップの間の交流については先行研究に依拠している（Polanyi, 1971; Cangiani, 2006; Berger, 2008）。メンガーの必要／欲求概念がポランニーやカップのそれとどのように関係するか、そして持続的な開発についての国連による議論や今日のエコロジー経済学にどのように繋がっていくのかが、本章が明らかにする新たな知見である。

2　本段落以下のポランニー略歴は、Polanyi（1957）の邦訳を所収したアンソロジーの編訳者の一人

（平野健一郎）によるあとがき、若森（2015）、Dale（2016）や同邦訳の訳者あとがきなどによっている。

3　社会主義経済計算論争は、市場や価格なしに経済が可能となるのかを巡って、一九二〇年代から三〇年代にかけて続いた一連の論争を指す。可能と論じたオットー・ノイラート（Otto Neurat, 1882-1945）やオスカー・ランゲ（Oskar Lange, 1904-1965）、不可能と論じたミーゼスやハイエクがよく知られた論者である。詳しくは西部（1996）参照。

4　ミケーレ・カンジャーニ（Michele Cangiani）はメンガーとポランニーの「経済的」の二つの意味の文脈で、希少性にも二つの意味があることに注意を促している（Cangiani, 2006）。

5　なおベッキオによれば、ポランニーが経済の形式的理解を非難するに至ったのは、メンガー読解としては誤読であるという（Becchio, 2014, p. 260）。

6　この引用箇所の玉野井の訳文からは、「欲求と必要の理論の余地をもうける」ことと、「経済一般を扱う社会諸科学の要求を満たすような「経済」の定義を提供する」ことが対立的に捉えられ、第二版の真の目的は、前者ではなく後者であるとポランニーが言っているように読める。原文の意味がそのように一義的に決まるのかは、私には分からない。とはいえ（仮に決まらないとしても）、前者と後者に本章以下で私が読み込んでいるような相互補完関係があることが説明されているわけでもない。

7　Robbins（1932, p. 15. 邦訳 p. 16）。

8　ポランニーへの不当な評価とならないように補足すると、メンガーの解釈を離れたところで彼は、アリストテレスの必要概念の有限性を認識し、この有限な概念を経済学の稀少性定義に対置している（Polanyi, 1957）。またポランニーはその初期の著述活動においても、経済の四つの構成要素のうちの第一のものとして、人間の必要を挙げ、その必要は、消費行動と同一視することはできないことを指摘している（Polanyi, 1925）。メンガーの「経済的」という言葉の二つの意味については、Polanyi（1977）の第二章でも論じられている。こちらはPolanyi（1971）の元となった草稿と、Polanyi（1957, 1959）など、アリストテレスに関連するポランニーの論文や草稿とを、編者のピアソン

(Harry W. Pearson) が繋ぎ合わせたものである。そこでは、ポランニーのアリストテレス読解に基づいて、新古典派の必要／欲求理解が「個人の欲求と必要とが無限の性質を持っているという哲学的には無謀な仮定」として批判されている。ただしメンガーの『原理』第二版での必要／欲求に関する新しい章を、そうした仮定を問い直したものとしては位置づけていない。

9　八木は、『原理』第二版第一章でメンガーが提起した内容を、「重要ではあるが解釈のわかれる」箇所と、「付随的な論点」とに腑分けしているが（八木 1979, p. 497）、本書が着目して分析してきた箇所は前者に関わる。前章と本章で扱ってきた必要／欲求論や経済の二つの方向論などに結実するメンガーの晩年の思索について、八木は「存在論的」なものと位置づけている（八木 1984, p. 543）。

10　この段落に記したカップ略歴は、Berger and Steppacher (2011) などに依拠している。

11　欧州進化経済学会 (European Association for Evolutionary Political Economy: EAEPE) は、一九八八年に設立され、二つの賞は一九九二年より授与されている。なおミュルダール賞は二〇二一年にロビンソン賞と名前を変えている。

12　筆者が参照したのは、Mises (1949) の第四版にあたる二〇〇七年のLiberty Fund 版である。プラクシオロジーについて、同書を邦訳された村田稔雄による解題と解説、Hülsmann (2002) などが詳しい。松嶋 (1991) は、プラクシオロジーの先験主義を批判的に検討している。

13　オーストリア学派の立場からは、新古典派の「主観主義」は不十分とみなされるか、むしろ「客観主義」とラベルを貼られたりすることもあるが、ここでは両者の差異に立ち入らない。

14　ただし本章注8で触れた、ピアソンによって編集されたもう一つの「〈経済的〉という言葉の二つの意味」では、'want' になっている (Polanyi, 1977)。

15　カップが具体的に挙げているのは、ソースティン・ヴェブレン (Thorstein Veblen) とジョン・モーリス・クラーク (John Maurice Clark, 1884-1963) である。なおカップのヴェブレン解釈と本書でのそれ（第6章で触れる）は必ずしも一致しない。

16　委員会の設置が国連で正式に決定したのは一九八四年である。同委員会の設置の経緯については、江澤（2006）に詳しい。

17　エコロジー経済学（Ecological Economics）の源流は、ひとりカップのみではない。必要概念とエコロジー経済学について、カップとならんで私たちが注目すべき「源流」としては、オットー・ノイラート（Otto Neurath, 1882–1945）やニコラス・ジョージェスク＝レーゲン（Nicholas Georgescu-Roegen, 1906–1994）が挙げられる。また比較的新しい議論としては、マンフレッド・マックス＝ニーフ（Manfred Max-Neef, 1932–2019）の議論がある。本書では、スミスとメンガーという焦点から、メンガーの直接的影響を受けたポランニーとカップを、エコロジーに関わって取り上げ、この注で触れた論者たちについては割愛した。重要でないという意味では決してない。

第6章　スミスの遺産――「相対的貧困」は無くならないのか

もし貧困を相対的と定義するなら、貧困は決して廃絶されないのでは？
（イギリスのラジオ番組）

相対的貧困はジェラシーやコンプレックスの問題。（日本の報道番組）

1　はじめに

経済学者ジョン・メイナード・ケインズは、一九三〇年に、『孫の世代の経済的可能性』と題された小論で、技術革新が進み、社会的に必要な労働量は激減する一方、生活水準が向上していく傾向を予想した。一〇〇年後の二〇三〇年には、一人当たり週一五時間ほどの労働ですむようになり、人類は経済的な必要から解放されているだろうと予想した。そしてこの解放によって、私たちは、貪欲や金銭欲を賞賛するような「偽りの道徳原則」から自由になり、手段よりも目的を高く評価し、効用より善を選ぶようになる。一時間を、一日を高潔に、有意義に過ごす方法を教えてくれる人、ものごとを直接に楽しめる陽気な人、労せず紡が

ど野の百合を尊敬するようになる。(Keynes, 1931, p. 331. 邦訳 p. 218)

社会的に必要な労働量と私たちの道徳原則とについてのケインズの予言は、今のところ、当たっていないように思える。とはいえ、ケインズはこの予言をするにあたって、「大きな戦争がなく、人口の極端な増加がなければ」という前提条件を置いていた。その後の歴史はこれらの前提条件を満たさなかったわけだから、ケインズの予言が「外れた」というのはお門違いだろう。

ここでケインズのこの小論に触れたのは、ケインズの予言の当否を問題にするためではない。この予言でいう経済問題からの解放とは、私たちの必要が充足されている状態を指すが、その私たちの必要についてケインズがどのように捉えているかが興味深いからである。すなわち、

人間の必要には限りがないと思えるのは事実だ。だが必要には二つの種類がある。第一は絶対的な必要であり、周囲の人たちの状況がどうであれ、必要だと感じるものである。第二は、相対的な必要であり、それを満たせば周囲の人たちより上になり、優越感をもてるときにのみ、必要だと感じるものである。第二の種類の必要は、他人より優位に立ちたいという欲望を満たすものであって、確かに限りがないともいえる。全体の水準が高くなるほど、さらに上を求めるようになるからだ。しかし、絶対的な必要は、限りがないとはい

えない。おそらくは誰もが考えているよりはるかに早い時期に、絶対的な必要が満たされ、経済以外の目的にエネルギーを使うことを選ぶようになる時期がくるとも思える。

(Keynes, 1931, p. 326. 邦訳 pp. 211–12)

第一に、「周囲の人たちの状況がどうであれ、必要」なものと、「他人より優位に立ちたいという欲求を満たすもの」を区別できるということ、第二に、前者は有限だが、後者は無限であること、第三に、経済的問題は前者に関わるもの。これらのケインズによる三つの言明それぞれ、異議のある人はいるだろう。その上で、スミスなら後者は必要ではなく欲望だと、メンガーなら後者は真の必要／欲求ではないと言うかもしれない。

ここで立ち止まって考えてみたいのは、後者を「相対的必要」と呼ぶことである。換言すれば、「相対的必要」とか「相対的貧困」といった概念で、これまで私たちが捉えようとしていたのは、単に「他人より優位に立ちたいという欲求を満たす」ことに関わるものだったのだろうか。本章冒頭に掲げた日本の報道番組の場合のように「相対的貧困はジェラシーやコンプレックスの問題」とする立場の人にとってはそうだろう。しかしこの話は、そんなに単純なのだろうか。さらに、たとえばスミスの「革靴」は前者なのだろうか、後者なのだろうか。私たちにとってのインターネットへのアクセスは前者なのだろうか、後者なのだろうか。

この問題について本章では、「相対的貧困」の重要性を提唱したパイオニアであるピーター・タウンゼンドと、タウンゼンドの用語法に異議を唱えたアマルティア・センとの間の論争を繙きながら、考えていこう。そこに私たちは、ケインズの二分法（の通常の解釈）からこぼれ落ちるものについての先駆的な認識を見出すだろう。そしてタウンゼンドやセンによるその認識のなかに、スミスの遺産が息づいていることも。

2　「貧困の再発見」とピーター・タウンゼンド

「相対的貧困」という言葉をほとんどの人が聞いたことがあるだろう。「相対的貧困」はもはや抽象的な学術的用語の範疇を超え、具体的に指標化され、測定され、さまざまな機関——国際機関から、各国政府や自治体、ＮＧＯまで——で使用されている。これらの諸機関での使用の場合、通常、所得の中央値の一定の割合（典型的には五〇％や六〇％）を下回ることを相対的貧困と呼んでいる。

ところが、こうした相対的貧困についての現在の支配的な考え方に対して、貧困への相対的アプローチを提唱し、学界や国際機関に広めるに第一の功績のあった人物は、極めて批判的であった。イギリスの社会学者・社会政策学者ピーター・タウンゼンド（Peter Townsend, 1928-2009）は、イギリス国内のみならず国際的にも、相対的貧困の主要な理論家とみなされてきた。[1]イギリスでは第二次大戦中に『ベヴァリッジ報告』が出され、戦後の労働党政権のもとで福祉国家建設が進んだ。一九五〇年代は、その熱気が未だ冷めやらず、貧困は福祉国家の進展によって早晩解消される、という楽観が支配的であった。ケンブリッジ大学で人類学を学んだ後、労働党系の民間シンクタンクで貧困研究に従事していたタウンゼンドは、一九五四年に論文「貧困の測定」を発表する。同論文でタウンゼンドは、貧困が解消しつつあるという楽観論は、誤った貧困概念に基づくものだと異議を唱える。当時一般的だった貧困概念は、貧困を生理的な最低限に関わるものとして捉えるもので、たとえば、適切な栄養のために必要となるカロリー量を計測したり、衣食住などの基本的な必需品の購入にかかる費用を計算したりすることで貧困線を決めるものであった。これは一九世紀末から二〇世紀初頭にかけてのイギリスで、はじめて貧困線という概念をもちいた社会科学的調査がなされた時以来標準となっていた方法である。チャールズ・ブース（Charles Booth, 1840–1916）とシーボーム・ラウントリー（Benjamin Seebohm Rowntree, 1871–1954）による調査が著名で、その後の貧困研究に大きな影響を与えた。[2] タウンゼンドは、この貧困概念を次のように批判する。

〔当時の〕社会調査で使用されている貧困概念のすべてにおいて、大多数の貧困者は彼らの支出を、調査の責任者たちによって提示された「必需品」の短いリストに限るべきで、もしそうしなければ彼らが貧しいのは自業自得だという含意がある。（Townsend, 1954, p. 133）

それは「ある社会階級による他の階級についての判断」であり、信頼するに値しないものだと却下される（Townsend, 1954, p. 133）。

タウンゼンドの対案は、「貧しい人びとの間の消費パターンは、彼らが所属する共同体で許容される行動規範によっておおよそ決定づけられている」事実を認識、尊重することから出発するものである。実際、丹念な経験的研究に基づいた『高齢者の家族生活』（Townsend, 1955）や共著『貧困者と極貧者』（Ablesmith and Townsend, 1965）などによって、福祉国家下においても貧困が持続していることが明らかにされ、「貧困の再発見」とも言われた。

一九六二年の論文「貧困の意味」でタウンゼンドは「貧困は静態的ではなく動態的な概念」であり、「人は孤島に生きるロビンソン・クルーソーではない」として、本書第二章で引用した、慣習による必要についてのアダム・スミスの一節に触れる（Townsend, 1962, p. 219）。そして次のように言う。

> 貧困は絶対的な状態ではない。それは相対的な剥奪（relative deprivation）である。社会それ自体は変化し続け、その成員に新しい義務を課す。その結果、新しい必要が生まれる。（Townsend, 1962, p. 219）

この「相対的剥奪」という言葉は、社会学や心理学において、他者と比較した場合の剥奪の感情を示すために当初は使用されたものである（Merton, 1957; Runciman, 1961; Stouffer et al., 1949）。そのことをタウンゼンドは認識しつつも、「他者と比較した場合の剥奪の条件」を示すものとして使用することを提唱する（Townsend, 1979, pp. 47-48）。このことによって、相対的剥奪という概念を主観的なものから「客観的」なものへと変更している。ここで「客観的」という言葉でタウンゼンドが意味しているのは、この剥奪の閾値が科学的に観察可能であり、社会の主流派の規範や、個人の主観とは概念的に区別可能であるということである。一九七九年に刊行した大著『連合王国における貧困』でタウンゼンドは、表2のような「剥奪指標」を用いて、相対的剥奪のイギリスにおける閾値の同定を試みた（Townsend, 1979, ch. 6）。その結果、「所得のある水準を下回ると急激に剥奪が増える閾値が存在する」という（Townsend, 1979, p. 271）。彼の推計によると、その閾値は当時の社会扶助基準の一四〇％近傍にあるという（Townsend, 1979, p. 261. 図9）。一二一六ページに及ぶ大著のほぼ終わりに近い箇所で、タウンゼンドは相対的剥奪を以下のように定義する。すなわち「社会の中で共通の、あるいは習慣となっている食事や娯楽、規範、サービス、活動などの欠如や不適切な充足」である（Townsend, 1979, p. 915）。

この大著でタウンゼンドは、相対的貧困研究の第一人者として、イギリスのみならず国際的にも認められていくことになる。

3　アマルティア・センによる相対的剥奪概念への存在論的批判

アマルティア・セン（Amartya Sen, 1933-）は、一九九八年にノーベル経済学賞を受賞した経済学者で、哲学者としても知られている。イギリス支配下のインド・ベンガル地方に生まれ、カルカッタ・プレジデンシー・カレッジを経てケンブリッジ大学で学んだ。オックスフォード大学教授、ケンブリッジ大学トリニティ・カレッジ学寮長などを経て、ハーバード大学教授を務めている。彼の経済学者としての経歴の華やかさは、なんといっても社会的選択理論の分野におけるものであるが、他方で、貧困や不平等の問題に関心を持ち続け、またそれを十分に扱えていない経済学への原理的批判を行ってきた。一九七三年に『経済的不平等について』を出版する。そこで彼は、新古典派経済学において、必要が選好と解釈されていること、またその個人間比較が不可能とされていることとの問題を指摘する（Sen, 1973）。

一九八〇年の論文「何の平等か」で、必要をケイパビリティ（capability）と解釈することを提唱する（Sen, 1980）。人の必要が実際に充足されているかどうかは、主流派経済学や功利主義哲学が依拠する効用についての情報からでは理解することができない。なぜなら、そこで理解される効用は、いくつかの解釈の流派の違いはあれ、いずれも、人の心理的状態についての情報であるからだ。たとえば、ある人がしっかり栄養を満たすことができているか、あるいは

表2　タウンゼンドの剝奪指標

	特性	人口における%
1.	この1年に家以外で1週間の休日を持たなかった。	53.6
2.	（成人）この4週間に親戚か友人に家庭で食事をふるまわなかった。	33.4
3.	（成人）この4週間に親戚か友人と外で食事をしなかった。	45.1
4.	（15歳以下の子供）この4週間に、友人と遊んだりお茶を飲んだりしなかった。	36.3
5.	（子供）最近の誕生日にパーティーをしなかった。	56.6
6.	この2週間に午後や夜に娯楽で外出しなかった。	47.0
7.	1週間に4日以上新鮮な肉を食べなかった。	19.3
8.	この2週間に調理した食事を食べなかった日が1日以上あった。	7.0
9.	週のほとんど、火を通した朝飯を食べなかった。	67.3
10.	世帯に冷蔵庫がない。	45.1
11.	世帯で通常（4回に3回）日曜を一緒に過ごさない。	25.9
12.	世帯が以下の4つの設備を室内で独立の部屋として備えていない；水洗便所、洗面所、ふろ・シャワー室、ガス・電気調理室。	21.4

出所：Townsend, 1979, p. 250.

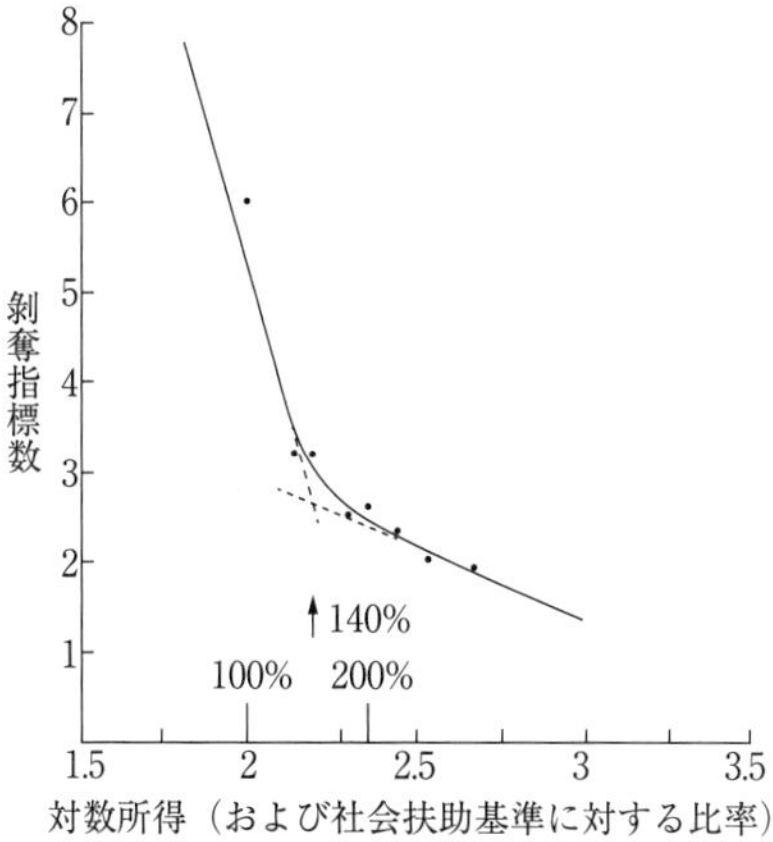

図9：　剝奪と所得水準

出所：Townsend, 1979, p. 261.

実際に教育を受けることができているかは、人の心理的状態についての情報からだけでは判断できない。

他方で、ジョン・ロールズ（John Rawls, 1921-2002）が『正義論』（Rawls, 1971）で提唱した「基本財（primary goods）」に焦点をあわせるアプローチにも問題があるという。ロールズの「基本財」は、「「権利、自由と機会、所得と富、自尊の社会的基礎」のような、「合理的な人間ならば誰でも望むであろうと推定されるもの」」であり、「財」という日本語訳から連想されるよりけ幅広いものが含まれるが、それでも、そこから得られる情報は、必要が充足されているかどうかそのものではなく、必要の充足に利用可能かもしれない手段を持っているかどうかである。そして人間の多様性を考慮にいれれば、同じ手段を持っていても、それで必要が充足されるかは一概に言えない。センは障害の有無、健康状態や労働環境などをそうした多様性の例として挙げる。そしてセンは次のように結論づける。

基本財と効用についての情報を用いるだけでは、必要度（needs）の概念にさえ適切な適用範囲を指示することができない。（Sen, 1980, p. 367. 邦訳 p. 252）

センの提示する対案は、「必要を基本的なケイパビリティ（basic capabilities）として解釈すること」である（Sen, 1980, p. 368. 邦訳 p. 254）。ここで「基本的なケイパビリティ」とは「人が

財（自転車）
↓
特性（移動手段）
↓
ケイパビリティ（移動できること）
↓
効用（移動から得ることができる満足）

図10　財、ケイパビリティ、効用
出所：山森（2000）.

ある基本的な事柄をなしうるということ」であると説明される（Sen, 1980, p. 367. 邦訳 p. 253）。財や効用とケイパビリティの関係は図10のように示すことができる。[3]

このケイパビリティ概念に依拠しながら、「相対的貧困」概念への存在論的批判を展開したのが、一九八三年の論文「相対的に言って、貧しい」である（Sen, 1983a）。同論文での批判の主要な矛先は、現在では相対的貧困についての支配的な見方となっているもの――すなわち、所得の中央値の一定の割合（典型的には五〇％や六〇％）を下回る人数が人口に占める割合で貧困率を表すものなど――である。センはこのアプローチを「完全に相対的な見方」と呼び、この見方が「貧困の本質的な特徴を捨て去り、不平等についての不完全な表象でそれを置き換えている」ことを批判する（Sen, 1983a, pp. 156–57）。

センの二番目の矛先は、彼が「主要な点で相対的な見方」と呼ぶものに向けられている（Sen, 1983a, p. 157）。これは貧困を社会扶助基準によって定義する考え方である。このアプローチによれば、政府が社会扶助基準を切り下げることで福祉削減を行えば、貧困者は減ることになる。「こんな見方が正しいはずはない」とセンは語気を強めて批判している。そしてこれは当時のサッチャー政権下のイギリスでは実際に差し迫った危険であっただろう（Sen, 1983a, p. 158）。

センは公平にも、タウンゼンドが上記の二つの見方のいずれも拒否していることに肯定的に触れている（Sen, 1983a, p. 157）。タウンゼンドについてセンが問題としているのは、タウンゼンドの理論が指し示す貧困の範囲や内容ではなく、それを「相対的」とする存在論的位置づけである。センはタウンゼンドの著作から以下の一節を引用する。

> 必要の社会的決定についてのどのような厳密な概念化も、「絶対的」必要という考え方から脱却することになる。時間においても空間においても、まったくの相対性が適用される。（Sen, 1983a, p. 155 に引用）

これに対してセンは、もし「まったくの相対性」が貧困概念に適用されるなら、「他人より相対的に少なくしか成し遂げられないことと、他人に遅れをとったために絶対的に少なくしか成し遂げられないことを区別できなくなってしまう」と論じる（Sen, 1983a, p. 155）。前者——すなわち他人より相対的に少なくしか成し遂げられないこと——でセンが意味することは極めて明瞭である。他の人がキャデラック（高級車のブランド）を日に二台買えるとすれば、ある人がキャデラックを日に一台しか買えなければ、その人は「他人より相対的に少なくしか成し遂げられない」。後者——すなわち他人より絶対的に少なくしか成し遂げられないこと——について、センは、西欧や北米に暮らす子どもにとってテレビが持つ意味を例に挙げる。すなわち、「テレビへのアクセスがなければ、学校のプログラムについていくことができないかもしれない」(Sen, 1983a, p. 162)。この場合、テレビを買う余裕がないことは、所得についての相対的な失敗かもしれないが、「教育を受ける必要」を満たせていないことは、絶対的な失敗である。

また先述のケイパビリティ概念を援用しながら、次のようにもいう。

> 貧困は、ケイパビリティの空間では絶対的な概念であるが、財(commodities)の空間ではしばしば相対的な形をとる。(Sen, 1983a, p. 161)

タウンゼンドはじめ社会政策研究者たちが貧困を最終的には所得水準に焦点をあわせて測定するあり方は、先述のロールズの「基本財」と同じく、財に焦点をあわせているものと整理される。先述の図10で挙げられている自転車の事例は、この論文でセンが例示しているものである。自転車という財の移動手段としての特性に着目した場合、その自転車に実際に乗れて移動できる場合には、移動できるというケイパビリティがあることになる。自転車の保持やそれを使っての移動にともなう心理的満足の度合いが、効用である。自転車を保持していても、たとえば障害や病気のために自転車に乗れなかったり、交通環境上自転車での移動が難しい地域に住んでいたり、などの場合、自転車の保有は必ずしも、移動を可能にしない。また、とても陽気だったり、些細なことでもものすごく満足できたり、あるいは自転車コレクターであれば、実際には自転車を使えず移動できていなくても、効用は高いかもしれない。したがって財や効用ではなくケイパビリティに焦点をあわせないと、移動という人の必要が満たされうる状態にあるかどうかは分からないとセンは説く。

センの説明に必ずしも明瞭ではない点があるとすれば、「絶対／相対」という言葉をセン自身がどのような意味で使っているのか明示していないことだろう。上記の二つの「絶対」の意味——教育を受ける必要が満たされないのが絶対的な失敗であるという場合の意味と、貧困や剝奪は財の空間では相対的だがケイパビリティの空間では絶対的であるという場合の意味——はセンにおいては同じと捉えられているようである。教育を受けることができるというケイパビリティは絶対的であるが、その絶対的なケイパビリティを満たすために不可欠な財は相対的であるというように。実際、このことを説明するために、本書第2章でも引用し、タウンゼンドも引用していたアダム・スミスの『国富論』第五篇の一節が用いられる。すなわち、スミスの革靴の箇所を引用した後、次のようにいう。

恥を避けることができるというこの見方において、一八世紀のイングランド人の男性は革靴を持っていなくてはいけない。共同体の典型的な成員たちがたまたま革靴を持っていることによって、このような状況になっているといえるだろう。しかし、当該の個人にとっては、他人に対して比較的に少なく恥ずかしくないために革靴が必要なのではなく——そのような相対的な問いはアダム・スミスによってすら問われていない——、単純に恥ずかしくないために革靴が必要なのである。その達成は絶対的なものだ。(Sen, 1983a, p. 159)

そして、このことを敷衍するために、ケイパビリティ概念を導入し、公共の場に恥辱を受けることなく現れるケイパビリティは絶対的だが、そのために必要となる財——革靴だったり亜麻布のシャツだったり——が相対的なのだという。

しかしセンのこの論文で、「絶対的」という言葉は二つの異なった意味で使われているように思われる。教育を受ける必要が満たされていないことが絶対的な失敗であるという場合の「絶対」(あるいは公共の場で恥を避けることができる必要が達成されることは絶対的なものであるという場合の「絶対」)は、その失敗(あるいは達成)が、他者との比較によるものではないという意味で使われているように思われる。すなわち「他者との比較において(relative to others)」という意味で、相対的という言葉を使い、その対義語として絶対的という言葉を使う使用法である。これに対して、ケイパビリティと財の空間をそれぞれ絶対的、相対的として対比している場合には、時間や場所によって変化するかしないかという意味で、変化しなければ絶対的、変化すれば相対的という意味で使っているように思われる。その上で、（少なくとも「基本的」な）ケイパビリティについて、時間や場所によって変化しないことが仮定されているようである。しかし、公共の場に恥ずかしくなく現れることができる必要は、一八世紀のイングランド人だけでなく、古代ギリシャやローマの人びとにも存在していたという事例を挙げる以外には、その仮定の正しさの検証は行われていない。

4　すれ違う「論争」とその後

センの上記論文が掲載された『オックスフォード経済論集（*Oxford Economic Papers*）』は二年後に、タウンゼンドによる反論とそれへのセンの応答を掲載している（Sen, 1985a; Townsend, 1985）。結論を先取りすると、この論争は残念ながらすれ違いに終わっている。

タウンゼンドは、「貧困の意味についての「絶対的な核心」をくどくどと繰り返すことの問題は、食料以外の必要の重要性の過小評価」であるとしてセンを貧困概念についての「ミニマリスト」だと批判する（Townsend, 1985, p. 664）。さらにセンを「理論的にナイーブ」であり「貧困の性質について根本的に勘違いしている」とまでいう。丁寧にもそのよう「ナイーブ」さや「勘違い」が生じる理由についての知識社会学的な考察まで披露している。第一に、「彼

〔セン〕の専門は第三世界の経済である」（Townsend, 1985, p. 663）。第三に、センの議論は「新古典派経済学に由来する個人主義の洗練された適用」であり、そのような理論は「必要の社会的構築性についての首尾一貫した説明を与えることは絶対にできない」という（Townsend, 1985, p. 668）。

第二の点は、本当にそうか、真剣な検討を要請するだろう。「必要の社会的構築性」をセンのケイパビリティ・アプローチが十全に扱えているのかどうか、少なくとも一九八三年のこの論文までのセンの研究からは明らかでないのもタウンゼンドの指摘通りだろう。前節最後で触れたように、公共の場に恥ずかしくなく現れることができる必要は、一八世紀のイングランド人だけでなく、古代ギリシャやローマの人びとにも存在していたとして、「公共の場に恥ずかしくなく現れることができる必要」そのものは、時間や空間を超えて普遍的であるかのように語られている。しかし、それは本当に普遍的なのだろうか。あるいは、センのいう教育を受ける必要あるいは教育を受けることができるケイパビリティは、ストーンヘンジのケルト人や、奈良時代の関東地方の農民たちにもあったのだろうか、と問うことには意味がある。なぜならセンはケイパビリティの空間では貧困が「絶対的」であることの理由として、時間や場所によって変わらないことを挙げているのだから。

しかし第一の点は、まずセンの業績の理解として端的に間違っているし、仮に誰かの専門が第三世界の経済だとしても、スミスの亜麻布のシャツなどに例示される必要を、絶対的と捉えるべきか、相対的と捉えるべきかについての存在論的な議論の妥当性を退ける理由にはなり得ないだろう。確かにセンの議論は、先述のように、一体どのような意味で「絶対性」ないし「絶対的」という言葉を使っているのかについて、必ずしも明らかではないが、だからといって、「第三世界」出自の人間だから「食料以外の必要の重要性」がわかっていないのだろうといった予断でそれを補ってしまう結果となったのは残念というほかない。

このようなタウンゼンドの批判に対するセンの応答は、以下のようなものであった。すなわち「「根本的な勘違いを気づかせてくれよう」と寛大な提案をしてくれるという、イギリス〔のチャリティである〕移民助言サービスのような親切に対して感謝しなくてはならない」(Sen, 1985a, p. 669)。相対的貧困と言われているものが、不平等と異なりうるとしたら、一体どのような意味でそうなのか、あるいは相対的必要が単なる欲求と異なるとするならば、一体どのような意味でそうなのか、貧困や必要の性質を理論的、存在論的に明らかにするために、二人の優秀な研究者が建設的な対話を行う貴重な機会となったはずのこの論争は、残念ながら、不幸なすれ違いに終わってしまった。

タウンゼンドはその後もセンを「ミニマリスト」と解釈し（Townsend, 1987a, p. 45)、たとえば以下のように述べる。

必要の認識は、新古典派経済学の狭隘な定式化の枠内に制限されている……「相対的剝奪」アプローチにおける貧困の完全に社会的な定義を、何人かの新古典派経済学者たちは、受け入れないし、おそらく理解すらしないだろう。（Townsend, 1987b, p. 38）

そしてそのような経済学者の例として、センに言及する。

センもまた、たとえば絶対性ということで何を意味しているのか、あるいはケイパビリティは本当に時空を超えて普遍的なのかなどについて明確には述べないまま、論争時の立場を保持し続け（Sen et al., 1987, Lecture 1; 1992, ch. 7; 1997, Annexe; 1999, ch. 4; 2009a, ch. 12）、論争を「激しいものであったが、啓発的なものではなかった」と振り返っている（Sen, 1992, p. 116）。

筆者は二〇〇二年ごろに、タウンゼンドとセンにそれぞれ別個にこの問題について尋ねる機会を持ったが、いずれも一九八五年のそれぞれの応答での議論、認識から変わっていないとのことだった。二人の間で、不幸な誤解が解かれないままになっていることは、仕方のないことなのかもしれない。それよりも愕然とするのは、そのような誤解が、論争の当事者だけではなく、タウンゼンド、センそれぞれのアプローチを発展させようと後に続いている人たちによっても再生産され続けていることである。

タウンゼンドの相対的剥奪アプローチを引き継いでいる貧困研究者たちは、この論争についてもタウンゼンドの側に無批判的に立っているように見える。たとえば、イギリスの貧困研究者デイビッド・ゴードン（David Gordon, 1959–）は、「センの定義する絶対的貧困の概念は、タウンゼンドの定義する貧困の閾値より単純に低いものだ」と、論争から二〇年以上たってなお主張している（Gordon, 2006, p. 35）。二〇一〇年に刊行されたタウンゼンドの主要業績をまとめたアンソロジーに、一九八五年のタウンゼンドのセンへの応答が収録されているが、そのセクションの編者は、タウンゼンドの立場を無批判に繰り返している（Townsend 2010, pp. 132-33）[4]。

センのケイパビリティ・アプローチを引き継いでいる研究者たちは、この論争にもタウンゼンドの「相対的剝奪」アプローチに関心を払っていないように思われる。なかにはタウンゼンドの議論に言及している場合もあるが、残念ながら誤解に基づいたものである。たとえば、センのアプローチを貧困問題の計測などへ発展させたある研究書では、「相対的貧困をどのように記述するかについてのタウンゼンドの議論」は「客観的条件を「剝奪感情」と結びつける」ものだと、誤読している。[5] また、必要をどのように捉えるべきかという議論も、ほとんど顧みられない。必要概念は、しばしば「基本的必要アプローチ（basic needs approach）」と同一視され、哲学的にナイーブであるとして切り捨てられている。[6]

5　タウンゼンドとセンの共通点とスミス的存在論と認識論

しかしタウンゼンドとセンの議論には、二つの大きな共通点がある。第一に、所得の中央値の一定の割合を下回る人数が人口に占める割合として貧困を捉えるようなアプローチに対して、二人とも批判的である。第二に、本書第2章で触れた、アダム・スミスが『国富論』第五巻で展開した、自然による必要のみならず慣習による必要があるという主張に、二人とも同意している。両者とも本書第2章で引用したのと同じ箇所を引用しているのである（Sen, 1981, p. 18; 1983a, p. 159; Townsend, 1962, p. 219; 1979, pp. 32-33）。実際、タウンゼンドの相対的剥奪アプローチが指し示す貧困の範囲に、センは同意しているのである。

> 貧困の概念化に伴う問題をこのような〔貧困はケイパビリティの空間では絶対的だが財の空間では相対的だという〕見方で見るなら、〔諸ケイパビリティと生活水準に関係した〕貧困の概念に捨て去ることのできない絶対的な要素があるということと、ピーター・タウンゼンドが言及する「まったくの相対性」（もしそれが財や資源に適用されると解釈するなら）との間に、何の矛盾もない。（Sen, 1983a, p. 161）

しかしながら、そのような貧困を「相対的」と呼ぶべきかどうかをめぐる用語法についての相違について、建設的な対話は起こらず、タウンゼンドに至っては、センがタウンゼンドの相対的剥奪アプローチが指し示す貧困の実体的内容については同意していることすら理解しなかった。このようにしていわゆる「相対的貧困」についての理論的対話が途絶えた結果、その後の数十年の間に、タウンゼンドもセンも望んでいなかった状況が到来してしまった。両者とも批判的であった、所得の中央値の一定割合以下を貧困とするアプローチが、相対的貧困についての標準的で支配的な理解となってしまったのである。それらはＯＥＣＤやＥＵなどの国際機関や多くの貧困研究者によって幅広く使用されている。7

本書でこれまで議論してきた、必要の認識論と存在論について、タウンゼンドやセンの立場はどのようなものだろうか。まず、認識論的限界について見ていこう。

タウンゼンドは、「客観的には」剝奪されている多くの人びとが、そのことを認識していないと指摘している（Townsend, 1979, ch. 11）。「剝奪についての主観（または集合的感情）が価値ある分析的ないし説明的変数」であることをタウンゼンドは認めているが、彼の必要概念が「物質的および社会的剝奪の客観的な形態」についてのものであることを疑う余地はないだろう（Townsend, 1987a, p. 35）。したがって、剝奪についての主観的知覚と、現実に起こっている（タウンゼンドの用語法でいうところの「客観的な」）剝奪との違いについてのタウンゼンドの認識は、必要の認識論的限界と本書で呼んでいるものと同一であるといってよいだろう。

センもまた、必要の認識論的限界をよく認識している。一九四三年のベンガル飢饉についての研究で彼は、男女とも劣悪な健康状態となっていることが等しく見られているにもかかわらず、健康への必要の知覚が男女間で大きく異なることを発見している。妻に先立たれた夫の四八・五％が健康問題を抱えていると考えているのに対し、夫に先立たれた妻の場合そのように考えているのはたったの二・五％に過ぎない。これを踏まえてセンは以下のように結論づける。

家族のさまざまな構成員の相対的な必要の認識は、社会的な影響力に密接に関連しているかもしれない。たとえば、世帯主の必要が過大評価され、女性の必要が過小評価されるといったことである。（Sen, 1985b, p. 52. 邦訳 p. 106）

人が自分自身の必要を把握する上で認識論的限界があることがセンにとってとても重要であることは、彼が同様の指摘を何度も繰り返していることからも明らかだろう（Sen, 1990, 2002a）。その上でセンは、必要の把握について「公共的な推論（public reasoning）」の重要性を主張している（Sen, 2004, 2009a; Yamamori, 2003）。

また、必要の認識論的錯誤には二つの方向があるだろう。すなわち、必要が充足されている人がその事実を認識できないという「下方」への錯誤と、必要が充足されていない人がその事実を認識できないという「上方」への錯誤である。スミスは前者のみに言及しているが、タウンゼンドとセンの強調点はむしろ、後者の錯誤を見過ごすことの重大な帰結の指摘にあるように思われる。いずれにしても私たちは、タウンゼンドとセンの双方が必要の認識論的限界というスミスの認識論と同じ立場に立っていると結論づけることができるだろう。

存在論的特徴に移ろう。まず、必要の有限性について。タウンゼンドとセンの両者とも不平等と貧困を区別しており、貧困や必要の概念は閾値を伴うものである（Townsend, 1979; Sen, 1983a, 1984）。両者とも必要が有限であり、欲望とは異なることを認識している。

次に必要の間主観性と進化的な性質について。これについては両者とも本書第2章で引用したスミスの『国富論』第五篇の議論に触れていることから、これらを認めていることは明らかだろう。

こうした存在論的分析によって、数十年続いた不幸な誤解を乗り越えることが可能となる。必要の「絶対性」という言葉でセンが意味しようとしたことは、タウンゼンドによってもその後の社会政策研究者によってもほとんど理解されなかった。その（自民族中心主義と植民地主義以外の）理由は、時間や場所によって貧困線が変わらないという意味か、あるいは栄養などの生理学的な水準という意味のどちらか（あるいは両方）で「絶対性」という言葉が貧困研究で使われてきた（とタウンゼンドらが理解していた）からである。逆にセンが、タウンゼンドの相対的剥奪アプローチが指し示す貧困の範囲には同意していたにもかかわらず問題提起を行ったのは、それを「相対的」と形容することが、不平等と貧困を同一視する見方との区別を曖昧にしてしまうからであり、また普遍主義の対義語としての相対主義への含意を持ってしまうからであった[8]。

そうであれば、一方で「絶対的／性」という語にまつわる歴史的経緯を尊重して、他方で

「相対的／性」という語が惹起する望ましくない混同に留意して、「絶対／相対」に代えて、別の言葉を使ったら良いのではないだろうか。二人の貧困観の背後にある必要の存在論は、必要は有限であり、主観的ではなく、客観的ないし間主観的であり、間主観的である場合には進化的である。つまり、タウンゼンドとセンはスミスと同じ必要の存在論に立っている。客観的必要の場合は言うに及ばず、間主観的必要の場合でも、単なる他者との比較に基づく剥奪の感情でもなければ、社会的地位の問題でもない。その不充足は現実に不利益を当該個人にもたらすのである。二人に共通するこのアプローチをわかりやすく表現するならば、それは「相対的剥奪アプローチ」でも、「ケイパビリティ・アプローチ」でもなく、「客観的および間主観的アプローチ」ないし「社会的排除アプローチ」とでも呼ぶことになろう。前者は貧困研究においてはやや哲学的すぎるかもしれない。本書第2章で検討したように、間主観的必要は、慣習に基づく集合的な是認や否認の結果生じる。そのような必要を充足できなくなることで、社会的に排除されてしまうということに着目したのが、後者の呼び名である。[9]

なおセンは、スミスのさまざまな側面について、折に触れて言及している。スミスの「中立的な観察者」における「中立性」が閉じたものではなく開かれたものであることへの着目は、センの規範的議論の立脚点の一つとなっている（Sen, 2002b, 2009a）。また、『道徳感情論』の刊行二五〇周年（二〇〇九年）の機会に、スミスに言及するいくつかの論文などをセンは発表している（Sen, 2009b, 2010, 2011）。主流派経済学者たちはスミスの議論を、「自己利益理論」すなわち自己利益が私たちの主要な動機であり、かつ善い社会の十分条件であるという理論として解釈している、とセンはいう。そしてそのような解釈は誤用（abuse）である、とセンは批判する。センにとってスミスは、規制されない市場社会の提唱者ではない。

市場が達成することのできないことを達成しうるさまざまな制度の必要性を、スミスは論じている。貧困や非識字、相対的剝奪といったことが、良く機能している市場経済においても存在し続けてしまうことを、スミスは深く懸念していた。（Sen, 2011, p. 266. 傍点は筆者）

この比較的最近のセンのスミス的議論は、本章で検討した比較的初期のセンのスミス的議論と首尾一貫している。

6　相対的貧困をめぐる理論的混乱を解きほぐす

ここまで見てきたような、スミスやタウンゼンド、センらに共通する必要の存在論的特徴の認識は、近年の「相対的貧困」についての研究では失われてしまっている。これらに再度着目することは、二つの理由で重要である。第一に、そのことによって「相対的貧困」についての理論を進展させ、一方でタウンゼンドやセンが提唱した貧困についてのアプローチと、他方で支配的な「相対的貧困」についてのアプローチや、「相対的必要」を説明するとも解釈されてきた経済学上のいくつかの概念との混同を防ぐことができる。後者はたとえば、「顕示的消費」や「デモンストレーション効果」「地位財」などである。これらは確かに、支配的な「相対的貧困」アプローチとは関連があるが、タウンゼンドやセンのアプローチとは直接に関係しない。以下、説明しよう。

ソースティン・ヴェブレンは『有閑階級の理論』で、「顕示的消費（conspicuous consumption）」という概念を提出する（Veblen, 1899）。顕示的消費とは、「より高次の、あるいは精神的な必要」を満たすものだが、ヴェブレンのこの必要とは、高哲男（1947-）がこの「高次の（higher）」を「お高くとまる」、「精神的な（spiritual）」を「精神的に優位を示す」と意訳しているように、他者との比較や承認に関わるものである（Veblen, 1899, p. 59. 邦訳 p. 90）。そしてこうした「必要（needs）」は「欲求（wants）」とも言い換えられ、「限りなく拡大される」無限のものとして認識されている（Veblen, 1899, p. 75. 邦訳 p. 114）。ヴェブレンのこの概念は、社会における他者に対する優位を示す機能としての消費を論じた記念碑的著作の中心概念で、その後のこうした研究の発展に大きな影響を与えた[10]。

ジェームズ・デューゼンベリー（James Duesenberry, 1918-2009）は、『所得・貯蓄・消費者行為の理論』で、「デモンストレーション効果（demonstration effect）」と呼ぶ過程を以下のように説明する。

消費支出は優等財との接触によって押し上げられる、ということを実際に説明するもっともよい方法は、読者にご自身の経験を考えてくださるよう要請することである。友人の新しい車を見たり、あるいは自分のよりも立派な家屋や部屋を見たりすると、どのような反作用が生まれるか。その反応はおそらく、自分自身の家や車に対する不満の感情であろう。この感情が十分頻繁に生じるならば、この感情を排除しようとする行動、すなわち支出の増加が誘導されるであろう。(Duesenberry, 1949, p. 27. 邦訳 pp. 41-42)

フレッド・ハーシュ (Fred Hirsch, 1931-1978) は『成長の社会的限界』で、「地位財 (positional goods)」という概念を提示する (Hirsch, 1976)。ハーシュは、「物質的な経済 (material economy)」と「地位的な経済 (positional economy)」の二つの経済があると論じる。

物質的な経済とは、労働投入一単位あたりの生産性を持続的に高めうるような産出というふうに定義でき〔る〕……。物質的な経済は、物理的な財の生産を含むが、それ以外にも、消費者の目からみて質の低下をもたらすことなしに機械化や技術的革新を取り入れうるようなサービスをも含む。……地位的な経済のほうは……(1) なんらか絶対的な、または社会的に制約されたという意味で稀少性があるか、あるいは（2）利用度が広がるにつれ混雑または渋滞を招くか、そのいずれかの特徴をもった財貨、サービス、仕事上の地位およびその他の社会的諸関係のすべてに関連する。（Hirsch, 1976, p. 27. 邦訳 p. 54）

したがって「地位財」は、（1）少数者にのみ利用可能な財であるか、（2）もし多数の人に利用可能となれば、その価値は減じるか無くなってしまう財のどちらかである。

相対的貧困を、「顕示的消費」ができないこと、「デモンストレーション効果」を示すことができないこと、「地位財」を得ることができないことと関連づける研究がある（Corazzini, Esposito and Majorano, 2012; Ravallion and Lokshin, 2010）。確かに、「顕示的消費」や「デモンストレーション効果」の結果として、義務教育の学校に子どもを通わせる保護者たちの大多数がスマートフォンを持つようになれば、学校は保護者宛の連絡を、スマートフォンのアプリを通じて行うようになるかもしれない。そうなれば、スマートフォンは必需品となる。大学の学位は、かつては限られた数の特定の仕事の候補者を選別する目的に資する「地位財」として機能していた。人口の多くがそれを持つようになったら、学位を取得することは、平均的な仕事に就く上で必須のものとなりうる。

しかしながら、最初の例に即せば、「顕示的消費」や「デモンストレーション効果」の対象となるすべての財が、必需品になるわけではない。そのような財が、共同体やある特定の集団の大多数によって保持され、その財なしでもこれまで充足できていた必要が、その財なしには充足できなくなって初めて、そうした財は必需品となる。最初の例でも二番目の例でも、スマートフォンや学位は、大多数の人がそれを持つようになった時点で「地位財」ではなくなるのである。

必要の存在論的特徴を「相対的貧困」研究のなかで再度強調する二つ目の理由は、相対的貧困をデモンストレーション効果などと同一視する理論的混乱が、相対的貧困をとるに足らないものであり社会がその解消を目指すべきでないとする政治的およびポピュリスト的言説に利用されていることである。たとえば、イギリスの政治家イアン・ダンカン・スミス（Ian Duncan Smith）が、貧困政策に責任がある大臣だった時に以下のように発言している。

> あまりにも長い間、相対的な所得格差を解消しようとしたため、前政権〔ブレアとブラウンの労働党政権〕は捉えどころのない貧困目標を追求することになった。

あるいはイギリスの公共放送ＢＢＣのキャスターであるジョン・ハンフリーズは、自身の番組で以下のように言う。

> もし貧困を相対的と定義するなら、貧困は決して廃絶されないのでは？

あるいは二〇〇〇年の歴史を誇るスコットランドの新聞『スコッツマン（*The Scotsman*）』によると、

貧困が絶対的ではなく相対的だとするなら、数学的確実さでもって、貧困は無くなることはないだろうと私たちは言える。[11]

あるいは日本の報道番組で識者が言うところによれば、

相対的貧困はジェラシーやコンプレックスの問題。[12]

このような言明に反して、タウンゼンドやセンの貧困把握に従えば、不平等を根絶することなく、貧困を根絶する日がいつか来るかもしれない。タウンゼンドの場合、私たちの多くが剝奪指標について肯定的に答えられるようになった時、すなわち社会で慣習となっている生活様式から著しく排除されなくなった時、貧困はなくなる。これはその社会でたとえば、毎日家に友人を招いて高級ワインなどでもてなすことができる人がいる一方、一か月おきに友人家族を互いに家に招きあって夕食を取ることくらいしかできない人がいるといった格差があったとしても、前者が社会の慣習となりそれができなければ恥辱を受けたり子どもが学校から排除されたりするようにならない限り、貧困とは関係がない。センの場合、すべての人が基本的なケイパビリティを享受できるようになれば、貧困はなくなる。これはその社会でたとえば半分以上の人が毎日一日に二台以上キャデラックを買うことができるのに、他の人がそうできないとしても、そのことによって社会から排除されない限り、貧困とは関係がない。これらの事例は、所得の中央値の一定割合以下の人びとを貧困とする現在主流の「相対的貧困」観では、貧困とされるかもしれない。すなわち毎日高級ワインで友人をもてなせない人や、キャデラックを一日に一台しか買えない人の所得が、その社会の所得の中央値のたとえば半分以下であった場合である。このような操作的定義自体にまったく意味がないというつもりは私にはないし、おそらくタウンゼンドやセンにもないだろう。しかしこれらの操作的定義が、一体どのような「相対的貧困」の考え方に基づいて、そこから計測のために何を犠牲にしてどのような近似値として利用されるのかなどについて、まったく問われないまま、一人歩きしてしまっている状況は、二人が望んだものではなかっただろう。タウンゼンドとセンの両者が危惧していたのは、相対的貧困の誤った概念化が、両者が明るみに出して解決を図ろうとした問題——社会的排除の問題——を隠してしまうことだった。上記で引用したいくつかの言明にあるような政治やメディアにおける言説は、タウンゼンドとセンの危惧が現実のものとなってしまったことを明らかにしている。

＊　＊　＊

本章では、私たちに一見馴染みのある「相対的貧困」、あるいはその背後にある「相対的必要」という概念について、その理解に混乱があることを明らかにした。その混乱やさまざまな誤解や行き違いを解きほぐすために、本書で光をあててきたスミスの必要概念が役立つことを指摘した。そしてスミスの必要概念は、このように相対的貧困の理論化に貢献しうるのと同時に、たとえばスマートフォンを持てないことは貧困なのか、といった、現代社会を生きる私たちの目の前にある問題を考える糸口を与えてくれることを見てきた。

注

1　「相対的貧困（relative poverty）」と「絶対的貧困（absolute poverty）」いう対比自体は、タウンゼンド以前、上記ケインズの言明と同じ時代から、ケインズの言明と同じような意味で使用されていた。タウンゼンドたちの新しさは、社会が解消をめざすべき貧困として「相対的貧困」を提示したことである。タウンゼンドの略歴については、小沼（1974）、杉野（1995）、Beresford（2010）に詳しい。

2　ブースは一八八〇年代にロンドンで調査を行った。ラウントリーは一八九九年にヨークで調査を行った。貧困線という概念はブースによって「発明」されたというのが通説だが、近年ブースに先立って一八七〇年代にこの概念の「起源」を見出す研究がある（Gillie, 1996, 2008）。

3　この段階でセンがケイパビリティと呼んでいた概念は後に「機能（functioning）」と言い換えられ、

ケイパビリティという用語は、その機能の集合を指すものとして使われるようになった（Sen, 1985b; 1985c）。

4　他にもBrady（2003）など、同様の例は多数あるが、数少ない例外として、Goedemé and Rottiers (2011)。

5　Alkire（2002, p. 156）。2節で触れたようにMerton（1957）などでは、「相対的剥奪」という用語は他者と比較した場合の剥奪の感情を示すために使用されていた。それらと同一の議論と類推したのかもしれない。

6　「基本的必要アプローチ」は、一九七三年の世界銀行総会で同銀行総裁のロバート・マクナマラ（Robert Strange McNamara, 1916–2009）の言及や、その後の国際労働機関（ＩＬＯ）での議論などによって、脚光を浴びるようになった。主な理論家として、ポール・ストリーテン（Paul Patrick Streeten, 1917–2019）やフランシス・スチュワート（Frances Julia Stewart, 1940–）らを挙げることができる（Streeten, 1979; Stewart, 1985）。基本的必要と基本的ケイパビリティを比較している例として、Alkire（2002）。

7　ＯＥＣＤについては、https://data.oecd.org/inequality/poverty-rate.htm（二〇一七年一一月二七日最終閲覧）。ＥＵについては、http://ec.europa.eu/eurostat/statistics-explained/index.php/Income_distribution_statistics（二〇一七年一一月二七日最終閲覧）。研究者については、たとえば、Kangas and Ritakallio（2007）。

8　後者の点については、山森（2000, 2001）、Yamamori（2003）を参照。

9　タウンゼンドとセンのアプローチを「社会的排除アプローチ」と呼んでいるものとして、山森（2003）。

10　ヴェブレンが『有閑階級の理論』で提示する「顕示的消費」の系譜学は、いくつかのユニークな仮説に基づく複雑な構築物であるが、ここではその詳細に立ち入らない。

11　これら三つの言明とも、Lansley and Mack（2015, p. 8）からの引用である。なおこれら三つの言明のうち、二番目と三番目のものは、相対的貧困についての支配的な見方に立ったとしても、偽である。不平等な社会でありながら、所得の中央値の、たとえば六〇%以下の所得の人たちがいない社会というのは十分ありうるからである。それはたとえば、市場を通じた分配においてあまり所得の差が生じなかったり、あるいは税や社会政策による再分配が充実していて、最貧層といえども、その社会の所得の中央値の六〇%以上の所得を持つ社会。こうした場合、現在ＯＥＣＤなどで採用されている貧困基準に従っても、「数学的確実さを持って」貧困者はいないと言いうる。

12　「「相対的貧困」貧困女子高生の炎上で浮かび上がった相対的貧困とは？」ＴＯＫＹＯ ＭＸ モーニングＣＲＯＳＳ、二〇一六年九月六日、https://www.youtube.com/watch?v=7dv7Oq3JbCE&t=6s（二〇二三年六月一日最終閲覧）。

第7章 「見えざるハート」――フェミニスト経済学と必要概念

アダム・スミスが夕食をとるとき、そうすることができるのは、肉屋やパン屋が彼を好きだからではなく、交換を通じて彼らの利益が満たされたからだと考えた。アダム・スミスのテーブルに夕食が並んでいるのは、自己利益を通じてなのだ。本当にそうだろうか。実際にステーキを準備したのは誰なのか。(『アダム・スミスの夕食を作ったのは誰か?』)

見えざる手は、達成にかかわる。見えざるハートは、他者のケアにかかわる。手とハートは相互に依存していると同時に、対立してもいる。この二つのバランスをとることを成功させる唯一の方法は、他者のケアにかかわる人びとに報いる公正な方法を見つけることだ。(『見えざるハート』)

ええい、必要を論じるな。どんな卑しい乞食でも、
その貧しさのなかになにかよけいなものをもっておる。
自然の必要とするものしか許されぬとすれば、
人間の生活は畜生同然となろう。(『リア王』)

1 はじめに

本書はここまで、スミスとメンガーという二人の巨人の必要概念について論じてきた。最初の三つの章はスミスについて、その次の第4章はメンガーについて、それぞれ二人を「父」と位置づける主流派経済学における存在論や認識論との違いにも留意しながら詳述した。続く第5章ではメンガーの遺産とエコロジーの問題、第6章ではスミスの遺産といわゆる「相対的貧困」の問題について論じた。いずれもスミスないしメンガーの必要概念そのものを扱うか、それらの影響を直接的に受けている議論を扱っていた。これに対して、本章では、スミスやメンガーがまったく視野の外に置いてきた事柄について扱う。ジェンダーの問題である。二人の視野にまったく入っていなかった問題をなぜ扱うのかといえば、二人が視野の外に置いていたにもかかわらず、本書で分析してきた二人の必要概念がこの問題を考える上で関連性を持つからである。

冒頭に掲げた、スミスの夕食についての一節は、序章でも触れたスウェーデン出身の経済ジャーナリスト、カトリーン・マルサル（Katrine Marçal, 1983-）の著作、『アダム・スミスの夕食を作ったのは誰か？』からの引用である（Marçal, 2015, p. 15）。これは（本書第1章でも触れた）スミスの以下の一節を踏まえての問いである。すなわち、われわれが食事ができるのは、肉屋や酒屋やパン屋の主人が博愛心を発揮するからではなく、自分の利益を追求するからである。人は相手の善意に訴えるのではなく、利己心に訴えるのであり、自分が何を必要としているのかではなく、相手にとって何が利益になるのかを説明するのだ。（WN, pp. 26–27. 邦訳上巻 p. 17）

スミスの住んでいる家に、食事の材料である、肉や酒やパンがあるのは、肉屋や酒屋やパン屋の利己心に訴えた結果だとしても、その肉が調理されてステーキとしてスミスの食卓にあるのは、いったい誰の利己心にスミスが訴えた結果なのか、とマルサルは問う。

アダム・スミスは一度も結婚しなかった。経済学の父〔アダム・スミス〕は、人生のほとんどを彼の母と一緒に暮らした。……彼女〔スミスの母〕は、一生、彼女の息子〔アダム・スミス〕の世話をした。彼女こそが、アダム・スミスが省略した私たちがどのようにして食事にありつけるかについての問いの答えの一部だ。（Marçal, 2015, p. 16）

スミスは自身がまだ母親マーガレット・ダグラス（Margaret Douglas, 1694–1784）のお腹の中にいる間に、父を亡くしている。スミスの幼少時は母に家事を、スミスがグラスゴー大学で教授をしていた時も母といとこのジャネット・ダグラス（Janet Douglas, -1788）を呼び寄せ、家事を取り仕切ってもらっている。[1] スミスが食事にありつけたのは、肉屋が肉を売ってくれたからだけではなく、母やいとこがそれを調理してくれたからだろう。彼女たちがスミスのために調理してくれるのにあたり、スミスは彼女たちの利己心に訴えたのだろうか、そして母やいとこは自己利益の追求の結果スミスにステーキを調理したのだろうか。いずれも違うのでは、というのがマルサルの問いかけだ。

おそらくスミスとて、そのように聞かれれば、利己心とは答えなかったのではないかと思う。当時の時代状況の制約のなかで、今日私たちが「家事労働」とか「無償労働（unpaid work）」と呼んでいるものが、経済活動として視野に入っていなかったのではないだろうか。そしてこれらが視野に入っていないのは、スミスの生きた一八世紀の言説空間だけだろうか。たとえば誰もがよく耳にするＧＤＰという経済指標に、こうした無償労働は入っているだろうか。コロナ禍で数日後からの学校休校を命じた政治家たちは、いったい誰が子どもたちのケアをすることになるのか、しっかり考えてそのための方策を講じただろうか。他人の必要のケアを行う活動が現代でも不可視とされていることを象徴的に「見えざるハート」と表現したのが、本章冒頭二つ目の引用である（Folbre, 2001, p. 1）。こうした問題について、この三〇年ほど、フェミニスト経済学と呼ばれる新しい学問運動が起きている。そこで必要概念がどのような役割を果たし、また本書で分析してきたスミスやメンガーの議論やその遺産がどのように関係するのかが、本章のテーマである。

2　フェミニスト経済学の誕生[2]

一九九〇年代に姿を現したフェミニスト経済学の理論的核心には、「合理的経済人」の仮定に象徴されるような、新古典派経済学の哲学的基礎に対する批判がある。それらはいわゆるポスト構造主義的な転回を遂げたフェミニスト哲学／社会理論の研究蓄積を援用することによって行われた。

フェミニスト経済学国際学会（The International Association for Feminist Economics）が産声をあげたのは一九九二年のことである。一九九五年には学会誌『フェミニスト経済学（*Feminist Economics*）』の発行が始まり、二〇〇三年にはユネスコの特別諮問資格を持つNGOとなった。[3]フェミニスト経済学の中心的論者の一人ドゥルシラ・バーカー（Drucilla K. Barker, 1949–2023）によれば、一九九〇年代に知的共同体としてフェミニスト経済学が立ち現れ、そこでは経済学の性質についての合意が見られたという。すなわち「経済学は、その実践者たちが主張しているようには、価値自由で、客観的で科学的な企てではない」こと、そして「それはエリートの男性的な世界観を反映した価値に深く根ざしたものである」という合意である。したがって、フェミニスト経済学は、たとえば労働経済学、都市経済学というような、ある領域についての経済学というようなものではなく、「経済学の仮定と方法とを問いただし変革する」、「認識論的共同体（epistemic community）」という性質を必然的に帯びているとされる（Barker, 2004, p. 221）。その意味で、フェミニスト経済学は、一方で「経済学、フェミニズム、哲学の交差点に位置する」と同時に、経済学の中心、すなわち「修飾語句なしの、経済学（economics, unmodified）」になろうとする試みであるとされる（Barker and Kuiper, 2003, p. 1）。

ではどのような認識論に、フェミニスト経済学は立っている、あるいは立つべきなのだろうか。バーカーは「認識論と科学哲学における興味深い変容の時期に、フェミニスト経済学は展開されている」（Barker, 2004, p. 213）と述べる。フェミニズムおよびポスト植民地主義の立場からの科学哲学で著名なサンドラ・ハーディング（Sandra Harding, 1935-）は、フェミニズムの認識論を、フェミニスト経験主義、フェミニスト・スタンドポイント理論、フェミニスト・ポストモダニズム、の三つに整理する（Harding, 1986, pp. 24-29）。

ここでフェミニスト経験主義とは、主流派の科学観――価値自由で客観的な科学――を引き継ぎ、実際の研究においてフェミニストが問題化するジェンダーの不平等などがきちんと取り扱えていない理由を、研究者たちが、男性中心の価値観に囚われ、価値自由にも客観的にもなれていない点に帰する。いわば既存の科学観に何の問題もなく、問題は「悪い」科学が行われている点にある、という解釈である。

これに対して、スタンドポイント理論やポストモダニズムは、既存の科学観そのものを問題含みのものとして問い直す。まず、（フェミニスト・）スタンドポイント理論は、ヘーゲル（Georg Wilhelm Friedrich Hegel, 1770–1831）の主人と奴隷の弁証法、マルクス（Karl Marx, 1818–1883）の「存在が意識を規定する」テーゼや、それを踏まえルカーチ（Lukács Gyögy, 1885–1971）が『歴史と階級意識』で発展させた階級意識論などを下敷きにした、階級という認識論的優位性の主張へと発展させたものである。一九七〇年代から八〇年代初頭にかけて、科学社会学者ヒラリー・ローズ（Hilary Rose, 1935–）、社会学者ドロシー・スミス（Dorothy Smith, 1926–2022）、政治哲学者ナンシー・ハートソック（Nancy Hartsock, 1943–2015）によって、それぞれ独立して行われた探求によって生まれたとされる（Harding, 2006, pp. 82–83. 邦訳 p. 130）。こうした誕生の経緯もあって、複数の、ときに対立する立場が、この同じ名前のもとで括られている。それでもハーディングによれば、以下のような共通の特徴があるという。第一に、すべての知識は「状況に埋め込まれた知識（situated knowledge）」と考えられている。第二に、「女性のため」の研究を生み出すように意図されたものである。第三に、従来の「価値中立性」の主張が、たんに支配的な価値観にのみ従うことを要請してきたことを批判し、自らが政治的であることを認識する。第四に、「権力の概念的実践（conceptual practices of power）」に研究の焦点をあわせている。すなわち、たとえば周縁化された女性たちに焦点をあわせるのではなく、女性たちを周縁化している支配の構造に焦点をあわせるというように。第五に、

「権力の概念的実践」に焦点をあわせるために、従来の支配的な概念枠組みから離れ、女性の経験などから研究を始める。第六に、ここでいうスタンドポイントは、生得的、個人的なものではなく、事後的、集合的なものである。第七に、従前の客観主義が単に性差別主義を助長してきたことを踏まえ、「強い客観性」を主張する（Harding, 2006, pp. 83-85. 邦訳 pp. 131-35）。「強い客観性」とは、ハーディングの造語である。従来の科学で考えられてきた、価値中立性を要求する「客観性」は、研究者集団が保持している（しばしば支配集団の）価値を自覚し相対化できていない点で、むしろ非常に「弱い」ものだという。それに対して、「価値自由」なる呪縛から逃れ、周縁化された集団の立場から、中立性の名のもとに幅を利かせている支配的集団の価値や利害関心を認識するあり方の方が、「強い」客観性なのだという。そこでは知識の対象だけではなく、知識の主体が批判的考察に付される（Harding, 1992）。

フェミニスト・ポストモダニズムは、上記二つの立場が依拠している諸前提に挑戦するもので、存在、本性、理性の力、進歩、科学、言語、主体などについての普遍的な言明に対する深い懐疑を共有しているとされる（Harding, 1986, pp. 27-28）。

もっとも、フェミニスト・スタンドポイント理論とフェミニスト・ポストモダニズムとを完全に分けることはできないことは、ハーディングも認めている[4]（Harding, 1986, chs. 6-7）。

ここでは、ハーディングのいうスタンドポイント理論とポストモダニズムの両方が含まれる認識論的立場を表す用語として、さしあたりポスト構造主義という用語を使用する[5]。フェミニスト経済学とは、これまでの主流派の経済理論の枠組みのなかに「女性を加えてまぜる」ようなものではなく、ポスト構造主義的な認識論を援用しながら、経済理論そのものを組み替えていく試みなのである。

3　フェミニスト経済学と必要概念

一九九三年に出版された論文集『経済人を超えて――フェミニスト理論と経済学』は、フェミニスト経済学の誕生を告げる記念碑的著作の一つである（Ferber and Nelson, eds., 1993）。同書に寄せた論文や、その前年に公表した論文で、ジュリー・ネルソン（Julie A. Nelson, 1956–）は、（本書でも触れてきた）ロビンズによる経済学の定義に異議を唱える（Nelson, 1992, 1993）。ロビンズの「希少性」定義は、経済学を「選択」の研究と位置づけるが、それはアダム・スミスが『国富論』において行った「生活の必需品と便宜品」の生産と分配についての研究を含んでいないのではないか、と問う（Nelson, 1993）。

ロビンズは、スミス以来の古典派の経済学の立場を「物質主義的」定義と特徴づけて退けていた。ネルソンは、ロビンズの定義を退けるからといって、この物資主義的定義に戻ればよいとするわけでもない。というのも、物質主義的定義で重視される富や生産においても、無償のケア労働が排除されているからだ。労働を富の源泉と考えていたスミスが、母やいとこの

男性的＋ 強い・硬い	
	女性的－ 弱い・柔らかい

男性的＋ 強い・硬い	女性的＋ 融通の利く・柔らかい
男性的－ 頑固・硬い	女性的－ 弱い・柔らかい

図 11　ジェンダーと価値のダイアグラム

出所：Nelson, 1992, p. 112.

能動的に選択する能力	何が必要かを認識する能力
限りない欲求	要援護状態

図 12　ジェンダーと価値のダイアグラムと必要概念

出所：Nelson, 1992, p. 118.

無償労働《アンペイド・ワーク》を視野の外に置いてきたことは、述べたとおりである。

主流派の「選択」や「交換」に焦点をあわせた研究に対置されるのは、古典派の「生産」や「富」への焦点ではない。ネルソンが提案するのは「プロヴィジョニング（provisioning）」に焦点をあわせた経済学である。「提供」や「準備」と訳すことができるこの語のこの場合のよい日本語訳が思いつかないのだが、ネルソン自身はこの語を「生活必需品の提供（providing the necessaries of life）」（Nelson, 1992, p. 118）、あるいは「人間が生存し良く生きるために必要とするものを得るためにどのように準備するか」（Nelson, 2002, p. 44）とも言い換えている。これらをふまえて意訳をすれば、「必要充足アプローチ」とも呼びうるアプローチである。

そして主流派の経済学が欲求に焦点をあわせ、「プロヴィジョニングに関連した概念である「必要」へのどのような考慮も無視」（Nelson, 1992, p. 118）してしまうのは、ジェンダー・バイアスによるものであると、前節で触れたハーディングらのフェミニスト認識論を援用しながら解き明かしていく。男性的な特性と社会的に構築されてきた事柄が肯定的に評価され、女性的な特性と社会的に構築されてきた事柄は否定的に評価されてきたと論じる（Nelson, 1992）。図11の上段のダイアグラムのように。たとえば欲求と必要に関して言えば、欲求に応じてさまざまな消費＝「選択」ができることは、能動的であるとして肯定的に評価され高く価値づけされるのに対し、充足すべき必要を持つ状態は、受動的であるとして否定的に評価され低く価値づけされてしまう。

ネルソンは、実際には、男性性と結びつけられる特質にも否定的な側面があり、また女性性と結びつけられる特質にも肯定的な側面があるはずだと主張する（図11下段のダイアグラム）。必要に関していえば、図12のようになり、欲求に応じた選択として肯定的に評価されてきた特性には、欲求の際限のなさから生じる否定的な部分もあり、他方で、充足すべき必要を持っていることは受動的であるとして否定的に評価されてきた特性には、何が必要かを識別する能力としての肯定的な部分があるとされる。

必要充足アプローチは、ロビンズ流の経済学の定義とは相容れないとされる。後者において資源が希少とされるのは、欲求を無限と仮定し、そのように仮定された欲求に基づいているからであり、そこで無視されている人間の必要との関連では、資源は豊富にある可能性があるからだ（Nelson, 1992, p. 119）。

以上見てきた、フェミニスト経済学の必要充足アプローチの、スミスとの関係は両義的である。一方で、スミスによる人の必要充足への着目を継承しつつ、他方でスミスが必要充足における無償のケア労働を視野の外に置いていたことを批判しているからだ。

スミスとの両義的関係について、さらに二点補足しておこう。第一に、ネルソンによる「プロヴィジョニング」という用語の採用は、ケネス・ボールディング（Kenneth Ewart Boulding, 1910–1993）によるスミスについての以下の言明が一つのきっかけとなっているという。

アダム・スミスは……経済学を二つの要素からなる問題として捉えていた。一つは社会が交換によってどのように組織されるかであり、もう一つは社会がどのように「提供される（provisioned）」かである。後者は今日ではよりエコロジー的な意味を持つとみなされるだろう。ここでもまた、現代経済学は、経済生活を交換によって組織される社会として見る方向に偏ってしまっており、人類や生態系全体の「プロヴィジョニング」の過程としての経済生活という見方をほとんど失ってしまっている。（Nelson, 1993, p. 24 に引用）

第二に、ネルソンは二〇〇二年に、スミスの『道徳感情論』を主題とした論文を発表している。それは本書第1章や第2章でも触れた「自然による策略」についてのもので、ネルソンのスミスへの両義的眼差しがよく現れている。一方でスミスが必要に着目していたこと、無限の欲求を自身の必要と誤認させる「自然による策略」にかからない人もいることを認める「スミスのより深い哲学的な立場」(Nelson, 2002, p. 48) があったこと、スミスが人びとや社会にとって良いことに関心があったことを肯定的に評価しながら、他方で、「自然による策略」によって結果的に人びとの必要が満たされることを無邪気に仮定していたことに批判的である。

4　必要とケイパビリティ再論

前節で触れたネルソンは、第6章で触れたセンのケイパビリティについての議論をプロヴィジョニング（必要充足）アプローチと親和的なものとして高く評価している。また、センはフェミニスト経済学という学問運動をその誕生から肯定的に評価し、伴走してきた[6]。ここで取り上げたいのは、第6章で扱ったセンの議論のうち、そこでは触れなかった問題についてである。それは必要概念とケイパビリティ概念の関係をめぐる問題であり、ネルソンの議論がこの問題を考える糸口を与えてくれるようにも思うからである。

第6章では、センが必要をケイパビリティと解釈することを提唱したと紹介した。これは実際にセンが一九八〇年の論文で提唱していることではあるのだが、センのケイパビリティ・アプローチを研究している専門家たちの間での標準的な理解では必ずしもない。むしろ、ケイパビリティ概念は必要概念と対立するものとして捉えられることもある（Alkire, 2002）[7]。またセン自身も、そのように捉えていると読める議論も展開している。

たとえば二〇一七年に出版された『集合的選択と社会的厚生——増補版』でセンは次のようにいう。

基本的必要という視角は「充足されない必要を持つ（needy）」存在としての人間に焦点を合わせるのに対して、ケイパビリティ・アプローチは人間が享受でき価値をおく理由のある「自由」に焦点をあわせる。（Sen, 2017, p. 25）

その数年前に出された論文では、必要に焦点をあわせることは「充足されなければならない必要を持つ受動者《ペイシャント》」として人間を見ることであるという（Sen, 2013, p. 8）。これに対して、自由に焦点をあわせていることは「考え行為することのできる行為者《エージェント》」として人間を見ることだという。この論文では、必要に焦点をあわせていることを理由に、第5章で触れた『ブルントラント報告書』が批判されている。このような「受動的」な必要と「能動的」な自由／ケイパビリティというセンによる対比は、二〇〇九年の著作『正義のアイデア』にも見られる（Sen 2009a, p. 252. 邦訳 pp. 362–63）。もっとも古いものは、実に、必要の解釈としてケイパビリティを導入した一九八〇年からたった三年後の一九八三年にまで遡ることができる。

「必要」は「ケイパビリティ」より受動的な（passive）概念である。そして積極的自由の視角は、必要の充足（何がその人のためにできるか）よりも、ケイパビリティ（その人が何ができるか）と自然に接続する。（Sen, 1983b, p. 514）

このような対比は、センが「基本的な」ケイパビリティと呼ぶものを超えたケイパビリティを考える時には当てはまるかもしれない。必要の言語は必要が充足されるかどうかに関わるが、ケイパビリティの言語は、必要の充足とも関わるだろうが、それ以外とも関わりうるだろう。本書で扱ってきたような意味では、「高級キャビアを食べる必要」とか、「スマートフォンを毎日買い替える必要」とかは語義矛盾かもしれないが、たしかに億万長者には「高級キャビアを食べるケイパビリティ」も、「スマートフォンを毎日買い替えるケイパビリティ」もあるだろう。そしてそれらが積極的自由とまったく関係しないとはいえないかもしれない。

センによる必要とケイパビリティの対比は、しかし、「基本的なケイパビリティ」の場合には成り立つだろうか。そしてそもそも、一方で必要の解釈としてケイパビリティ概念を導入したこと（必要＝ケイパビリティ）と、他方で能動的なケイパビリティと受動的な必要という対置を行うこと（必要≠ケイパビリティ）は、どのように折り合いがつくのだろうか。

この対比でセンが意味していることを好意的に解釈するならば、以下のように理解できるだろう。第一にそれは、ケイパビリティの概念自体は必要概念より広い――後者は閾値を伴いそれによって必然的に制約される――という論理に関わる主張であろう。第二にそれは、いわゆる「基本的必要《ベーシックニーズ》」アプローチを含む開発戦略や評価の文脈で、しばしば無視されてきた人間の主体的な関わりという側面についての言説空間を作り出そうという戦略的な主張でもあるかもしれない。この第二の場合に対置されているのは、概念（必要かケイパビリティか）ではなくて、アプローチ（ケイパビリティ・アプローチか基本的必要アプローチか）である。

したがって、「基本的ケイパビリティ」について語る場合には、その場合には必要概念の場合と同じように閾値が伴うわけだから、同じ硬貨の二つの側面のような関係になる。そしてセンが最初にケイパビリティ概念を導入したときは、「基本的」ケイパビリティに焦点があったわけだから、その後のケイパビリティと必要を対照的に捉えるような言説とは直接矛盾するわけではない、と解釈することができる。

以上を確認した上でなお、ネルソンの議論に触発されながら、以下の二点を考えてみたい。第一に、本当に必要は「受動的」で、ケイパビリティは「能動的」なのか。第二に、受動的な状態についての概念は、能動的な状態についての概念より、社会理論のなかでの有用度は少ないのだろうか。

まず第一の点から考えてみよう。本章冒頭の引用の三つ目のものは，シェイクスピアの戯曲『リア王』のなかで，リア王が彼の娘リーガンに対して発した言葉である（Shakespeare, c.1605 [1972]. 邦訳 p. 106）。リア王は引退し，いまでは出費について，娘リーガンの指図に従わなければならない。そのような境遇は，リア王をして，荒野を彷徨わせることになる。この「必要を論じるな」というリア王の発言の前に，娘リーガンは「なぜそれ以上必要なのです？（What should you *need* of more?）」と問う（p. 113. 邦訳 p. 104）。もし必要が受動的であり問題含みであり，ケイパビリティが能動的であり望ましいのだとすれば，ここでリーガンが必要の言語ではなくケイパビリティの言語を使用すべきだったということになるのだろうか。すなわち「なぜそれ以上できるようになるべきなのです？（What should you be *capable* of more?）」，または「なぜそれ以上ケイパビリティを持たなければならないのです？（What *capabilities* should you have more?）」と聞いていれば，リア王は荒野を彷徨うこともなく，悲劇にはならなかったのだろうか。さきほど紹介したセンの能動／受動の対比に従えば，そうだということになるだろう。しかし私の理解では，仮に必要ではなくケイパビリティが問われたとしても，リア王の境遇は変わらず，受動的な状態から能動的な状態に変わったりしない。ある人が受動的だったり能動的だったりするのは，必要に焦点をあわせるかケイパビリティに焦点をあわせるかとはあまり関係がないのではないだろうか。むしろ必要であれケイパビリティであれ，前者の充足や後者の実現にあたって、当事者に決定権がある度合いによって左右されるのではないだろうか。[8]

とはいえ、リア王に即してさらにいうと、従者を五〇人持つ必要と従者を五〇人持つケイパビリティの間には、自由との関係で、やはり差があるのではないかとも問えるだろう。すなわち前者では、その充足は、従者を五〇人持つ、ということしかありえないのに対し、後者では従者を五〇人持つケイパビリティが実現したからといって、実際に従者を五〇人持つかどうかはリア王の自由である。この点に関連して、ジョン・オニールは、必要の名詞形態と動詞形態という区分を提案する（O'Neill, 2011, p. 28）。五〇人の従者への必要（名詞形態）ではなく、五〇人の従者を持つことができる必要（動詞形態）であれば、必要とケイパビリティは自由との関係でまったく等価である。

必要の充足が「受動的」と知覚される、別の理由の一つは、たとえば聖書の「よきサマリア人」の逸話におけるような必要の充足のされ方についての表象の仕方にあるかもしれない。この逸話は以下のようなものである。

ある人がエルサレムからエリコに下っていく途中、追いはぎに襲われた。追いはぎはその人の服をはぎ取り、殴りつけ、半殺しにしたまま立ち去った。ある祭司がたまたまその道を下って来たが、その人を見ると、道の向こう側を通って行った。レビ人もその場所にやって来たが、その人を見ると、道の向こう側を通って行った。ところが、旅をしていたあるサマリア人は、そばに来ると、その人を見て憐れに思い、近寄って傷に油とぶどう酒を注ぎ、包帯をして、自分のろばに乗せ、宿屋に連れていって介抱した。そして、翌日になると、デナリオン銀貨二枚を取り出し、宿屋の主人に渡していった。「この人を介抱してください。費用がもっとかかったら、帰りがけに払います。」[9]

ここで、充足すべき必要を持つ当事者は、「受動的」に表象されている。これに対して哲学者のジェレミー・ウォルドロン（Jeremy Waldron, 1953-）は、以下のような別バージョンを語る。

山々を散策しているひとりの男が猛吹雪に出くわす。彼は道に迷い、すぐに疲労困憊し腹をすかせる。いまや猛吹雪に曝されているために死の危機に瀕している。彼は突然、雪のむこうに、窓のなかから明かりがこぼれる丸太小屋を見る。雪をかきわけてその丸太小屋にむかい、扉を押し開く。そしてジャケットを脱ぎ、火のそばで暖をとり、ストーブのうえでグツグツ煮えているポットからスープを自分で汲み、食べようとしはじめたちょうどその時、別の部屋から祭司とレビ人がやってくる……彼ら〔祭司たち〕は……彼〔ひとりの男〕を……雪のなかに放り出す。……われらがヒーローはもがきつづけ、やっとのことで〔奇跡によるのかもしれない〕、別の丸太小屋を見つけだす。またもや、明かりが灯っていて、ドアは半開きだった。彼はドアを押し開き、なかに入り、ジャケットを脱いで、暖をとる。前と同じように、スープを自分でついで食べようと準備する。小屋の所有者——おわかりだろう、よきサマリア人だ——が隣の部屋から入ってくる。彼はへとへとに疲れた旅人が何をしているのか……を見る。彼は……何もしない。彼はストーブの片側に座り、へとへとの旅人が食事をし終え、夜をあかすために床の上でゴロ寝をする準備にとりかかるのを眺め見守る。とうとう旅人が眠りにつくと、サマリア人は自分の床につく。猛吹雪が晴れた朝、二人は言葉をかわさずに別れ、それぞれ別の途を行く。(Waldron, 1993, pp. 232-33)[10]

この別バージョンでは、充足すべき必要を持つ当事者は、聖書のオリジナル・バージョンより「能動的」であろう。先述の二〇一三年の論文でセンが『ブルントラント報告書』を批判した際に、必要に焦点をあわせることは「充足されなければならない必要を持つ受動者《ペイシャント》」として人間を見ることだとしたのは、聖書のオリジナル・バージョンのような形で、必要充足をイメージするからではないだろうか。

第二に、ある事柄、ある概念、ある状態が、受動的であるとして、それは必然的に、能動的であることよりも、社会理論のなかで持つ意味は低くなるのだろうか。たとえば、前述のセンの一九八三年の言明は次のように続く。

必要充足の視角は、被扶養者（たとえば子ども）について扱う場合にはいくつかの明白な利点があるが、責任ある成人の場合には、ケイパビリティという形式のほうが……適している。（Sen, 1983b, p. 514）

センがいみじくも例示しているように、人は一生の間で、どちらかといえば受動的な時と、どちらかといえば能動的な時があるだろう。子どもである時、被扶養者である時の、その人の価値は、能動的である時と比べて、低いのだろうか。またある状態が受動的だとして、その状態を捉えうる「受動的な」概念を、理論枠組から放逐することで、その人なりその状態をよく把握できるようになるのだろうか。あるいはその人のその状態が能動的になったりするのだろうか。

そもそも私たちが何かを（あるいはオニールに従うなら、何かをできることを）必要とする（We need [to be able to do] X）場合も、何かのケイパビリティを持っている（We have a capability to do X）場合も、文法的には、能動的である。前者を「受動的（passive）」とさせる（ここまでいくつか述べてきた要素以外の）要素があるとすれば、第2章で詳述したような、主観的ではなく間主観的だったり客観的だったりする必要の存在論的特徴によるものである。そしてそれはケイパビリティの場合も、毎日フォアグラを食べるケイパビリティとかではなく、社会が合意する基本的ケイパビリティについて語る場合には、同じであるはずだ。

そして必要の（そして基本的ケイパビリティが基本的たる所以の）そのような存在論的特徴は、良いとか悪いとかではなく、私たちが生きている、生物学的、社会的現実の一部である。それを何か劣ったもの、あるいはそうした状態を把握する概念や理論を相応しくないものと考えてしまうことがあるとすれば、それは必要やその充足が、何重にも（男性は能動的かつ自律的で女性は被扶養者だと表象されてきたり、他者のために必要充足をするのが女性であることが多かったり）女性性と結びつけられてきた歴史と関係があるのではないだろうか。[11] また先述の『ブルントラント報告書』を批判した論文でセンは、必要に焦点をあわせることを、「充足を求める必要を持つ、より初歩的な「動物的」形態としてのみ人間を見ること」とも表現している（Sen, 2013, p. 11）。女性性と結びつけられる事柄が動物的なこととされ、劣位に置かれてきたことにも長い歴史がある。[12]

充足すべき必要を抱えている状態を、受動的として否定的に捉える発想は、そうした必要を充足するための無償のケア労働を不可視のものにしてきた力学と無関係だろうか。スミスの夕食が誰によってケアされてきたかをしっかり認識するためには、こうした発想と決別しなくてはならないのではないだろうか。[13]

必要充足に関わる、有償や無償のケア労働が、どれだけ不可視のものとされ、また価値を低く見積もられてきたかは、パンデミック下で（少なくとも一瞬の間）白日の下に晒された。たとえば日本では学校などの突如の休校措置は、そこに通学している子どもたちのケアを誰がどのようにみるのか、ほとんど考慮されないまま突如行われた[14]。感染の危険に晒されながら医療現場で働く看護師たち医療従事者に敬意を表して、世界の各地で拍手などが、日本では軍用機ブルーインパルスの飛行が行われたりした[15]。しかしそれは、医療の現場でも比較的過酷な労働条件で働く看護師たちの待遇の改善にはほとんど結びつかなかった[16]。また医療のみならず、パンデミック下で人びとの生活を支える仕事は、エッセンシャル・ワークと呼ばれたが、私たちのどのような必要がどのように満たされるべきなのかについて、議論が深まることはなかった。これらすべて、フェミニスト経済学者たちが、必要概念を経済学の中心に据えながら、現実をよりよく理解し、議論を深め、変革していこうとしてきた事柄である[17]。いまこそ経済学に必要概念を取り戻すことが求められているのではないだろうか。

＊＊＊

本章では、他者の必要を充足する活動について、フェミニスト経済学という学問運動のなかでどのように議論されてきたかを概観した。他者の必要を充足する活動は、この数十年の哲学と社会科学を横断するフェミニズムの議論のなかで、ケアとして概念化されてきた。フェミニスト経済学者たちは、このような活動のおおくが無償であり、労働として認知されていないことに焦点をあわせ、無償労働《アンペイド・ワーク》として問題化してきた。また、スミスの言葉として経済学者の間で人気のある「見えざる手」をもじって、「見えざるハート」とも呼んだ。(少なくとも初期の)フェミニスト経済学は、希少性に基づく選択としての経済学という主流派の経済学パラダイムに挑戦し、必要の充足に焦点をあわせた経済学を構築しようとしてきた。そのような営みに、本書で論じたスミスやメンガーの必要概念の検討を接続させようと試みた。また、前章ではセンが必要概念の望ましい解釈としてケイパビリティという概念を導入したことを紹介したが、セン自身がその後、必要概念を「受動的」であるとして否定的に捉えるようになったことについて、フェミニスト経済学の議論に触発されながら検討を行った。

注

1 これらの伝記的事実については、Scott (1937)、Buchan (2006)、Ross (2010)、Kuiper (2013)、篠原・只越・野原 (2022) などによる。なお英語の 'cousin' は日本語の「いとこ」より指し示す範囲は広い。Kuiper (2013) の記述によれば、ジャネット・ダグラスは、スミスの母マーガレット・ダグラスの父の兄弟の娘とされ、スミスにとってはいとこおばにあたることになる。他方でScott (1937)、篠原・只越・野原 (2022) などによると、ジャネットはマーガレットの兄弟の娘とされ、スミスのいとこである。本書では、後者の記述に従っている。またジャネットがスミスと一緒に暮らし始めた時期だが、Kuiper (2013) では一七五四年としている。第1章の表1で一七五二年ごろとしているのは、篠原・只越・野原 (2022) によっている。

2 本節は山森 (2016) 第2節と重複している。

3 IAFFEで展開されている研究へ言及した日本語文献として、足立 (1999, 2010, 2016a, 2016b)、久場（2002）、山森（2002, 2016）、原（2016）、藤原（2023）など。日本でもIAFFEに刺激を受けながら、かつそれまでの経済学の領域でのジェンダー研究の優れた試みを踏まえつつ、二〇〇四年にフェミニスト経済学日本フォーラムが設立され、現在は、日本フェミニスト経済学会へと発展を遂げている。二〇一六年からは同学会の学会誌『経済社会とジェンダー』の刊行も始まり、二〇二三年には気鋭の学会員らによるフェミニスト経済学の教科書も刊行された（長田・金井・古沢編 2023）。

4　これらの用語法は、論者によってそれぞれ微妙に異なり、曖昧である。たとえばバーカーは以下のようにいう。

新古典派経済学のプレステージと、経験科学としてのその明白な欠点との間の大きな不一致を、フェミニスト経済学が問題化するようになると、意味、権力、知識の間の関係が全面にでてくる。これらの問いは、フェミニスト・ポスト構造主義とフェミニスト・ポストモダニズムによってもっとも効果的に考察される。（Barker, 2004, p. 214）

ここでフェミニスト経験主義が、フェミニスト・ポスト構造主義とフェミニスト・ポストモダニズムに対置されている。ジリアン・ヒューイットソン（Gillian J. Hewitson, 1961–）も、類似の三分法を提示している。彼女の場合、ハーディングのフェミニスト経験主義に相当するものを「女性を加えてかき混ぜる（add women and stir）」戦略、フェミニスト・スタンドポイント理論にほぼ相当するものを、「新古典派経済学を理論化する」もの、フェミニスト・ポストモダニストに相当するものを、フェミニスト・ポスト構造主義と呼ぶ。後二者をともに、「当該学問の「真理要求」が社会関係を形作るありかたの恣意的で部分的な性質を明らかにする」ものとして捉えている点で、後二者の間の区分は、それら二者と第一のアプローチとの間の区分ほど決定的なものではない（Hewitson, 1999, pp. 12–29）。ただしハーディングとは異なり、ヒューイットソンは後二者を性／ジェンダーの二分法の限界を認識し乗り越えようとしているかどうかに置いている点で、ハーディングよりは明確な区分を置いているようにも見える（Hewitson, 1999, pp. 109-15）。

なお、ヒューイットソン自身は自身がポスト構造主義と呼ぶ立場に立っている。バーカーはヒューイットソンらのポスト構造主義が提起する問題に、フェミニスト経済学が正面から取り組む必要を認識する一方、フェミニスト経済学者の間にそのような取り組みへの抵抗があることも認識している。そのため、フェミニスト経済学の今後において、経験主義とポスト構造主義との間の緊張がどのように解決するかは分からないとしている（Barker, 2004, pp. 227-78）。

5　したがって前注で触れたヒューイットソンの「ポスト構造主義」という用語の使用法と、筆者のそれは異なる。

6　フェミニスト経済学の誕生を告げる記念碑的著作の一つである前述のFerber and Nelson, eds.（1993）には推薦文を寄せているほか、学術誌『フェミニスト・エコノミクス』の編集委員（editorial board）を務めたり、二〇〇三年には同誌でセンについての特集が組まれている（*Feminist Economics*, vol. 9, issue 2-3）。

7　そのような対立的な見方への批判として、Reader（2006）、Yamamori（2018）、Fardell（2020）など。

8　先述のSen（2013）でセンが、「必要に基礎を置いた視角」に対する「自由に基礎を置いた視角」の優位性を語るときに、一方で「「専門家」が「必要」とみなすものの充足のみ」が焦点化されると批判し、他方で「必要の把握の下方への適応」（必要の充足が期待できないような劣悪な状況で当事者が必要を実際より低く見積もること）を挙げているのは、二重の意味で解せない。二重の意味とは、第一に、両者は両立し得ない。前者の批判があてはまるのであれば、「必要は専門家が決めるもの」となり、後者は関係ない。後者の批判があてはまるのであれば、「必要は当事者が決めるもの」となり、前者は関係ない。第二に、自由やケイパビリティはこうした懸念を逃れられるのだろうか。つまり、一方で、専門家が自由やケイパビリティとみなすもののみが焦点化されたり、他方で、劣悪な状況の中で当事者が自由やケイパビリティを低く見積もることはないのだろうか。本文で触れた『リア王』の事例で問いたいのは、そうした可能性である。リア王の必要であれ自由であれケイパビリティであれ、娘リーガンがそうとみなしたものしか認められないのであれば、一緒ではないだろうか。またシェイクスピアの戯曲ではリア王は悲劇のなか、亡くなってしまうが、仮に亡くならず、荒野のなかを一〇年生き延びたとすればその時、彼の認識する必要のみならず、自由やケイパビリティも、リーガンと会話した時より低く見積もられているかもしれない。いずれの場合も、問題は、焦点を必要かケイパビリティのどちらにあわせるかとは、別のところにあるように思われる。

9　「ルカ福音書」一〇章三〇－三五節、日本聖書協会『聖書　新共同訳』（1987（新訳）, pp. 126–27）。

10　このウォルドロン・バージョンのよきサマリア人は、遠い昔に大川正彦（1965–）に教えられた。ここでの翻訳も、大川によるものに従っている（大川 1999, pp. 76–77）。なお、山森・神島（2005）では、福祉の慈善モデルと権利モデルの対比として、よきサマリア人の聖書バージョンとウォルドロン・バージョンに触れている。

11　自立概念や依存概念の社会的構築について、Fraser and Gordon（1994）。他者のために必要充足をするのが女性であることが多いことについて、周りを見渡してみよう。センの著名な「リベラル・パラドックス」について、他者の必要へのケアを組み込んだ場合について、Yamamori（2018）。

12　たとえばSchröder（1989）に挙げられている事例など。人種と動物についての同様の言説について、Kim（2015）。

13　ケア概念と必要概念の関係について、Reader（2007a）参照。充足すべき必要を抱えた個人や、他者の必要へ応答する（＝ケアに従事する）個人が、一方で政治哲学から、他方で現実の公的空間から排除されてきたことについて、岡野（2012）参照。

14　二〇二〇年二月末。木曜日夕方に、翌週月曜からの休校措置を政府が発表。「全国の小中高、三月二日から臨時休校要請、首相」日本経済新聞二〇二〇年二月二七日一八時三八分 https://www.nikkei.com/article/DGXMZO56131560X20C20A2MM8000（二〇二三年七月一日最終閲覧）

15　「医療従事者に感謝を　ブルーインパルスが都心を飛行」日本経済新聞二〇二〇年五月二九日一三

時三五分 https://www.nikkei.com/article/DGXMZO59733720Z20C20A5CZ8000/（二〇二三年七月一日最終閲覧）

16 「医療現場「義務感では支えられない」 賃金改善厳しく――コロナ下の労使交渉（4）」日本経済新聞二〇二一年三月二四日二三時〇〇分 https://www.nikkei.com/article/DGXZQODZ183IP0Y1A310C2000000/（二〇二三年七月一日最終閲覧）。コロナ禍での看護師などエッセンシャルワーカーの置かれた状況についての学術的分析については、Kabeer et al. (2021)、Mohammed et al. (2021) など参照。

17 パンデミック下の二〇二〇年五月三日、国際フェミニスト経済学会（IAFFE）は「普遍的な社会プロヴィジョニング（Universal Social Provisioning）」について、以下の声明を出している。「IAFFE――フェミニスト経済学の最大の学術組織――は、普遍的な社会プロヴィジョニングを、基底的な価値として、また持続可能でエコロジーに適応した社会生活のための強い基礎を築く唯一の方法として擁護してきた。このコロナ禍において人種やエスニシティ、カーストによって周縁化されたり排除されたりする人が出ないように、IAFFEは、ジェンダーに衡平な普遍的なベーシックインカムの即時の実施と、不可欠《エッセンシャル》なサービスの提供を求める。食料や住宅などの不可欠《エッセンシャル》なサービスは、普遍的なヘルスケア、保育や高齢者介護を含む公的なケア・サービス、教育、強化された労働者保護、公共の利益の厳格な保護などを伴うべきである。……」https://www.iaffe.org/news/126/（二〇二二年一月二五日最終閲覧）。フェミニズムとベーシックインカムについて、Yamamori (2014, 2023)。必要概念とベーシックインカムについて、Yamamori (2022) 参照。

終章

人間というものをどれほど利己的とみなすとしても、なおその生まれ持った性質の中には他の人のことを心に懸けずはいられない何らかの働きがあり、他人の幸福を目にする快さ以外に何も得るものがなくとも、その人たちが幸福であることが自分にとって必要となる。他人の不幸を目にしたり、状況を生々しく聞き知ったりした時に感じる憐憫や同情も、同じ種類のものである。(『道徳感情論』)

富や権力を持つ人を崇拝せんばかりに賛美する一方で、貧しく地位の低い人を軽蔑し、少なくとも無視する傾向は、……道徳感情の堕落を招く重大かつ普遍的な原因にもなる。本来知恵と徳だけに捧げられるべき尊敬と讃嘆が富と権力に注がれ、悪徳と愚行にのみ向けられるべき軽蔑が多くは不当にも貧困と無力に浴びせられるのである。(同右)

ここまで本書前半の三つの章では、アダム・スミスの必要概念を現代の主流派経済学との対比で検討した。つづく本書の中間地点にあたる第4章でカール・メンガーの必要概念が検討された。後半の三つの章のうち二つの章では、スミスやメンガーの議論を引き継いだ議論を検討した。最後の章では、スミスやメンガーの視野には入っていなかったものの、本書で検討した必要概念が重要な位置を占めている議論を検討した。

スミスに関わる前半部分の考察で明らかになったことをまとめよう。まず第一に、スミスが立脚していた人間観は、必要を持ち、その充足のために活動しなくてはならない人間、というものであった。これはスミスを父と仰ぐ、現代の経済学における「合理的な経済人」とは大きく異なるものである。金子勝は、後者を「強い個人の仮定」と呼び、それを「弱い個人の仮定」に置き換えるべきだと主張する（金子 1999）。後者においては個人の独立が前提とされているのに対して、前者では個人と個人の相互依存が前提とされている。こうした用語法に従えば、スミスは「弱い」個人に基づいた議論を展開していたといってよいだろう。

第二に、とはいえスミスにおいては、諸個人の必要は、必要の言語に訴えることによって、あるいは「必要に応じた分配」といったような原理やメカニズムによって、充足されるのではない。人びとの無限の欲望によって駆動される、商業社会のメカニズムによって、結果的に充足されるのである。

第三に、スミスの市場社会の正当化において、社会の最下層の人びとの必要が充足されているという事実認識が鍵となっていた。『道徳感情論』において、スミスの商業社会の不平等の正当化は、そうした社会の最下層の人びとの必要が充足されているという理解を前提としていた。『国富論』ではそのメカニズムの解明が目指されていた。

第四に、スミスにとって、必要は有限なものである。このことは人間の持つ欲望が無限でありうるのと対照的である。そしてこの有限の必要を、ひとはしばしば無限の欲望と区別できないという認識論的限界を抱えている。

第五に、スミスにとって、必要は自然によるものだけではなく、慣習によるものも含まれる。前者の自然による必要は客観的である。後者の慣習による必要は、集合的な是認や否認の過程を経て生じるという点で、間主観的なものである。したがってスミスの必要は、主観的な欲求ないし欲望に還元できない。

第六に、（上記第三点目で触れた必要充足テーゼにもかかわらず）他方でスミスは、商業社会の最下層の人びとの必要が恒常的に満たされないような事実も書き留めていた。こうした事実認識が、スミス自身の理論構成のなかで影を潜めてしまった理由の一端を、本書では、植民地主義的比較言説に求めた。植民地主義的比較言説は、スミスの必要論にとって、アキレスの踵のような位置を占めていたのである。

これら六つの点はそれぞれ、今日の私たちに以下のような問いを投げかけているだろう。第一に、私たちが理論の出発点として仮定すべきなのは、無限の欲望を持つ「強い」個人なのか、必要を持つ「弱い」個人なのか。第二に、必要の言語は、社会のシステムのなかでどのような役割を果たしているのか、あるいは果たすべきなのか。第三に、社会の最下層の人びとの必要は充足されているのか。充足されていないとすれば、どうすればよいのか。第四に、必要と欲求は違うものであるのか。違うとすれば、それを諸個人が本当に区別できるのか。第五に、私たちが考慮すべきなのは自然的必要だけだろうか。それとも慣習的必要も考慮にいれるべきだろうか。第六に、異なった社会の必要を比較する場合に、私たちは植民地主義的言説から自由になりうるだろうか。必要の社会的性質を考慮しながら、同時に、普遍的な必要について語ることは可能だろうか。

これらの点について、本書第4章以降での議論はどのように答えられているだろうか。第一の点について、本書第4章で扱ったメンガーも、第5章で扱ったカール・ポランニーやカール・ウィリアム・カップも、あるいは第7章で扱ったジュリー・ネルソンも、必要を持つ個人を出発点としてきた。第二の点について、メンガーやカップやネルソンの経済学においては、必要の言語が果たしている役割が正面から扱われていた。第三の点について、メンガー、ポランニー、カップ、アマルティア・セン、ネルソンらは、充足されていない現状を把握し、その先に進もうとしていた。第四の点は、哲学的な問いだが、本書でも触れたデイヴィッド・ウィギンズの他にソラン・リーダー（Soran Reader, 1963–2012）の優れた仕事がある（Reader, 2005, 2007a）。経済学者ではトニー・ローソンの批判的実在論ないし社会的存在論において議論されている（Lawson, 1997, 2003）[1]。第五の点について、ピーター・タウンゼンドやセンは慣習的必要の充足を社会が考慮にいれるための理論と提示しようとしていた。第六の点については、本書では触れることができなかったが、これまで何度か論じてきた（山森 2000, 2003; Yamamori, 2003）。近年は経済学の脱植民地化を求める学問運動も起きている[2]。

第4章ではメンガーの必要／欲求概念に、スミスの必要概念と重なるところがあることが明らかにされ、続く第5章では、このスミスとメンガーに共通する必要の存在論と認識論が、ポランニーやカップによって着目されたメンガーによる「真の経済」または「実体的」経済の分析のなかで、重要な位置を占めることを明らかにした。そして、こうした把握の重要性は、今日の気候危機のなかで、エコロジー経済を考える上でますます高まっているだろう。

第6章では、二〇世紀後半に起こった「貧困の再発見」のなかで提唱された、解決を要するものとしての「相対的貧困」の理論化において、スミス的な必要の認識論と存在論が、主な論者であったタウンゼンドやセンによって共有されていたことを明らかにした。本書で議論してきた間主観的必要という存在論的把握が、理論の貧困故に不可視化されてしまってきた社会的排除を、解決を要す問題として可視化しうることを示唆してきた。もし、スマートフォンがないことで、十全な教育を受ける機会を奪われるならば、あるいは就労の機会の多くを奪われるならば、さらにはコミュニティでの社交から排除されてしまうならば、それは貧困なのである。二〇一六年に、ＮＨＫの「子どもの貧困」についての番組に登場した子どもが、スマートフォンを持っていることなどを理由に、貧困ではないだろうとの批判をインターネット上などで受けることとなった。[3] これについては、いわゆる「相対的貧困」――所得の中央値の半分以下の世帯を貧困とする考え方――に基づいた「啓蒙」も行われた。しかし、そのような操作的な定義では、かえってことの本質から目が逸らされてしまうだろうというのが、タウンゼンドやセンの危惧だったのではないだろうか。

第7章では、スミスやメンガーの視野の外にあった、他者の必要充足のための無償のケア労働について、その可視化を目指してきた学問運動としてのフェミニスト経済学について触れた。主にネルソンの議論に依拠しながら、フェミニスト経済理論の中心に、必要概念があることを明らかにした。また第6章で触れたケイパビリティ概念と必要概念との関係について、フェミニスト経済学の議論に触発されながら、通説とその背後にある想定を問い直そうとした。「必要」を「受動的」として退けるような言説は、スミスやメンガーの必要概念が無視されてきた現在の経済学のあり方と相互補完的である。またそのような言説状況と深く関わって、他者の必要充足に関わる有償・無償のケア労働の多くが不可視化され、それらに携わる人びとが相対的に不利益な状況に置かれ続ける現状があるのではないだろうか。

本書で提起した中心的な概念は、「間主観的必要」であった。この概念について、いくつか補足したい。

一点目。『国富論』においてスミスが、自然による必要と慣習による必要の二つがあると考えていたのは、本書第2章で見た通りである。本書では、存在論的検討から、前者を客観的、後者を間主観的と特徴づけた。後者が間主観的であるのは、集合的な是認と否認の過程でそのような必要が生じるからであった。『道徳感情論』でスミスが展開した共感（sympathy）の理論との関係では、間主観的な必要は、共感の限界ないし腐敗によって生じるとも言いうる。スミスの時代のエディンバラかグラスゴーの公共の場に亜麻布のシャツを着ることも革靴を履くこともできずに現れざるを得ない日雇い労働者がいたとして、その境遇が、たとえば、その労働者の生まれ故郷での不当な囲い込みによるものであることに想いを馳せ、共感したならば、そのような労働者を視野の外においたり、本人の放蕩の結果だと思ったりしないかもしれない。残念ながら大多数の人はそこまでの共感を持ち合わせていないのが世間というものであり、またそうした状況を当事者の方で予期してしまうので、間主観的な必要が生じる。

共感に限界があること自体は、『道徳感情論』の初版よりスミスは指摘していた。第2章で引用した貧困者が無視される状況についての記述のほかにも、たとえば、ヨーロッパから遠い中国で大地震が起き一億人が死ぬことよりも、明日自分の小指がなくなるとすれば、その方が大問題であるというような例を挙げている（TMS, pp. 136–37. 邦訳 pp. 312–13）。その上で、第六版で新たに加えた箇所でスミスは、本章冒頭の二つ目の引用のように、「道徳感情の堕落」を問題視している（TMS, pp. 61–62. 邦訳 pp. 166–67）。その堕落の一部として、貧困者への冷ややかな眼差しがある。

事実として、共感の限界があり、間主観的必要は生じる。しかし共感の限界は、スミスが晩年「道徳感情の堕落」として嘆いたように、可変的である。もしスミスの「堕落」という事実認識が正しいとすれば、共感の限界が狭まったということであるし、それをスミスが批判して見せたということは、その限界を再び押し戻し共感を広げていくことが可能だという希望を、スミスは曲がりなりにも保持していたとも言えるだろう。死の間際にスミスが加えたこの議論は、間主観的必要は社会的に構築されており、私たちが共感の範囲を広げることで、その内容を変えることができることを示唆しているように思われる。

このことは、気候危機が叫ばれる今日私たちが置かれている状況のなかで、大きな示唆を持つように思われる。第5章で触れた『ブルントラント報告書』にあるように、現在の世代と将来の世代の必要を充足できるのが持続的開発だが、現在の私たちが何をどのくらい必要とするかは所与ではないだろう。私たちの必要について、個人の意思では限りはあるとしても、集団的な対話と実践によって、変えていくことができる。

二点目。間主観的必要に関わって、さらに指摘しておきたいのは、本書で扱ってきた歴史と、スミスの「共感（sympathy）」の今日的表現についてである。一八世紀のスミスが'sympathy'という語で表した事柄は、今日の英語では、'sympathy'ではなく、むしろ'empathy'という言葉で表現されている。現代英語での用法は、どちらも「共感」と訳しうるが、あえて訳し分けるとすれば、前者が「同情」で後者が「共感」だろうか。現代英語における後者について、ブレイディみかこ（1965-）は、その意味内容を「他者の靴を履く」と表現しているが（ブレイディ 2021）、まさしくスミスの共感理論と合致する。スミスが後者を採用しなかったのは、当時の英語に後者が無かったからである。英語の'empathy'は、二〇世紀に入って、ドイツ語の'Einfühlung'の訳語として作られた。[4]「感情移入」とも訳されるこのドイツ語は、アイザイア・バーリン（Isaiah Berlin, 1909-1997）によるとヨハン・ゴットフリート・ヘルダー（Johann Gottfried von Herder, 1744-1803）の造語だという。[5]ヘルダーはスミスの『道徳感情論』を読んでいる。[6]このドイツ語はエドムンド・フッサール（Edmund Gustav Albrecht Husserl, 1859-1938）によっても使われ、間主観性概念とともに、いくつかある彼の理論の鍵概念となっている。スミスの慣習による必要を、本書では存在論的見地から「間主観的必要」と捉えたが、それはこのような歴史的な概念の繋がりをも背景としている。

もちろん、細かく分析していけば、スミスの「共感（sympathy）」概念とフッサールの「共感／感情移入（Einfühlung）」概念には相違もある。[7]ここでの示唆は、それらがまったく同一だということではなく、第一に、それらがともに現代英語における「共感（empathy）」という概念に包摂されるものであるということ、第二に、その共感との関係でたちあがる必要を、「間主観的」と呼ぶことは、現代英語における共感概念の成り立ちの歴史的経緯とも整合性があるのではないだろうか、ということである。

三点目。河上肇（1879-1946）は、『貧乏物語』で、本書第6章で触れたタウンゼンドが批判の対象とした絶対的貧困についての一九〇〇年代の議論を日本に紹介していた。紹介の筆致の前後に、河上独自の議論が挿入されているのだが、そのなかに本書での間主観的必要の議論を先取りするかような一節がある。

思うにわれわれ人間にとってたいせつなものはおよそ三ある。その一は肉体《ボディ》であり、その二は知能《マインド》であり、その三は霊魂《スピリット》である。しかして人間の理想的生活といえば、ひっきょうこれら三のものをば健全に維持し発育させて行くことにほかならぬ。たとえばからだはいかに丈夫でも、あたまが鈍くては困る。またからだもよし、あたまもよいが、人格がいかにも劣等だというのでも困る。されば肉体《ボディ》と知能《マインド》と霊魂《スピリット》、これら三のものの自然的発達をば維持して行くがため、言い換うれば人々の天分に応じてこれら三のものをばのびるところまでのびさして行くがため、必要なだけの物資を得ておらぬ者があれば、それらの者はすべてこれを貧乏人と称すべきである。（河上 1917[1965], pp. 16-17）

河上はこのあと第6章でも触れたブースやラウントリーによる貧困調査を紹介していくのだが、それらは上記の河上の貧困観との関係では以下のように整理される。

しかし知能《マインド》とか霊魂《スピリット》とかいうものは、すべて無形のもので、からだのように物さしで長さを計ったり、衡《はかり》で目方を量ったりすることのできぬものであるから、実際に当たって貧民の調査などする場合には、便宜のため貧乏の標準を大いに下げて、ただ肉体のことのみを眼中に置き、この肉体の自然的発達を維持するに足るだけの物をかりにわれわれの生存

に必要な物と見なし、それだけの物を持たぬ者を貧乏人として行く……。（河上 1917 [1965], p. 17）

のちにタウンゼンドらによって「絶対的貧困」観として批判されることになる貧困線は、河上にとってはあくまで便宜的なものであって、本質的には「肉体」の必要だけではなく、「知能」や「霊魂」の必要も考慮に入れなくてはならないというわけだ。本書が採用したような「間主観的必要」という用語に同意してくれるかどうかは別にして、生理学的な必要以外の必要を認める点で、スミスやメンガーと同じ立ち位置に、河上が立っていたことは興味深い。

四点目、ピエロ・スラッファ（Piero Sraffa, 1898-1983）の仕事を参照軸としながら、古典派経済学の「客観的」アプローチを現代に復権させようという流れがある（Garegnani, 1990; Martins, 2014）。その流れのなかで、スラッファ経由の「古典派の循環経済」をセンのケイパビリティ・アプローチと結びつけることで、エコロジー経済学の理論枠組を構築しようとする動きもある（Martins, 2016, 2018）。そこでは、古典派経済学の（本書ではスミスに即して検討した）賃金は必要を充足する水準で決まるという議論をベースに、その水準を具体的に把握するものとしてケイパビリティ・アプローチへの接続が試みられている。その理論枠組は「客観主義－主観主義」の二分法のもとで、「客観主義」と特徴づけられている。本書で検討した、必要（やケイパビリティ）が客観的であるばかりでなく間主観的であることも踏まえると、「間主観主義」的な議論が要請されているのではないだろうか。本書で析出した「間主観的必要」概念には、一方で古典派経済学の新しい解釈に道を拓き、他方で現在構築されようとしている理論を豊かなものにしうる可能性があるように思われる。

最後に、本書で正面からは扱ってこなかったが、スミスの根底にある人間観、あるいは倫理について、触れておこう。スミスは『道徳感情論』を以下の一節で始めている。

人間というものをどれほど利己的とみなすとしても、なおその生まれ持った性質の中には他の人のことを心に懸けずはいられない何らかの働きがあり、他人の幸福を目にする快さ以外に何も得るものがなくとも、その人たちが幸福であることが自分にとって必要と（necessary）なる。他人の不幸を目にしたり、状況を生々しく聞き知ったりした時に感じる憐憫や同情も、同じ種類のものである。（TMS, p. 9. 邦訳 p. 57.）

他人の幸福が必要であるという、この言明に、（第1章の注で触れた以外には）本書で触れてこなかったのは、このスミスの言明は、スミス自身の倫理的なコミットメントの表明であり、本書の「必要の存在論と認識論」という視角からはやや外れると考えてきたからである。スミスにとって「他人の幸福」が、水と同じ「自然による必要」（本書のいう「客観的必要」）なのか、あるいは革靴や亜麻布のシャツと同じ「慣習による必要」（本書のいう「間主観的必要」）なのか、スミスの記述からははっきりしない。仮に前者だとしたら、それは人間本性の一部であり、そのようなものとして人間をスミスは理解していたということになろう。とはいえ、それは私たちが水を必要としているとか、あるいは（少なくとも人生の一時期）他人の助けを必要とする、といった事態と同じように客観的に観察可能な事柄なのだろうか。あるいは後者だとして、たとえば「革靴」がスミスの生きた社会の慣習として叙述されているようには、「他人の幸福」が必要であることが慣習として叙述されてはいない。ここで「倫理的コミットメント」と言っているのは、これらの事情を指している。

そして、このスミスの倫理的コミットメントを括弧に括ったとしても、『道徳感情論』におけるスミスの共感理論も、その一環として本書が再構成したスミスの必要の存在論も、成り立つだろう。とはいえ、『道徳感情論』の冒頭に置かれていることからも分かるように、このコミットメントはスミスにとって基底的なものであることも否定しがたい。スミスのこの倫理が、本書で展開したスミスの存在論とどのように関わるのかは、今後の課題としたい。[8]

注

1　Lawson（1997, 2003）など、二〇〇〇年代半ばまでの議論では、ローソンは必要について論じていたが、社会的位置づけ理論（social positioning theory）の展開を始めた近年では、必要についての議論は、同じ頃からローソンが展開を始めた批判的倫理的自然主義（critical ethical naturalism）などの倫理学の領域に属するとして、存在論についての研究の枠外に必要概念を置いている。筆者自身は、私たちが何かを必要としたりしなかったりするという事態、あるいは他者の必要を認識したり応答しようとしたりする事態は、（存在論と倫理学を切り分けるというローソンの二分法を受け入れたとしても）倫理とは切り離して存在論のなかに位置づけることができると考えている。その場合、二つの方向性が考えられる。一つは義務論的存在論の拡張、もう一つは義務論に焦点をあわせる標準的な存在論とは異なる存在論の構築である。ローソンの社会的位置づけ理論やジョン・サールの社会的存在論は、義務論的構造に焦点をあわせている。これらの枠組のなかに位置づけるとすれば、イマヌエル・カント（Immanuel Kant, 1724-1804）の不完全義務のような、必ずしも応答が責務とならないような、緩い権利・義務関係との関係で、必要の言語で表されていることを位置づけることができなくはない。たとえば、Sen（2000）における人権について議論している箇所を、人権についてのそのような試みとして理解することができるし、そこから筆者も示唆を受けている。しかし他方で、（人権などの権利の言語で語られていることとは異なり）必要の言語で語られていることは、権利・義務関係、ひいてはその前提となっている能動・受動の二分法では十全には捉えられず、中動態（内態）的な事態についての存在論的分析が要請されているようにも思われる。中動態について、金谷（2004）や國分（2017）参照。前者によると、中動態は無主語文であり、「行為者の不在、自然の勢いの表現」だという。また、古英語には、主語を持たない「非人称動詞」が四〇あまりあり、動詞としての'need'はその一つだったという（金谷 2004）。本書第7章4節で触れた、必要概念の「受動性」という問題も、この点からの検討が要請される。こうした点について、二〇一九年九月のHuman Development and Capability Association 年次大会や、二〇二一年九月の*Cambridge Journal of Economics*国際会議での報告で触れたが、十全な展開は今後の課題である。

2　Yamamori（2023）は、経済学史・経済思想史の脱植民地と多様化を求める国際会議での報告を基にしている。

3　このことを報じたものとしてたとえば、「「スマホ持ってるのに貧困!?」バッシングから貧困問題を考えます」読売新聞、二〇一六年九月一日。https://www.yomiuri.co.jp/otekomachi/20160901-OKT8T01013（二〇二三年七月二〇日最終閲覧）

4　Stueber（2006）。

5　正確にいうと、バーリンは動詞形の‘einfühlen’について、ヘルダーの造語であると指摘している（濱 2008, p. 52）。名詞‘Einfühlung’を最初に使用したのは、ロベルト・フィッシャー（Robert Vischer, 1847-1933）だといわれている（Stueber, 2006; Curtis, 2014）。この‘Einfühlung’概念はドイツ語圏の美学や哲学、心理学などで議論されるようになるが、なかでもテオドア・リップス（Theodor Lipps, 1851-1914）の議論が、フッサールがこの語を使うきっかけとなったとされる（浜渦、2012）。

6　スミスの『道徳感情論』は一七七〇年にドイツ語訳が出版されているが、大塚（2015）によると、それ以前にすでにヘルダーは同書に言及しているという（p. 54）。Hunt（2007）は、一八世紀後半に、「共感（empathy）」が新しく発見されたと論じ、スミスやルソーに言及している。もちろん彼女の主張は‘empathy’という言葉がこの時に使用されたということではなく、現代の私たちが‘empathy’と呼ぶ力がこの時期に発見されたというものである。

7　詳しくはBrown（2012）、Fricke（2012）参照。ちなみに後者は、『間主観性の現象学』におけるフッサールによる共感の説明を、（‘Hineinversetzen’を‘an act of putting oneself in the shoes of the other’となかば意訳することで）「共感という行為それ自体は、他者の靴を履くという行為である」と訳している（Fricke, 2012, p. 181）。

8　他者の幸福が必要であるという立場を現代に表明している経済学者に、トニー・ローソン（Tony Lawson）がいる（Lawson, 2015）。ローソンはこれを倫理的コミットメントとして表明し、「批判的倫理的自然主義」と呼び、自身の社会理論としての存在論とは区別している。

あとがき

本書の内容の骨子は、序章でも述べたように二〇一七年から二〇二〇年にかけて発表した四つの論文である。しかし勁草書房の編集者だった徳田慎一郎さんに、本を書かないかとお声がけいただいたのは、実に二三年前のことである。私の力不足で、徳田さんの在職中には形にならず、担当は橋本晶子さんに引き継がれた。それからも一〇年以上の時間が経ってしまった。お二人の編集者のお声がけと励ましと忍耐のおかげで、ようやくここに辿り着いた。お二人には感謝してもしきれない。

この本のテーマである、経済学における必要について考え始めたのは、大学の一回生の時だった。その前年に、東京の郊外のとある建設現場にアルバイトで出入りしていた。そこには山谷と呼ばれる場所で求人を受けて働きにくる人たちもいて、何人かの人には大変よくしてもらっていた。当時四〇キロのセメントを運ぶ作業など、私は三〇分もしたら腰が立たなくなってしまったが、仲良くなった先輩たちが、親方の見えない場所で休ませてくれたり、別の作業と替わってくれたりした。そのような先輩たちが、仕事がない時には野宿をせざるを得なかったり、労災を揉み消されて困窮したりという経験をされてきたことを知った。建築、農学、哲学など大学で勉強してみたいことがころころ変わっていたが、この出会いで、人の必要がより良く充足されるためにはどうしたら良いのかを学び、現実を変えたいと思うようになった。そのための学問が経済学だろうと思って、終章で触れた河上肇が昔教えていた大学の経済学部に入ったのだった。

自分が壮大な勘違いをしていることに気づくのに、それほど時間はかからなかった。大阪の日雇い労働者の組合に出入りするようになっていた私は、組合や関係者が取り組む野宿者の医療相談や仲間づくりなどの取り組みの手伝いをときおりしていた。ある日の活動で、以前に路上から病院へ移る際にご縁があった方が、時すでに遅く病状悪化し亡くなられたことを知った。故郷に残した家族の話をされていたことを思い出したりもし、仲間としんみり思い出話をしていたら終電に乗り遅れてしまった。翌朝始発電車で京都に戻って眠い目をこすりながら講義に出席すると、脈絡は忘れたが「日本に貧困なんてありません」と先生が喋っている。若気の至りでつい、路上で過ごさざるを得ない人が病気になり亡くなってしまうのが貧困でなければ何なのだろうかと質問をしてしまった。先生は「戦後の焼け跡から迷い込んだ学生がいるみたいですね」と言い、教室に笑い声があがった。その先生にはその先生なりの文脈なりお考えがあったのだろうと今なら思うが、当時の私はすっかり幻滅してしまい、ほとんど授業に出なくなってしまった。退学せず卒業できたのは、京都大学でのちにゼミに受け入れてくださった本山美彦さんや何人かの優しい本山門下の大学院生たちのおかげである。本山さんはゼミにすらほとんど行かなくなってしまった不真面目な私にも優しく接してくれた。何の抗議だったかも思い出せないが路上で仲間とハンストしている私を見つけると、身体を気遣って励ましてくれたりした。のちに大学院への進学を考え始めた際には、本山門下の何人かの院生さんが親身になって相談に乗ってくれた。スミスの『国富論』やポランニーの『大転換』、センの『合理的な愚か者』を手に取ったのはそんな時だった。

大学院への進学を考えたのは、胸椎を骨折しその後しばらく体調が思わしくなかったからで、モラトリアムのつもりだった。骨折前に出入りしていたさまざまな活動にはまったく顔を出せなくなってしまったが、そんななかで野宿者支援をされている本田次男さんから、当時の私にとっては大きな金額のお金と一緒に、「各人は能力に応じて（働き）、各人には必要に応じて（分配する）」と書かれた手紙を受け取った。畏友、杉原正浩さんにも同趣旨の言葉とともに「カンパ」をもらった。大学院の修士課程では大阪市立大学に通った。学部時代にまともな研究のスキルを身につけていなかった私に、忍耐強く色々と教えてくれた先生方、とりわけ福原宏幸さん、玉井金五さん、朴一さん、脇村孝平さんには感謝している。脇村さんの授業でセンを輪読したこと、その授業に出席していた院生の松井名津さんから、川本隆史さんの集中講義が京都大学であることを知り聴講させてもらったことの二点が決定的だった。修士論文にはタウンゼンドとセンの論争を題材に選び、その内容は、本書第6章の元となっている。博士課程では京都大学に戻ったが、前述の本山さんに加え、久本憲夫さん、八木紀一郎さんに大変お世話になった。その頃、八木さんが翻訳されていたメンガーの『経済学原理』第二版を読み、その時の疑問にだいぶ後になって向き合って答えようとしたのが、本書の第4章である。

お世話になった先生方は学外の研究者との自由な交流を推奨されていた。当時は当たり前のことだと思っていたが、得難い環境であったことを後で知った。前述の川本さんはじめ、金子勝さん、武川正吾さん、竹中恵美子さん、松井暁さんには、文通や、研究会や院の授業への参加などを通じて、励ましをいただいた。この頃、川本さんの紹介で知己を得た大川正彦さんからまだ翻訳の出ていなかったマイケル・イグナティエフの『ニーズ・オブ・ストレンジャー』の原著をいただいた。また中澤信彦さんは本書第1章で触れたイストヴァン・ホントとイグナティエフの論文の翻訳をコピーして送って下さった。本書第1章の元となる思索は、これらの寛大な贈り物から始まった。その頃立岩真也さんとも出会い、『私的所有論』という本を頂いた。「山森の考えていることを形にするには、一〇年考え続けないといけない」と仰られ、「はやく、ゆっくり」という言葉をいただいた。一〇年どころかそれから二〇年以上経っても、その時立岩さんに話した構想のごく一部しか、形にできていない。私はゆっくりしすぎてしまい、立岩さんの早すぎる死で、この本を読んでもらうことはもう叶わない。

前述の勁草書房の徳田さんにお声がけいただいたのは、博士論文を提出した直後の二〇〇〇年の春だった。修士論文や博士論文の一部を在学中に論文や共著本の章として公刊していたのを読んでくださっていた。喫茶店で向き合った徳田さんは、私が持ち込んだ博士論文をざっと見て、「これの前半を中心に、学部の四回生に語りかけるつもりで、言葉を足していってください」と仰られた。真に受けた私の、おそらくは訳のわからない話に付き合ってくれた、当時の勤務先だった東京都立大学、および非常勤先の東京外国語大学、立教大学、お茶の水女子大学の学生たちとの授業後の対話に感謝している。学部は異なるが当時同じ大学にいらした深貝保則さんには彼の科研費共同研究にお誘いいただき、そこでの深貝さんや有江大介さんからのご教示に感謝している。久場嬉子さんにはフェミニスト経済学についての本への寄稿の機会を頂き、また現在の日本フェミニスト経済学会の元となる組織の準備会にもお誘い頂いた。そこでの久場さん、原伸子さん、足立眞理子さんはじめ諸先生方から受けたご教示は本書第7章に反映している。この頃、センさんやタウンゼンドさんにそれぞれお目にかかる機会があり、本書第6章でも触れたように、貴重な証言を頂いた。それらの機会は（センさんについては）Ingrid Robeyns さん、（タウンゼンドさんについては）Hartley Dean さんのおかげで手にすることができた。

当時の勤務先が設置者によって「廃止」されると宣言されるなかで、この機会に一から研究し直そうと、国際会議で知り合った Flaivo Comim さんにお願いして、ケンブリッジ大学セント・エドマンズ・カレッジに付置された小さな研究所で二〇〇四年よりポスドク研究員をさせてもらうことになった。ケンブリッジに着いて早々、本屋で題名に惹かれ手にとった本を開いて、青ざめた。自分が博論の前半で取り組んだ議論（すなわち徳田さんに約束した本の内容）と、ほぼ趣旨の同じ議論が（よりエレガントな形でまとめられ）ケンブリッジ大学出版局から気鋭の政治哲学者によって出版されていた（Hamilton, 2003）。今から思えば、趣旨や結論は似通っていたとしても、そこに至る道筋にはなお独自性はあるのだから、気にせず出せばよかったのだろう。しかし当時の私は気落ちしてしまい、徳田さんと約束していた本の構成を、勝手に反古にしてしまった。

それでも前を向けたのは、Comim さんに命じられ毎週開くこととなったワークショップで知り合った仲間（全員の名前を上げられないが、とりわけ Nuno Martins さん、Rosie Peppin Vaughan さん、平位匡さん）のおかげである。Martins さんは Tony Lawson さんを紹介してくれ、彼の主催する Cambridge Social Ontology Group（CSOG）には現在まで断続的に参加させてもらっている。本書での存在論的視角は、お二人との出会いによるものである。ホントさんのスミスを読む大学院の授業に参加させてもらえたことも大きい。スミスの必要把握には矛盾があるという本書の第3章の元となる議論を話したところ、イタズラっぽい目をしながら「にわかには納得できないが、とりあえず英語で書いて見せてみろ」と言われたのが、英語で本書の元となる論文を執筆することとなった経緯である。あまりに時間をかけすぎてしまい、二〇一七年に公刊された時には、亡くなってしまわれていた。またこの時期に国際会議で知り合った Soran Reader さんとの対話は、第7章の一部に反映している。彼女が出した本の謝辞で言及してもらい、いつかお会いしたらお礼をと思っていたが、若くして亡くなってしまわれた。なお本書脱稿後に、Reader（2007b）が7章4節で取り上げた問題について扱っていることに気づいた。本書で展開した議論との異同については別稿を期したい。

二〇〇七年より同志社大学で働くこととなった。自由な研究環境を作り出している同僚の教職員の皆さんに感謝している。本書との関係では、大野節夫さんには徹底的に自説を考え抜くことの重要性を、伊多波良雄さんには税の帰着について、和田喜彦さんにはエコロジー経済学について、岡野八代さんにはフェミニスト政治哲学について、濱慎一郎さんにはアイザイア・バーリンやマイケル・イグナティエフについて、それぞれご教示を頂いた。また知的好奇心旺盛な学生たちからも大きなエネルギーをもらっている。また、二〇一三年から二〇一五年にかけて在外研究でケンブリッジ大学に戻る機会を頂けたことに感謝している。本書の元となった四つの英語論文の骨子は、その二年の間に、ケンブリッジの研究者や院生たちのライティング・グループに参加しながら書き進めることができた。Elena Zezlina さんはじめ、グループの皆さんにとても感謝している。勁草書房で徳田さんから企画を引き継いで下さった橋本さんとお会いしたのは、在外研究に出る直前くらいと記憶しているが、すでに時間が経ってしまっていた企画にもかかわらず、英語での論文執筆を先行させて欲しいという私の我儘を聞き入れて下さった。

また、都立大での同僚の先生の熱意で Doyal and Gough（1991）の翻訳プロジェクトが始まり、私の方で勁草書房の徳田さんに繋いでいたが、プロジェクトは暗礁に乗り上げてしまっていた。橋本さんは仕切り直しの労を取ってくださり、また翻訳自体は馬嶋裕さん、遠藤環さん、神島裕子さんに優れた訳稿をいただき、同書の理論的部分のみの抄訳という形で出版することができた。その過程での共訳者の皆さんとの検討作業で多くを学ばせて頂いた。

勤務先の改装・新築でシックハウス症候群を発症し、一時期は研究や教育の継続を断念せざるを得ないところまで追い込まれたが、揮発性の有機化合物の危険性を理解してくださる職場の皆さんや、専門医の先生方、そして友人たちと家族のおかげで、健康を回復し、仕事を続け、またこうして本書も書き終えることができた。感謝している。

Anthony Endres さんは、本書第4章の議論の元となった英語論文刊行後、一度も会ったことのない私に連絡をとって下さり、「この主題についてのもっとも卓越した論文の一つで、長年無視されてきた主題についての最良の明確化だ」と励ましてくれた。Angelo Di Cintio さんは視力を失われた Zbigniew Pełczyński さんに草稿の一部を読み上げてくれ、Pełczyński さんから温かい励ましと有益なコメントを頂いた。オックスフォードで長年ドイツ政治哲学を講じられた Pełczyński さんの励ましと助言には大変勇気づけられたが、残念ながら数年前に亡くなられた。これらは、序章でも触れた、本書前半部分の元となった英語論文にウィリアム・カップ賞を頂いたことと合わせて、研究を継続する上で大きな支えとなった。また本書の草稿のどこかの段階で、日本語バージョンないし英語バージョンのどちらかの、一部ないし全部を読んで、貴重なコメントをくださった、Rositza Alexandrova さん、有江大介さん、Vivienne Brown さん、Ricardo Crespo さん、桂悠介さん、小林勇人さん、Tony Lawson さん、馬嶋裕さん、村上慎司さん、大川正彦さん、Roberto Scazzieri さん、徳丸夏歌さん、に感謝する。

在学中には、授業料減免措置や旧日本育英会の奨学金のおかげで研究を断念せずに済んだ。また本書の一部の元となった研究には、日本学術振興会科学研究費（13730043, 19K12621）や、同志社大学の研究費の助成を受けている。ここに記して謝意を表したい。

以前公刊した論文などの内容を本書で使用することについて許諾してくれた、ナカニシヤ出版（山森 2000）、経済理論学会（山森 2016）、Oxford University Press（Yamamori, 2017, 2020）、Taylor & Francis（Yamamori, 2018, 2019）に感謝する。

スミスやメンガーの著作をはじめ多くの優れた邦訳があり、本研究はその恩恵にあずかっている。また、あまりに長く時間をかけすぎたため、執筆時には邦訳がなくそのため邦訳を参照しなかった英語文献で、その後現在までに（おそらく優れた）邦訳が出されたものがいくつもある。そのうちのいくつかは、今回脱稿にあたって参考にさせてもらい、その旨記述しているが、それらを手に取る時間がなかったものもいくつかある。参照できていないことをこの場をかりてお詫びしたい。

長年にわたる家族、友人、同僚、編集者、研究者共同体の皆さんの寛大な支えに感謝する。言わずもがなだが、誤りがあれば、それはすべて私の責任である。そして、私の能力不足で、形にできたものの小ささに愕然とする。二三年前に徳田さんに大風呂敷を広げた時の構想の一〇分の一も形にできなかった。ましてや必要について考え始めたときに摑みたいと思っていたこと、そして私たちの住む社会をより良くするために研究の形で寄与することができるのではないかと思っていたことは、蜃気楼のように未だ遠く先にある。

子どもの頃に必要と欲求を区別することの大切さを教えてくれた父と母の思い出と、本書の研究に直接、間接にお力添えをいただきながら最早会って感謝を伝えることのできない人びとの思い出とに、本書を捧げたい。

スミス生誕三〇〇年、メンガー『経済学原理』第二版出版一〇〇年の記念の年の暮れに。

二〇二三年一二月

山森　亮

事項索引

た　行

な　行

は　行

ま　行

や　行

ら　行

人名索引

あ　行

か　行

さ　行

た　行

な　行

は　行

ま 行

や 行

ら 行

わ 行

参考文献

Abel-Smith, B., and Townsend, P. 1965. *The Poor and the Poorest: A New Analysis of the Ministry of Labour's Family Expenditure Surveys of 1953–54 and 1960*, Occasional papers on social administration, Bedford Square Press / NCVO.

足立眞理子 1999.「フェミニスト経済学という可能性」『現代思想』27 巻, 1 号, 105–13.

足立眞理子 2010.「労働概念の拡張とその現代的帰結――フェミニスト経済学の成立をめぐって」『季刊経済理論』47 巻, 3 号, 6–21.

足立眞理子 2016a.「第 24 回国際フェミニスト経済学会報告記」『季刊経済理論』53 巻, 2 号, 94–95.

足立眞理子 2016b.「フェミニスト経済学の現在――「金融化とジェンダー」をめぐる方法的考察」『季刊経済理論』53 巻, 3 号, 7–22.

Alkire, S. 2002. *Valuing Freedoms*, Oxford University Press.

Alter, M. 1990. *Carl Menger and the Origins of Austrian Economics*, Westview Press.

Arneil, B. 1996. *John Locke and America: The Defence of English Colonialism*, Oxford University Press.

有江大介 1994.『労働と正義――その経済学史的検討』創風社.

有江大介 2009.「クラーク＝ライプニッツ論争（1715-16）の社会科学的含意：神論から自然・人間論へ」『エコノミア』60 巻 1 号, 1–42.

Aristotelis 1954. *Politica*, edited by W. D. Ross, Oxford University Press（山本光雄訳『政治学』岩波書店, 1961）.

Backhouse, R. E. 2000. Progress in heterodox economics, *Journal of the History of Economic Thought*, vol. 22, no. 2, 149–55.

Backhouse, R. E. 2004. A suggestion for clarifying the study of dissent in economics, *Journal of the History of Economic Thought*, vol. 26, no. 2, 261–71.

Backhouse, R. E., and Medema, S. G. 2009a. Defining economics: The long

road to acceptance of the Robbins definition, *Economica*, vol. 76, Suppl. 1, 805–20.

Backhouse, R. E., and Medema, S. G. 2009b. Retrospectives: On the definition of economics, *Journal of Economic Perspectives*, vol. 23, no. 1, 221–33.

Barker, D. 2004. From feminist empiricism to feminist poststructuralism: Philosophical questions in feminist economics, 213–30 in Davis, J., Marcian, A., and Runde, J. (eds.), *The Elgar Companion to Economics and Philosophy*, Edward Elgar.

Barker, D. K., and Kuiper, E. (eds.) 2003. *Toward A Feminist Philosophy of Economics*, Routledge.

Barnett, M. 1990. The papers of Carl Menger in the Special Collections Department, William R. Perkins Library, Duke University, *History of Political Economy*, Annual Supplement to vol. 22, 15–28.

Becchio, G. 2014. Social needs, social goods, and human associations in the second edition of Carl Menger's Principles, *History of Political Economy*, vol. 46, no. 2, 247–64.

Beresford, P. 2010. Peter Townsend, disability, Fabianism and self-organisation —— an enduring difficulty. An obituary, *Disability & Society*, vol. 25, no. 2, 253–58.

Berger, S. 2008. Karl Polanyi's and Karl William Kapp's substantive economics: Important insights from the Kapp-Polanyi correspondence, *Review of Social Economy*, vol. 66, no. 3, 381–96.

Berger, S., and Steppacher, R. 2011. Editorial introduction, 1–13 in Kapp 2011.

Bickham, T. O. 2005. *Savage within the Empire: Representations of American Indians in Eighteenth-Century Britain*, Clarendon Press.

Blaug, M. 2007. The fundamental theorems of modern welfare economics, historically contemplated, *History of Political Economy*, vol. 39, no. 2, 185–207.

Bloch, H. S. 1937. *La Théorie des Besoins de Carl Menger*, Librairie générale de droit et de jurisprudence, R. Pichon et R. Durand-Auzias.

Boulding, K. E. 1966. The concept of need for health services. *The Milbank Memorial Fund Quarterly*, vol. 44, no. 4, 202–23.

Brady, D. 2003. Rethinking the sociological measurement of poverty. *Social*

Forces, vol. 81, no. 3, 715–51.

ブレイディみかこ　2021.『他者の靴を履く――アナーキック・エンパシーのすすめ』文藝春秋.

Brentano, L. 1908. *Versuch Einer Theorie der Bedürfnisse,* Verlag der Königlich Bayerischen Akademie der Wissenschaften.

Brock, G. 1998. *Necessary Goods: Our Responsibilities to Meet Others' Needs,* Rowman and Littlefield.

Brown, V. 1987. Property and value in economic thought: An analysis of conceptions of scarcity, *Œconomia,* no. 7, 85–112.

Brown, V. 2011. Intersubjectivity, the theory of moral sentiments and the prisoners' dilemma, *Adam Smith Review,* vol. 6, 172–90.

Brown, V. 2012. Intersubjectivity and moral judgement in Adam Smith's Theory of Moral Sentiments, pp. 243–72 in Fricke and Føllesdal (eds.). 2012.

Browning, G. 2016. *A History of Modern Political Thought: The Question of Interpretation,* Oxford University Press.

Buchan J. 2006. *The Authentic Adam Smith: His life and ideas,* Atlas Books（山岡洋一訳『真説アダム・スミス――その生涯と思想をたどる』日経BP社, 2009）.

Campagnolo, G. 2000. Learning from Hitotsubashi's Carl Menger library: Questioning the origins of Austrian economics, *Bulletin of the Center for Historical Social Science Literature,* no. 20, 1–16.

Campagnolo, G. 2008. Carl Menger: From the works published in Vienna to his *Nachlass,* 31–58 in Campagnolo (ed.), *Carl Menger: Discussed on the Basis of New Findings,* Peter Lang.

Campagnolo, G. 2010. *Criticisms of Classical Political Economy: Menger, Austrian economics and the German Historical School,* Routledge.

Cangiani, M. 2006. From Menger to Polanyi: Towards a substantive economic theory, *The History of Economic Thought,* vol. 48, no. 1, 1–15.

Chester, L., and Jo., T. (eds.) 2022. *Heterodox Economics: Legacy and Prospects* (2022), World Economics Association Books.

Colander, D. 2009. What was "it" that Robbins was defining?, *Journal of the History of Economic Thought,* vol. 31, no. 4, 437–48.

Colander, D. 2010. *Economics, 8th Edition*, McGraw-Hill/Irwin.

Commons, J. R. 1934. *Institutional Economics: Its place in political economy*, Macmillan（中原隆幸・宇仁宏幸・坂口明義・高橋真悟・北川亘太訳『制度経済学』上・中・下，ナカニシヤ出版，2015–19）.

Corazzini, L., Esposito, L., and Majorano, F. 2012. Reign in hell or serve in heaven? A cross-country journey into the relative vs absolute perceptions of wellbeing, *Journal of Economic Behavior and Organization*, vol. 81, no. 3, 715–30.

Crespo, R. F. 2003. Three arguments against Menger's suggested Aristotelianism, *Journal des Économistes et des Études Humaines*, vol.13, no. 1, 63–84.

Curtis, R. 2014. An Introduction to Einfühlung, translated by Elliott, R. G. *Art in Translation*, vol. 6, no. 4, 353–76.

Dappiano, L. 1996. Theories of value, pp. 377–422 in Albertazzi, L., Libardi, M., and Poli, R. (eds.), *The School of Franz Brentano*, Springer.

Dale, G. 2016. *Karl Polanyi: A Life on the Left*, Columbia University Press（若森みどり・若森章孝・太田仁樹訳『カール・ポランニー伝』平凡社，2019）.

Daly, H. E. 1974. The economics of the steady state, *The American Economic Review*, vol. 64, no. 2, 15–21.

Davis, J. B. 1994. Introduction, xvii–xxix in Davis, J. B., and O'Boyle, E. J. (eds.), *The Social Economics of Human Material Need*, Southern Illinois University Press.

Dome, T. 1998. Adam Smith's theory of tax incidence: An interpretation of his natural-price system, *Cambridge Journal of Economics*, vol. 22, no. 1, 79–89.

堂目卓生 2008.『アダム・スミス：『道徳感情論』と『国富論』の世界』中公新書.

Doyal, L., and Gough, I. 1991. *A Theory of Human Need*, Macmillan（馬嶋裕・山森亮・遠藤環・神島裕子抄訳『必要の理論』勁草書房，2014）.

Driver, H. E. 1969. *Indians of North America, 2nd edition*, University of Chicago Press.

Duesenberry, J. S. 1949. *Income, Saving, and the Theory of Consumer*

Behavior, Harvard University Press（大熊一郎訳『所得・貯蓄・消費者行為の理論 改訳版』巌松堂出版, 1969）.

Endres, A. M. 1984. Institutional elements in Carl Menger's theory of demand: A comment, *Journal of Economic Issues*, vol. 18, no. 3, 897–903.

江澤誠 2006.「『環境と開発に関する世界委員会』発足の経緯に関する一考察」『環境科学会誌』19 巻, 3 号, 233–37.

Fardell, B. 2020. Conceptualising capabilities and dimensions of advantage as needs. *Journal of Human Development and Capabilities*, vol. 21, no. 3, 263–76.

Fehér, F., Heller, A., and Márkus, G. 1983. *Dictatorship over Needs*, Basil Blackwell（富田武 訳『欲求に対する独裁――「現存社会主義」の原理的批判』岩波書店, 1984）.

Ferber, M. A., and Nelson, J. A. (eds.) 1993. *Beyond Economic Man: Feminist Theory and Economics*, University of Chicago Press.

Fleischacker, S. 2004a. *On Adam Smith's Wealth of Nations:A Philosophical Companion*, Princeton University Press.

Fleischacker, S. 2004b. *A Short History of Distributive Justice*, Harvard University Press（中井大介訳『分配的正義の歴史』晃洋書房, 2017）.

Folbre, N. 2001. *The Invisible Heart: Economics and Family Values*, New Press.

Fraser N., and Gordon, L. 1994. A Genealogy of Dependency: Tracing a Keyword of the U. S. Welfare State, *Signs*, vol. 19, no. 2, 309–36（村田泰子訳「『依存』の系譜学――合衆国の福祉制度のキーワードをたどる」, 仲正昌樹監訳『中断された正義――「ポスト社会主義的」条件をめぐる批判的省察』お茶の水書房, 2003, 185–226）.

Fricke, C. 2012. Overcoming disagreement: Adam Smith and Edmund Husserl on strategies of justifying descriptive and evaluative Judgements, 171–241 in Fricke and Føllesdal (eds.). 2012.

Fricke, C., and Føllesdal, D. (eds.) 2012. *Intersubjectivity and Objectivity in Adam Smith and Edmund Husserl: A Collection of Essays*, Ontos Verlag.

Fridén, B. 1998. *Rousseau's Economic Philosophy: Beyond the Market of Innocents*, Kluwer Academic Publishers（鈴木信雄・八幡清文・佐藤有史

訳『ルソーの経済哲学』日本経済評論社, 2003).
藤原千沙 2023.「フェミニスト経済学における人間像と個人・世帯」『経済社会とジェンダー』8巻, 4-31.
Fullbrook, E. (ed.) 2002. *Intersubjectivity in Economics: Agents and Structures*, Routledge.
Furniss, E. S. 1920 [1957]. *The Position of the Laborer in a System of Nationalism: A Study in the Labor Theories of the Later English Mercantilists*, Kelley and Millman.
古沢泰治・塩路悦朗 2018.『新版ベーシック経済学——次につながる基礎固め』有斐閣.
Garegnani, P. 1983. The classical theory of wages and the role of demand schedules in the determination of relative prices, *American Economic Review*, vol. 73, no. 2, 309-13.
Garegnani, P. 1990. Sraffa: classical versus marginalist analysis, 112-40 in Bharadwaj, K., and Schefold, B. (eds.), *Essays on Piero Sraffa: Critical Perspectives on the Revival of Classical Theory*, edited by Bertram Schefold, Unwin & Hyman.
Gilbert, G. 1997. Adam Smith on the nature and causes of poverty, *Review of Social Economy*, vol. 55, no. 3, 273-91.
Gillie, A. 1996. The origin of the poverty line, *The Economic History Review*, vol. 49, no. 4, 715-30.
Gillie, A. 2008. Identifying the poor in the 1870s and 1880s, *The Economic History Review*, vol. 61, no. 2, 302-25.
Goedemé, T., and Rottiers, S. 2011. Poverty in the enlarged European Union. A discussion about definitions and reference groups, *Sociology Compass*, vol. 5, no. 1, 77-91.
Gordon, D. 2006. The concept and measurement of poverty, 29-69 in Pantazis, C., Gordon, D., and Levitas, R. (eds.), *Poverty and Social Exclusion in Britain*, Policy Press.
Gram, H. 1998. Necessaries, conveniencies and luxuries, 162-66 in Kurz, H. D., and Salvadori, N. (eds.), *The Elgar Companion to Classical Economics, L-Z*, Edward Elgar.
Geuss, R. 2018. Utopian thought between words and action: Seminar with

Raymond Geuss, *Philosophy and Society*, Institute for Philosophy and Social Theory, Belgrade, vol. 29, no. 3, 317-474.

濱真一郎 2008.『バーリンの自由論――多元論的リベラリズムの系譜』勁草書房.

浜渦辰二 2012.「訳者解説」, フッサール（浜渦辰二・山口一郎監訳）『間主観性の現象学――その方法』筑摩書房, 533-52.

Hamilton, L. A. 2003. *The Political Philosophy of Needs*, Cambridge University Press.

原伸子 2016.『ジェンダーの政治経済学――福祉国家・市場・家族』有斐閣.

原田哲史 2020.『19 世紀前半のドイツ経済思想――ドイツ古典派, ロマン主義, フリードリヒ・リスト』ミネルヴァ書房.

Harding, S. 1986. *The Science Question in Feminism*, Cornell University Press.

Harding, S. 1992. Rethinking standpoint epistemology: What is 'strong objectivity'?, *The Centennial Review*, vol. 36, no. 3, 437-70.

Harding, S. 2006. *Science and Social Inequality: Feminist and Postcolonial Issues*, University of Illinois Press（森永康子訳『科学と社会的不平等――フェミニズム, ポストコロニアリズムからの科学批判』北大路書房, 2009).

Hayek, F. 1934. Carl Menger, v-xxxviii in Menger 1871 [1934].

Hewitson, G. J. 1999. *Feminist Economics*. Edward Elgar.

Hirsch, F. 1976. *Social Limits to Growth*, Harvard University Press（都留重人訳『成長の社会的限界』日本経済新聞社, 1980).

Hobbes, T. 1651 [1991]. *Leviathan*, edited by Tuck, R., Cambridge University Press（角田安正訳『リヴァイアサン』1, 2, 光文社, 2014).

Honneth, A., and Margalit, A. 2001. Recognition, *Procedings of the Aristotelian Society, Supplementary Volumes*, 75, 111-39（日暮雅夫訳「見えないこと――『承認』の道徳的エピステモロジー」, 宮本真也・日暮雅夫・水上英徳訳『見えないこと――相互主体性理論の諸段階について』法政大学出版局, 2015, 7-33).

Hont, I. 2015. *Politics in Commercial Society: Jean-Jacques Rousseau and Adam Smith*, edited by B. Kapossy and Sonenscher, M. Harvard University Press（田中秀夫・村井明彦訳『商業社会の政治学――ルソー

とスミス』昭和堂, 2019).

Hont, I., and Ignatieff, M. 1983. Needs and justice in *The Wealth of Nations*: An introductory essay, 1-44 in Hont, I., and Ignatieff, M. (eds.), *Wealth and Virtue: The Shaping of Political Economy in the Scottish Enlightenment*, Cambridge University Press (坂本達哉訳「『国富論』における必要と正義――序論」水田洋・杉山忠平監訳『富と徳――スコットランド啓蒙における経済学の形成』未来社, 1990, 1-75).

Horwitz, S. 1994. Subjectivism, 17-22 in Boettke, P. J. (ed.), *The Elgar Companion to Austrian Economics*, Edward Elgar.

Howson, S. 2004. The origins of Lionel Robbins's essay on the nature and significance of economic science, *History of Political Economy*, vol. 36, no. 3, 413-43.

Hunt, L. 2007. *Inventing human rights: A history*, WW Norton & Company (松浦義弘訳『人権を創造する』岩波書店, 2011).

Hutchison, T. W. 1982. Turgot and Smith, 33-45 in Bordes, C., and Morange, J. (eds.), *Turgot, économiste et administrateur: actes d'un séminaire/organisé par la Faculté de droit et des sciences économiques de Limoges pour le bicentenaire de la mort de Turgot, 8,9 et 10 octobre 1981*, Presses universitaires de France.

Hutchison, T. 1994. *The Uses and Abuses of Economics: Contentious Essays on History and Method*, Routledge.

Hülsmann J. G. 2002. Introduction to the third edition: From value theory to praxeology, ix-lv in Mises 2003.

Ignatieff, M. 1984 [1986]. *The Needs of Strangers: An Essay on Privacy, Solidarity, and the Politics of Being Human*, Penguin Group (添谷育志・金田耕一訳『ニーズ・オブ・ストレンジャーズ』風行社, 1999).

池田幸弘 1990.「メンガー『国民経済学原理』の学史的位置付けについて――ロッシャーとの関係を中心に」『三田学会雑誌』82 巻, 特別号 1, 254-69.

池田幸弘 1991.「メンガー『方法論』におけるスミス解釈について」『三田学会雑誌』83 巻, 4 号, 110-25.

Ikeda, Y. 2012. Carl Menger's subjectivism: 'Types', economic subjects, and microfoundation, 91-107 in Ikeda and Yagi (eds.) 2012.

Ikeda, Y. n.d.. Menger's attempt to revise his *Grundsätze*: An aborted trial,

Digital Library of the Carl Menger Collection. http://chssl.lib.hit-u.ac.jp/menger/essay2.html (date last accessed 12th February 2020).

Ikeda, Y., and Yagi, K. (eds.) 2012. *Subjectivism and Objectivism in the History of Economic Thought*, Routledge.

Jennings, F. 1975. *The Invasion of America: Indians, Colonialism, and the Cant of Conquest*, University of North Carolina Press.

Kabeer, N., Razavi, S., and van der Meulen Rodgers, Y. 2021. Feminist economic perspectives on the COVID-19 pandemic, *Feminist Economics*, vol. 27, nos. 1–2, 1–29.

金谷武洋 2004.『英語にも主語はなかった』講談社.

金子勝 1999.『反グローバリズム――市場改革の戦略的思考』岩波書店.

Kangas, O. E., and Ritakallio, V. M. 2007. Relative to what?: Cross-national picture of European poverty measured by regional, national and european standards, *European Societies*, vol. 9, no. 2, 119–45.

Kapp, K. W. 1936. *Planwirtschaft und Aussenhandel*, Georg & Cie, S. A. Libraires-Editeurs.

Kapp, K. W. 1950a. *The Social Costs of Private Enterprise*, Harvard University Press（篠原泰三訳『私的企業と社会的費用――現代資本主義における公害の問題』岩波書店, 1959).

Kapp, K. W. 1950b. Political economy and psychology, 21–46 reprinted in Kapp, 1985. *The Humanization of the Social Sciences*, University Press of America（「政治経済学と心理学」柴田徳衛・斎藤興嗣訳『社会科学における総合と人間性』岩波書店, 1981, 66–101).

Kapp, K. W. 1954. Economics and the behavioral science, 1–20 reprinted in Kapp, 1985（「経済学と学際的問題」, 柴田徳衛・斎藤興嗣訳『社会科学における総合と人間性』岩波書店, 1981, 38–65).

Kapp, K. W. 1961. *Toward a Science of Man in Society: A Positive Approach to the Integration of Social Knowledge*, Martinus Nijhoff.

Kapp, K. W. 1965. Social economics and social welfare minima, 245–354 reprinted in Kapp, 2011（柴田・鈴木訳「社会経済学と社会的厚生の必要最低限」, 柴田・鈴木訳『環境破壊と社会的費用』岩波書店, 1975, 161–79).

Kapp, K. W. 1968. In defense of institutional economics, 255–56 reprinted in

Kapp, 2011（柴田徳衛・鈴木正俊・斎藤興嗣訳「制度派経済学の擁護」, 柴田・鈴木訳『環境破壊と社会的費用』岩波書店, 1975, 22–53）.

Kapp, K. W. 1976a. The nature and significance of institutional economics, *Kyklos*, vol. 29, no. 2, 209–32.

Kapp, K. W. 1976b. Development and environment: Towards a new approach to socioeconomic and environmental development, paper read at the Inter-University Center of Post-Graduate Development, Dubrovnik（「開発と環境——社会・経済と環境発展への新しいアプローチ」柴田徳衛・斎藤興嗣訳『社会科学における総合と人間性』岩波書店, 1981, 170–95）.

Kapp, K. W. 2011. *The Foundations of Institutional Economics*, Routledge（大森正之訳『制度派経済学の基礎』出版研, 2014）.

Kauder, E. 1965. *A History of Marginal Utility Theory*, Princeton University Press（斧田好雄訳『限界効用理論の歴史』嵯峨野書院, 1979）.

河上肇 1917 [1965].『貧乏物語』岩波書店.

Keynes, J. M. 1931 [2010]. *Essays in Persuasion*, Palgrave Macmillan（山岡洋一抄訳『ケインズ説得論集』日本経済新聞社, 2010）.

Kim, C. J. 2015. *Dangerous Crossings: Race, Species, and Nature in a Multicultural Age*, Cambridge University Press.

Kirzner, I. M. 1995. The subjectivism of Austrian economics. 11–25 in Meijer, G. (ed.), *New Perspectives on Austrian Economics*, Routledge.

Knight, F. 1950. Introduction, 9–35 in Menger 1871 [1950].

國分功一郎 2017.『中動態の世界』医学書院.

小沼正 1974.『貧困——その測定と生活保護』東京大学出版会.

Kraus, O. 1894. *Das Bedürfnis*, Verlag Von Wilhelm Friedrich.

黒木亮 2011.「フランク・ナイトの経済学・競争体制批判：シカゴ“学派”再考」『経済学史研究』53巻, 1号, 21–43.

Krug, M. G. 2000. *Emerging English Modals: A Corpus-Based Study of Grammaticalization*, Mouton de Gruyter.

久場嬉子 2002.「ジェンダーと『経済学批判』」, 久場嬉子編『経済学とジェンダー』（叢書現代の経済・社会とジェンダー 1）, 明石書店, 17–50.

Kuiper, E. 2013. The invisible hands: Adam Smith and the women in his life, *The Adam Smith Review*, Volume 7, 62–78.

Lachmann, L. 1978. Carl Menger and the incomplete revolution of subjectivism, *Atlantic Economic Journal*, vol. 6, no. 3, 57-59.

Lansley, S., and Mack, J. 2015. *Breadline Britain: The Rise of Mass Poverty*, Oneworld.

Latsis, J. 2006. Convention and intersubjectivity: new developments in French economics, *Journal for the Theory of Social Behaviour*, vol. 36, no. 3, 255-77.

Lawson, C. 1996. Realism, theory, and individualism in the work of Carl Menger, *Review of Social Economy*, vol. 54, no. 4, 445-64.

Lawson, T. 1997. *Economics and Reality*, Routledge（八木紀一郎監訳, 江頭進・葛城正明訳『経済学と実在』日本評論社, 2003）.

Lawson, T. 2003. *Reorienting Economics*, Routledge.

Lawson, T. 2015. A conception of social ontology, 19-52 in Pratten, S. (ed.), *Social Ontology and Modern Economics*, Routledge.

Leisinger, K. M. 1995. Sustainable development: A common challenge for north and south, *International Journal of Sociology and Social Policy*, vol. 15, nos. 8/9/10, 27-64.

Locke, J. 1690 [1960/1988]. *Two Treatises of Government*, edited by Laslett, P. Cambridge University Press（加藤節訳『完訳 統治二論』岩波書店, 2010）.

Macfie, A. 1971. The invisible hand of Jupiter, *Journal of the History of Ideas*, vol. 32, no. 4, 595-99.

Macpherson, C. B. 1977. Needs and wants: An ontological or historical problem?, 26-35 in Fitzgerald, R. (ed.), *Human Needs and Politics*, Pergamon Press.

Mäkinen, V., Robinson, J. W., Slotte, P., and Haara, H. 2020. *Rights at the Margins: Historical, Legal and Philosophical Perspectives*, Brill.

Malthus,T. R. 1798 [1926]. *An Essay on the Principle of Population*, Macmillan（斉藤悦則訳『人口論』光文社, 2011）.

Malthus, T. R. 1820 [1821]. *Principles of Political Economy Considered with a View to Their Practical Application*. Wells and Lilly（小林時三郎訳『経済学原理』上・下, 岩波書店, 1968）.

Malthus,T. R. 1827 [1971]. *Definitions in Political Economy*, Augustus M.

Kelley（玉野井芳郎訳『経済学における諸定義』岩波書店, 1977）.

Mankiw N. G. 2018. *Principles of Economics. 8th edition*, Cengage Learning（足立英之・石川城太・小川英治・地主敏樹・中馬宏之・柳川隆訳『マンキュー経済学I ミクロ編 第4版』東洋経済新報社, 2019）.

Marçal, K. 2015. *Who Cooked Adam Smith's Dinner? A Story about Women and Economics*, translated by Vogel, S. Portobello Books（高橋璃子訳『アダム・スミスの夕食を作ったのは誰か？――これからの経済と女性の話』河出書房新社, 2021）.

Martins, N. O. 2014. *The Cambridge Revival of Political Economy*, Routledge.

Martins, N. O. 2016. Ecosystems, strong sustainability and the classical circular economy, *Ecological Economics*, vol. 129, 32–39.

Martins, N. O. 2018. The classical circular economy, Sraffian ecological economics and the capabilities approach, *Ecological Economics*, vol. 145, 38–45.

松嶋敦茂 1991.「ミーゼスの『人間行為学』をめぐって」『彦根論叢』第273･274号, 273–74.

McCain, R. A. 2014. Why need is "a word we cannot do without" in economics, *Forum for Social Economics*, vol. 43, no. 2, 181–96.

松村高夫 1989.「イギリス産業革命期における生活水準論争再訪（上）」『三田学会雑誌』82巻, 2号, 165–84.

松村高夫 1990.「イギリス産業革命期における生活水準論争再訪（下）」『三田学会雑誌』83巻, 1号, 133–55.

Meek, R. L. 1976. *Social Science and the Ignoble Savage*, Cambridge University Press（田中秀夫監訳, 村井路子・野原慎司訳『社会科学と高貴ならざる未開人――18世紀ヨーロッパにおける四段階理論の出現』昭和堂, 2015）.

Meek, R. L. 1977. *Smith, Marx, and After: Ten Essays in the Development of Economic Thought*, Chapman & Hall（時永淑訳『スミス、マルクスおよび現代』法政大学出版局, 1980）.

Meek, R. L., Raphael, D. D., and Stein, P. G. 1978. Introduction, 1–42 in Meek, Raphael, and Stein (eds.), *The Glasgow Edition of the Works and Correspondence of Adam Smith*, vol. 5, Clarendon Press.

Meikle, S. 1995. *Aristotle's Economic Thought*, Oxford University Press.

Menger, C. 1871 [1934]. *Grundsätze der Volkswirtschaftslehre: The Collected Works of Carl Menger*, vol. 1, edited by Hayek, F. A. Series of Reprints of Scarce Tracts in Economics and Political Science, no. 17, London School of Economics and Political Science (*Principles of Economics, 1st edition*, with an introduction by Knight, F. translated by Dingwall, J., and Hoselitz, B. Free Press, 1950 / 安井琢磨・八木紀一郎訳『国民経済学原理』日本経済評論社, 1999).

Menger, C. 1883. *Untersuchungen über die Methode der Sozialwissenschaften, und der politischen Oekonomie insbesondere*, Dunker und Humblot (福井孝治・吉田昇三訳, 吉田昇三改訳『近代経済学古典選集 5　経済学の方法』日本経済評論社, 1986).

Menger, C. 1923. *Grundsätze der Volkswirtschaftslehre: Zweite Auflage*, edited by Menger, K. Hölder-Pichler-Tempsky A. G. (八木紀一郎・中村友太郎・中島芳郎訳『一般理論経済学――遺稿による「経済学原理」第 2 版』1, 2, みすず書房, 1982–84).

Menger, C. 1961. *Carl Mengers Zusätze zu "Grundsätze der Volkswirtschaftslehre"*, edited by Kauder, E. Bibliothek der Hitotsubashi Universität.

Menger, K. 1994. *Reminiscences of the Vienna Circle and the Mathematical Colloquium*, edited by Golland, L., McGuinness, B., and Sklar, A. Springer Science + Business Media.

Menudo, J. M. 2018. Turgot, Smith et Steuart et l'histoire des stades, *Revue d'Histoire de la Pensée Economique*, no. 5, 217–42.

Merton, R. K. 1957. *Social Theory and Social Structure*, The Free Press.

Mises, L. v. 1928. Bemerkungen zum Grundproblem der subjektivistischen Wertlehre, reprinted in Mises, 1933, *Grundprobleme der Nationalökonomie: Untersuchungen über Verfahren, Aufgaben und Inhalt der Wirtschafts und Gesellschaftslehre,* Verlag von Gustav Fischer (*Epistemological Problems of Economics: 3rd Edition*, translated by George Reisman, Ludwig von Mises Institute, 2003).

Mises, L. v. 1949 [2007]. *Human Action: A Treatise on Economics* (4 vols., Liberty Fund edition), Liberty Fund (村田稔雄訳『ヒューマン・アクション――人間行為の経済学』新版, 春秋社, 2008).

Mittermaier, K. 2018. Menger's Aristotelianism, *Cambridge Journal of Economics*, vol. 42, no. 2, 577–94.

Mizuta, H. 2000. *Adam Smith's Library: A Catalogue*, Clarendon Press.

水田洋 2005.「解説」, スミス『法学講義』(水田洋訳) 岩波書店, 501–22.

三浦永光 2009.『ジョン・ロックとアメリカ先住民：自由主義と植民地支配』お茶の水書房.

Mohammed, S., Peter, E., Killackey, T., and Maciver, J. 2021. The "nurse as hero" discourse in the COVID-19 pandemic: A poststructural discourse analysis, *International Journal of Nursing Studies*, vol. 117.

Montes, L. 2004. *Adam Smith in Context: A Critical Reassessment of Some Central Components of His Thought*, Palgrave Macmillan.

Montes, L. 2008. Adam Smith as an eclectic Stoic, *Adam Smith Review*, vol. 4, 30–56.

Morgan, J. (ed.) 2015. *What is Neoclassical Economics?*, Routledge.

森直人 2002.「Q. スキナーとJ. G. A. ポーコック――方法論的比較――」『経済論叢別冊 調査と研究』25 巻, 85–101.

森岡邦泰 1993.「トマス・アクィナスの経済論」『経済学史学会年報』31巻, 31号, 47–57.

長田華子・金井郁・古沢希代子編 2023.『フェミニスト経済学――経済社会をジェンダーでとらえる』有斐閣.

中澤信彦 1999.「『モラル・エコノミー』とアダム・スミス研究」『關西大學經済論集』48 巻, 4 号, 435–51.

Negishi, T. 2000. *Economic Thought from Smith to Keynes: The Collected Essays of Takashi Negishi*, vol. 3, Edward Elgar.

Nelson, J. A. 1992. Gender, Metaphor, and the Definition of Economics, *Economics & Philosophy*, vol. 8, no. 1, 103–25.

Nelson, J. A. 1993. The study of choice or the study of provisioning? Gender and the definition of economics, 23–36 in Ferber and Nelson, 1993.

Nelson, J. A. 2002. Feminism and the economics of deception: An examination of Adam Smith's "spirit of system", 43–54 in Gerschlager, C., and Mokre, M. (eds.), *Exchange and Deception: A Feminist Perspective*, Springer.

新村聡 1994.『経済学の成立――アダム・スミスと近代自然法学』御茶の水書

房.
西部忠 1996.『市場像の系譜学――「経済計算論争」をめぐるヴィジョン』東洋経済新報社.
西村和雄 1986.『ミクロ経済学入門』岩波書店.
野原慎司 2014.「テュルゴとスミスにおける未開と文明――社会の平等と不平等」, 田中 2014, 429-56.
Nordhaus, W. 2008. *A Question of Balance: Weighing the Options on Global Warming Policies*, Yale University Press.
Oakley, A. 1997. *The Foundations of Austrian Economics from Menger to Mises: A Critico-Historical Retrospective of Subjectivism*, Edward Elger.
岡本哲史・小池洋一編 2019.『経済学のパラレルワールド――入門異端派総合アプローチ』新評論.
岡野八代 2012.『フェミニズムの政治学――ケアの倫理をグローバル社会へ』みすず書房.
大川正彦 1999.『正義』岩波書店.
奥野正寛・鈴村興太郎 1985.『ミクロ経済学 I』岩波書店.
O'Neill, J. 2011. The overshadowing of needs, 25-42 in Rauschmayer, F., Omann, I., and Frühmann, J. (eds.), *Sustainable Development: Capabilities, Needs, and Well-being*, Routledge.
大島幸治・佐藤有史 2010.「海外アダム・スミス研究の動向：人文諸科学におけるその興隆と「アダム・スミス問題」の復活を中心に」『経済学史研究』52巻, 1号, 67-83.
大塚雄太 2015.「ファーガスンからスミスへ――『注釈』にみる初期ガルヴェの道徳哲学」『経済学史研究』57巻, 1号, 51-72.
Pagden, A. 1982. *The Fall of Natural Man: The American Indian and the Origins of Comparative Ethnology*, Cambridge University Press.
Paine, T. 1791-92 [1998]. *Rights of Man, Common Sense, and Other Political Writings*, edited by M. Philp, Oxford University Press（西川正身訳『人間の権利』岩波書店, 1971）.
Pindyck, R. S., and Rubinfeld, D. L. 2009. *Microeconomics, 7th edition*, Pearson/Prentice Hall（姉川知史監訳『ピンダイク&ルビンフェルド ミクロ経済学』I, II, KADOKAWA, 2014）.
Polanyi, K. 1924. Die funktionelle Theorie der Gesellschaft und das Problem

der sozialistischen Rechnungslegung, *Archiv für Sozialwissenschaft und Sozialpolitik,* vol. 52, no. 1, 218–27（長尾史郎訳「機能的社会理論と社会主義の計算問題」玉野井芳郎・平野健一郎編訳『経済の文明史』筑摩書房, 1975 [2003], 141–66）.

Polanyi, K. 1925 [2005]. Neue Erwägungen zu unserer Theorie und Praxis, 114–25 in Polanyi, K. *Chronik der großen Transformation : Artikel und Aufsätze (1920–1945),* Bd. 3, edited by Cangiani, M., Polanyi-Levitt, K. and Thomasberger, C. Metropolis Verlag（植村邦彦訳「われわれの理論と実践についての新たな検討」若森みどり・植村邦彦・若森章孝編訳『市場社会と人間の自由――社会哲学論選』大月書店, 2012, 3–19）.

Polanyi, K. 1957. Aristotle discovers the economy, 64–94 in Polanyi, K., Arensberg, C. M., and Pearson, H. W. (eds.), *Trade and Market in the Early Empires: Economies in History and Theory,* The Free Press（平野健一郎訳「アリストテレスによる経済の発見」, 玉野井芳郎・平野健一郎編訳『経済の文明史』筑摩書房, 1975 [2003], 261–328）.

Polanyi, K. 1959. Aristotle on an affluent society, Archives de l'Institut Polanyi de Montréal（若森章孝訳「アリストテレスの豊かな社会論」若森みどり・植村邦彦・若森章孝編訳『市場社会と人間の自由――社会哲学論選』大月書店, 2012, 295–311）.

Polanyi, K. 1971. Carl Menger's two meanings of 'economics', pp. 16–24 in G. Dalton (ed.), *Studies in Economic Anthropology,* American Anthropological Association（玉野井芳郎訳「解題と翻訳―― K. ポランニー遺稿『メンガーにおける《経済的》の二つの意味』」, 玉野井芳郎『エコノミーとエコロジー』みすず書房, 1978, 316–37）.

Polanyi, K. 1977. *The Livelihood of Man,* edited by H. W. Pearson, Academic Press（玉野井芳郎・栗本慎一郎・中野忠訳『人間の経済』I, II, 岩波書店, 1980 [2005]）.

Raphael, D. D., and Macfie, A. L. 1982. Introduction, 1–46 in Smith, 1759 [1790/1982].

Ramsay, M. 1992. *Human Needs and the Market,* Avebury Ashgate Publishing Limited.

Ravallion, M., and Lokshin, M. 2010. Who cares about relative deprivation?, *Journal of Economic Behavior and Organization,* vol. 73, no. 2, 171–85.

Rawls, J. 1971. *A Theory of Justice*, Harvard University Press（川本隆史・福間聡・神島裕子訳『正義論――改訂版』紀伊國屋書店, 2010）.

Reader, S. (ed.) 2005. *The Philosophy of Need*, Cambridge University Press.

Reader, S. 2006. Does a basic needs approach need capabilities?, *Journal of Political Philosophy*, vol. 14, no. 3.

Reader, S. 2007a. *Needs and Moral Necessity*, Routledge.

Reader, S. 2007b. The other side of agency, *Philosophy*, vol. 82, no. 4, 579-604.

Ricardo, D. 1817a. A letter to Malthus on 3rd Jan 1817, 114-16 in *The Works and Correspondence of David Ricardo*, vol. VII, edited by Sraffa, P., Cambridge University Press, 1952（中野正監訳『デイヴィッド・リカードウ全集 第VII巻 書簡集 1816-1818年』雄松堂書店, 1971, 135-37）.

Ricardo, D. 1817b [1952]. *Principles of Political Economy and Taxation; The Works and correspondence of David Ricardo*, vol. I, edited by Sraffa, P., Cambridge University Press（堀経夫訳『デイヴィッド・リカードウ全集 第Ｉ巻 経済学および課税の原理』雄松堂書店, 1972）.

Ricardo, D. 1820. A letter to Malthush on 9th Oct 1820, 275-80 in *The Works and correspondence of David Ricardo*, v. VIII, edited by Sraffa, P., Cambridge University Press, 1951（中野正監訳『デイヴィッド・リカードウ全集 第VIII巻 書簡集 1819-1821年6月』雄松堂書店, 1974, 310-14）.

Robertson, J. 2005. *The Case for The Enlightenment Scotland and Naples 1680-1760*, Cambridge University Press.

Robbins, L. 1932. *An Essay on the Nature and Significance of Economic Science*, Macmillan（小峯敦・大槻忠史訳『経済学の本質と意義』京都大学学術出版会, 2016）.

Robbins, L. 1971. *Autobiography of an Economist*, Macmillan（田中秀夫監訳『一経済学者の自伝』ミネルヴァ書房, 2009）.

Roscher, W. 1854. *Die Grundlagen der Nationalökonomie: Ein Hand-und Lesebuch für Geschäftsmänner und Studierende*, J. G. Cotta.

Roscher, W. 1868. *Die Grundlagen der Nationalökonomie: Ein Hand-und Lesebuch für Geschäftsmänner und Studierende, 7th edition*, J. G. Cotta.

Ross, I. S. 2010. *The Life of Adam Smith: 2nd Edition*, Oxford University Press.

Rousseau, J. J. 1755 [2008]. *Discours sur l'origine et les fondements de*

l'inégalité parmi les hommes, GF Flammarion（原好男・竹内成明訳『人間不平等起源論・不平等起源論（ルソー選集 6 ）』白水社, 1986）.
Runciman, W. G. 1961. Problems of research on relative deprivation, *European Journal of Sociology*, vol. 2, no. 2, 315–23.
Salter, J. 1994. Adam Smith on Justice and distribution in commercial societies, *Scottish Journal of Political Economy*, vol. 41, no. 3, 299–313.
Salter, J. 2000. Adam Smith: Justice and due shares, *Economics and Philosophy*, vol. 16, no. 1, 139–46.
Salter, J. 2012. Adam Smith on justice and the needs of the poor, *Journal of the History of Economic Thought*, vol. 34, no. 4, 559–75.
Samuels, W. J., Johnson, M. F., and Perry, W. H. 2011. *Erasing the Invisible Hand (Essays on an Elusive and Misused Concept in Economics)*, Cambridge University Press.
Samuelson, P. A. 1977. A modern theorist's vindication of Adam Smith, *American Economic Review*, vol. 67, no. 1, 42–49.
Samuelson, P. A. 1990. Forward, ix–x in Saunders, P. and Walstead, W. B. (eds.), *The Principles of Economics Course*, McGraw-Hill.
Scheall, S., and Schumacher, R. 2018. Karl Menger as son of Carl Menger, *History of Political Economy*, vol. 50, no. 4, 649–78.
Schliesser, E. 2006. Adam Smith's benevolent and self-interested conception of philosophy, 328–57 in Montes, L., and Schliesser, E. (eds.), *New Voices on Adam Smith*, Routledge.
Schröder, H. 1989. The declaration of human and civil rights for women (Paris, 1791) by Olympe de Gouges, *History of European Ideas*, vol. 11, nos. 1–6, 263–71.
Schumpeter, J. A. 1954 [1994]. *History of Economic Analysis*, edited by Schumpeter, E. B. Routledge（東畑精一・福岡正夫訳『経済分析の歴史』上・中・下, 岩波書店, 2005–06）.
Scott, W. R. 1937 [1965]. *Adam Smith as Student and Professor*, Augustus Kelley.
Searle, J. R. 1995 [1996]. *The Construction of Social Reality*, Penguin Group.
Searle, J. R. 2004. *Mind: A Brief Introduction*, Oxford University Press（山本貴光・吉川浩満訳『MiND 心の哲学』筑摩書房, 2018）.

Searle, J. R. 2006. Social ontology: Some basic principles, *Anthropological Theory*, vol. 6, no. 1, 12–29.

Searle, J. R. 2010. *Making the Social World: The Structure of Human Civilization*, Oxford University Press（三谷武司訳『社会的世界の制作——人間文明の構造』勁草書房, 2018).

Sen, A. 1973 [1997]. *On Economic Inequality*, expanded edition with a substantial annexe by Foster, J. E., and Sen, A. Clarendon Press（鈴村興太郎・須賀晃一訳『不平等の経済学』東洋経済新報社, 2000).

Sen, A. 1980. Equality of what?, 353–69 reprinted in Sen 1982.

Sen, A. 1981. P*overty and Famines: An Essay on Entitlement and Deprivation,* Oxford University Press（黒崎卓・山崎幸治訳『貧困と飢饉』岩波書店, 2000).

Sen, A. 1982. *Choice, Welfare and Measurement*, Basil Blackwell（大庭健・川本隆史抄訳『合理的な愚か者——経済学＝倫理学的探究』勁草書房, 1989).

Sen, A. 1983a. Poor, relatively speaking, *Oxford Economic Papers*, vol. 35, no. 2, 153–69.

Sen, A. 1983b. Goods and people, pp. 509-32 in Sen 1984.

Sen, A. 1984. *Resources, Values and Development*, Oxford University Press.

Sen, A. 1985a. A sociological approach to the measurement of poverty: a reply to Professor Peter Townsend, *Oxford Economic Papers*, vol. 37, no. 4, 669–76.

Sen, A. 1985b [1987]. *Commodities and Capabilities*, Oxford University Press（鈴村興太郎訳『福祉の経済学——財と潜在能力』岩波書店, 1988).

Sen, A. 1985c. Well-Being, agency and freedom: The Dewey lectures 1984, *The Journal of Philosophy*, vol. 82, no. 4, 169–221.

Sen, A. et al. 1987. *The Standard of Living*, Cambridge University Press（玉手慎太郎・児島博紀訳『生活の豊かさをどう捉えるか——生活水準をめぐる経済学と哲学の対話』晃洋書房, 2021).

Sen, A. 1990. Gender and cooperative conflicts, 123–48 in Tinker, I. (ed.), *Persistent Inequalities: Women and World Development*, Oxford University Press.

Sen, A. 1992. *Inequality Reexamined*, Oxford University Press（池本幸生・野上裕生・佐藤仁訳『不平等の再検討』岩波書店, 1999).

Sen, A. 1999. *Development As Freedom*, Oxford University Press（石塚雅彦訳『自由と経済開発』日本経済新聞社, 2000).

Sen, A. 2000. Consequential evaluation and practical reason, *The Journal of Philosophy*, vol. 97, no. 9, 477-502（小林勇人訳「帰結的評価と実践理性」, アマルティア・セン・後藤玲子『福祉と正義』東京大学出版会, 2008, 91-133).

Sen, A. 2002a. *Rationality and Freedom*, The Belknap Press of Harvard University Press（若松良樹・須賀晃一・後藤玲子監訳『合理性と自由』上・下, 勁草書房, 2014).

Sen, A. 2002b. Open and closed impartiality, *The Journal of Philosophy*, vol. 99, no. 9, 445-69（岡敬之助訳「開かれた不偏性と閉ざされた不偏性」, アマルティア・セン・後藤玲子『福祉と正義』東京大学出版会, 2008, 169-210).

Sen, A. 2004. Dialogue capabilities, lists, and public reason: Continuing the conversation, *Feminist Economics*, vol. 10, no. 3, 77-80.

Sen, A. 2009a. *The idea of justice*, The Belknap Press of Harvard University Press（池本幸生訳『正義のアイデア』明石書店, 2011).

Sen, A. 2009b. Introduction, vii-xxvi in Adam Smith, *The Theory of Moral Sentiments*, Penguin Books（村井章子・北川知子訳『道徳感情論』日経BP社, 2014, 3-35).

Sen, A. 2010. Adam Smith and the contemporary world, *Erasmus Journal for Philosophy and Economics*, vol. 3, no. 1, 50-67.

Sen, A. 2011. Uses and abuses of Adam Smith, *History of Political Economy*, vol. 43, no. 2, 257-71.

Sen A. 2013. The ends and means of sustainability, *Journal of Human Development and Capabilities*, vol. 14, no. 1, 6-20.

Sen, A. 2017. *Collective Choice and Social Welfare: Expanded Edition*, Penguin Books.

Shakespeare, W. 1605 [1972]. *King Lear*, Penguin Books（小田島雄志訳『シェイクスピア全集 リア王』白水社, 1983).

Shearmur, J. 1990. From Hayek to Menger: Biology, subjectivism, and welfare, *History of Political Economy*, Annual Supplement to vol. 22, 189-212.

重田晃一 1996.「『カール・メンガー文庫（マイクロ版集成）』について」『関西大学図書館フォーラム』2巻, 30–34.

篠原久・只越親和・野原慎司 2022.「アダム・スミス年譜 / 家系図」同編訳『イギリス思想家書簡集――アダム・スミス』名古屋大学出版会（Mossner, E. C. and Ross, I. S. (eds.) 1977 [1987]. *The Correspondence of Adam Smith*, Liberty Fundを底本に編まれたもの）.

Skinner, Q. 1969. Meaning and understanding in the history of ideas, *History and Theory*, vol. 8, no. 1, 3–53（塚田富治・半澤孝麿・加藤節訳「思想史における意味と理解」, 半澤・加藤編訳『思想史とは何か：意味とコンテクスト』1990, 45–140）.

Smith, A. 1756 [1980]. A letter to the authors of the Edinburgh Review, 242–56 in Wightman, W. P. D., and Bryce, J. C. (eds.), *Essays on Philosophical Subjects*, Clarendon Press（水田洋訳「『エディンバラ評論』同人たちへの手紙」, 水田ほか訳『アダム・スミス哲学論文集』名古屋大学出版会, 1993, 315–38）.

Smith, A. 1759 [1790/1982]. *The Theory of Moral Sentiments* [TMS], Raphael, D. D., and Macfie, A. L. (eds.), Liberty Fund（村井章子・北川知子訳『道徳感情論』日経BP社, 2014〔第6版の邦訳〕/ 水田洋訳『道徳感情論』上・下, 岩波書店, 2003〔初版の邦訳〕）.

Smith, A. *circa* 1762 [1978]. *Early Draft of Part of the Wealth of Nations* [ED], 562–81 in Meek, R. L., Raphael, D. D., and Stein, P. G. (eds.), *The Glasgow Edition of the Works and Correspondence of Adam Smith*, vol. 5, Clarendon Press（水田洋訳「国富論草稿」同訳『法学講義』岩波書店, 2005, 441–92）.

Smith, A. 1762–63 [1978]. *Lectures on Jurisprudence: Report of 1762–3* [LJA], 1–394 in Meek, R. L., Raphael, D. D., and Stein, P. G. (eds.), *The Glasgow Edition of the Works and Correspondence of Adam Smith*, vol. 5, Clarendon Press（水田洋・篠原久・只腰親和・前田俊文訳『アダム・スミス 法学講義 1762〜1763』名古屋大学出版会, 2012）.

Smith, A. *circa* 1763–64 [1978]. *Lectures on Jurisprudence: Report dated 1766* [LJB], 395–558 in Meek, R. L., Raphael, D. D., and Stein, P. G. (eds.), *The Glasgow Edition of the Works and Correspondence of Adam Smith*, vol. 5, Clarendon Press（水田洋訳『法学講義』岩波書店, 2005）.

Smith, A. 1776 [1981]. *An Inquiry into the Nature and Causes of the Wealth of Nations* [WN], Campbell, R. H. and Skinner, A. S. (eds.), Liberty Fund（山岡洋一訳『国富論――国の豊かさの本質と原因についての研究』上下巻, 日本経済新聞社, 2007 / 大河内一男監訳『国富論』I, II, III, 中央公論新社, 1978）.

Smith, A. 1795 [1980]. The history of astronomy, 33-105 in Wightman, W. P. D. and Bryce, J. C. (eds.), *Essays on Philosophical Subjects*, Clarendon Press（水田洋訳「『エディンバラ評論』同人たちへの手紙」水田ほか訳『アダム・スミス哲学論文集』名古屋大学出版会, 6-109）.

Smith, B. 1990. Aristotle, Menger, Mises: An essay in the metaphysics of economics, *History of Political Economy*, Annual Supplement to vol. 22, 263-88.

Söderbaum, P. 1992. Neoclassical and institutional approaches to development and the environment, *Ecological Economics*, vol. 5, no. 2, 127-44.

Soper, K. 2006. Conceptualizing needs in the context of consumer politics, *Journal of Consumer Policy*, vol. 29, no. 4, 355-72.

Steuart, J. 1767 [1966]. *An Inquiry into the Principles of Political Oeconomy*, vols. 1-2, edted by Skinner, A. S., Oliver and Boyd（小林昇監訳, 飯塚正朝・奥田聡・竹本洋・中西泰之・柳田芳伸・渡辺邦博・渡辺恵一訳『経済の原理』第1・第2編, 第3・第4・第5編, 名古屋大学出版会, 1993）.

Stewart, F. 1985. *Planning to Meet Basic Needs*, Springer.

Stirati, A. 1994. *The Theory of Wages in Classical Economics: A Study of Adam Smith, David Recardo and Their Contemporaries*, translated by Hall, J., Edward Elgar.

Stouffer, S. A., Lumsdaine, A. A., Lumsdaine, M. H., Williams Jr, R. M., Smith, M. B., Janis, I. L., Star, S. A., and Cottrell Jr, L. S., 1949. *The American Soldier: Combat and its aftermath*, Princeton University Press.

Stueber, K. R. 2006. *Rediscovering Empathy: Folk Psychology and the Human Sciences*, MIT Press.

Streeten, P. P. 1979. *Basic Needs: Premises and Promises*, World Bank.

Streissler, E. 1990. The influence of German economics in the work of Menger and Marshall, *History of Political Economy*, Annual Supplement to vol. 22, 31-68.

杉野昭博 1995.「ピーター・タウンゼンド——人類学と福祉学からの点検」，社会保障研究所編『社会保障論の新潮流』有斐閣, 179-95.

高山裕二・的射場瑞樹 2006.「国際シンポジウム「ケンブリッジ・モメント，——美徳，歴史，公共哲学」に参加して」『イギリス哲学研究』29 号, 209-14.

武川正吾 2001.『福祉社会——社会政策とその考え方』有斐閣.

竹本洋 2005.『「国富論」を読む——ヴィジョンと現実』名古屋大学出版会.

玉野井芳郎 1975.『転換する経済学——科学の統合化を求めて』東京大学出版会.

田村信一 2018.『ドイツ歴史学派の研究』日本経済評論社.

田中秀夫 2006.「〈近代ヨーロッパの社会思想を再考する〉戦後啓蒙，市民社会論，ケンブリッジ思想史研究への関心」『調査と研究——経済論叢別冊』32 号, 1-11.

田中秀夫編 2014.『野蛮と啓蒙——経済思想史からの接近』京都大学出版会.

Theocarakis, N. J. 2006. Nicomachean ethics in political economy: the trajectory of the problem of value, *History of Economic Ideas*, vol. 14, no. 1, 9-53.

徳丸夏歌 2010.「カール・メンガーの論理『国民経済学原理』から方法論争へ」『経済学史研究』52 巻，1 号, 35-49.

Tokumaru, N. 2017. From Carl Menger to John R. Commons: Human Volition and Value Theory in Institutional Economics, 27-52 in Uni, H. (ed.), *Contemporary Meanings of John R. Commons's Institutional Economics: An Analysis Using a Newly Discovered Manuscript*, Springer Nature.

塘茂樹 2006.「メンガー『国民経済学原理』の統一的解釈について」『京都産業大学論集 社会科学系列』23 号, 73-97.

Townsend, P. 1954. Measuring Poverty, *British Journal of Sociology*, vol. 5, no. 2, 130-37.

Townsend, P. 1955. The family life of old people: An investigation in east London, *The Sociological Review*, vol. 3, no. 2, 175-95.

Townsend, P. 1962. The meaning of poverty, *British Journal of Sociology*, vol. 13, no. 3, 210-27.

Townsend, P. 1979. *Poverty in the United Kingdom: A Survey of Household*

Resources and Standards of Living, University of California Press.
Townsend, P. 1985. A sociological approach to the measurement of poverty: A rejoinder to Professor Amartya Sen, *Oxford Economic Papers*, vol. 37, no. 4, 659–68.
Townsend, P. 1987a. *The International Analysis of Poverty*, Harvester Wheatsheaf.
Townsend, P. 1987b. Conceptualising Poverty, 31–43 in Ferge, Z., and Miller, S. M. (eds.), *Dynamics of Deprivation*, Gower.
Townsend, P. 2010. *The Peter Townsend reader*. edited by Walker, A., Gordon, D., Levitas, R., Phillimore, P., Phillipson, C., Salomon, M. E., and Yeates, N., Policy Press.
Tugendhat, E. 2004. Universalistically approved intersubjective attitudes: Adam Smith, translated by Schriebl, B. *Adam Smith Review*, no. 1, 88–104.
Tully, J. 1995. *Strange Multiplicity: Constitutionalism in an Age of Diversity*, Cambridge University Press.
Turgot, A. R. J. 1767. Lettres a Hume, 25 Mars 1767, 658–65 in 2nd volume of *Œuvres de Turgot et documents le concernant*, edited by Schelle, G. Glashütten im Taunus : D. Auvermann, 1914 [1972].
Turgot, A. R. J. 1770. Lettres au Contrôleur général sur le commerce des grains, 265–357 in 3rd volume of *Œuvres de Turgot et documents le concernant*, edited by Schelle, G. Glashütten im Taunus : D. Auvermann, 1914 [1972].
宇仁宏幸 2014.「J. R.コモンズの累積的因果連関論──『制度経済学』と 1927 年草稿の比較分析」『季刊経済理論』51 巻，2 号，77–88.
Veblen, T. 1899/1918. *The Theory of The Leisure Class: An Economic Studies of Institutions*, B. W. Huebsch（高哲男訳『有閑階級の理論 増補新訂版』講談社，2015）.
Veblen, T. 1900. The preconceptions of economic science III, *Quarterly Journal of Economics*, vol. 14, no. 2, 240–69.
Vivenza, G. 2001. *Adam Smith and the Classics: The Classical Heritage in Adam Smith's Thought*, translated by Cheesman, C., and Gelder, N. Oxford University Press.

若森みどり 2015.『カール・ポランニーの経済学入門——ポスト新自由主義時代の思想』平凡社.

Waldron, J. 1993. *Liberal Rights*, Cambridge University Press.

Werhane, P. 1991. *Adam Smith and His Legacy for Modern Capitalism*, Oxford University Press.

White, L. W. 1985. Introduction to the New York University Press edition, vii-xviii in Menger 1883 [1985].

Wiggins, D. 1987 [1998]. *Needs, Values, Truth, 3rd edition*, Oxford University Press（大庭健・奥田太郎監訳，都築貴博・古田徹也・萬屋博喜訳『ニーズ・価値・真理——ウィギンズ倫理学論文集』勁草書房, 2014）.

Williams, A. 1974. Need as a demand concept (with special reference to health), 60-74 in Culyer, A. J. (ed.), *Economic Policies and Social Goals: Aspects of Public Choice*, Martin Robertson.

Williams, D. 2014. Adam Smith and colonialism, *Journal of International Political Theory*, vol. 10, no. 3, 283-301.

Winch, D. 1988. Adam Smith and the liberal tradition, 83-104 in Haakonssen, K. (ed.), *Traditions of Liberalism: Essays on John Locke, Adam Smith and John Stuart Mill*, Centre for Independent Studies, Sydney（永井義雄・近藤加代子訳「アダム・スミスと自由主義の伝統」，同訳『アダム・スミスの政治学——歴史方法論的改訂の試み』ミネルヴァ書房, 1989, 227-57）.

Witztum, A. 1997. Distributive considerations in Smith's conception of economic justice, *Economics and Philosophy*, vol. 13, no. 2, 242-59.

Witztum, A. 2005. Property rights and the right to the fruits of one's labor: a note on Adam Smith's jurisprudence, *Economics and Philosophy*, vol. 21, no. 2, 279-89.

Witztum, A. 2009. Wants versus needs: a Smithian model of general equilibrium, 141-72 in Young, J. T. (ed.), *Elgar Companion to Adam Smith*, Edward Elgar.

Witztum, A. 2010. Interdependence, the invisible hand, and equilibrium in Adam Smith, *History of Political Economy*, vol. 42, no. 1, 155-92.

Witztum, A. 2013. Adam Smith and the need of the poor: A rejoinder, *Journal of the History of Economic Thought*, vol. 35, no. 2, 257-62.

Witztum, A. 2019. *The Betrayal of Liberal Economics, Volume I: How Economics Betrayed Us*, Palgrave Macmillan.

Witztum, A., and Young, J. T. 2006. The neglected agent: Justice, power, and distribution in Adam Smith, *History of Political Economy*, vol. 38, no. 3, 437-71.

World Commission on Environment and Development 1987. *Our common future*, United Nations.

Xenos, N. 1989. *Scarcity and Modernity*, Routledge（北村和夫・北村三子訳『稀少性と欲望の近代――豊かさのパラドックス』新曜社, 1995).

八木紀一郎 1979.「メンガーの『経済学原理』改訂作業」『岡山大学経済学会雑誌』11巻, 2号, 241-71.

八木紀一郎 1984.「解説・メンガーの探究と『経済学原理』の改訂作業」, カール・メンガー『一般理論経済学：遺稿による「経済学原理」第2版』2（八木紀一郎・中村友太郎・中島芳郎訳, みすず書房, 1984), 533-49.

八木紀一郎 1990.「メンガー『経済学原理』の成立」『經濟論叢』146巻, 1号, 97-123.

Yagi, K. 1993. Carl Menger's *Grundsätze* in the making, *History of Political Economy*, vol. 25, no. 4, 697-724.

八木紀一郎 1999.「解題」, カール・メンガー『国民経済学原理』（安井琢磨・八木紀一郎訳, 日本経済評論社, 1999年), 253-67.

Yagi, K. 2010. Carl Menger after 1871: Quest for the reality of 'economic man', 21-38 in Hagemann, H., Nishizawa, T., and Ikeda Y. (eds.), *Austrian Economics in Transition*, Palgrave Macmillan.

Yagi, K. n.d. The subjective turn of Carl Menger in his personal copies of *Grundsätze*: The significance of Hitotsubashi / Duke Menger materials, *Digital Library of the Carl Menger Collection*. chssl.lib.hit-u.ac.jp/menger/essay1.html. (date last accessed 22nd August, 2019).

山森亮 1998a.「必要（ニーズ）と福祉――福祉のミクロ理論のために（1)」『家計経済研究』vol. 38, 56-62.

山森亮 1998b.「必要（ニーズ）と経済学――福祉のミクロ理論のために（2)」『家計経済研究』vol. 39, 57-62.

山森亮 2000.「貧困・社会政策・絶対性」, 川本隆史・高橋久一郎編『応用倫理学の転換――二正面作戦のためのガイドライン』ナカニシヤ出版, 140-62.

山森亮 2001.「必要と公共圏」『思想』925 号, 49–63.
山森亮 2002.「合理的経済『男』を超えて」久場嬉子編『経済学とジェンダー』(叢書現代の経済・社会とジェンダー 1), 明石書店, 75–96.
Yamamori, T. 2003. Constructive universalism : Sen and sensitivity to difference, *Revue Éthique et Économique*, no. 1, 1–15.
山森亮 2003.「貧困把握の具体的方法」, 岩田正美・岡部卓・清水浩一編『貧困問題とソーシャルワーク』有斐閣, 35–51.
Yamamori, T. 2014. A feminist way to unconditional basic income: Claimants unions and women's liberation movements in 1970s Britain, *Basic Income Studies*, vol. 9, nos. 1–2, 1–24.
山森亮 2016.「ポスト構造主義 vs. 社会的存在論？——フェミニスト経済学の哲学的基礎をめぐって」『季刊経済理論』53 巻, 3 号, 36–46.
Yamamori, T. 2017. The concept of need in Adam Smith, *Cambridge Journal of Economics*, vol. 41, no. 2, 327–47.
Yamamori, T. 2018. The concept of need in Amartya Sen: Commentary to the expanded edition of Collective Choice and Social Welfare, *Ethics and Social Welfare*, vol. 12, no. 4, 387–92.
Yamamori, T. 2019. The Smithian ontology of 'relative poverty': Revisiting the debate between Amartya Sen and Peter Townsend, *Journal of Economic Methodology*, vol. 26, no. 1, 70–80.
Yamamori, T. 2020. The intersubjective ontology of need in Carl Menger, *Cambridge Journal of Economics*, vol. 44, no. 5, 1093–113.
Yamamori, T. 2022. Is a penny a month basic income? A historiography of the concept of a threshold in basic income, *Basic Income Studies*, vol. 17, no. 1, 29–51.
Yamamori, T. 2023. Grassroots feminist economic thought: A reconstruction from the working-class women's liberation movement in 1970s Britain, *Research in the History of Economic Thought and Methodology*, vol. 41B, 119–46.
山森亮・神島裕子 2005.「社会政策/倫理の境界を編み直す：世界税と基本所得構想」川本隆史編『岩波応用倫理学講義 4：経済』岩波書店, 166–187.
Young, J. T. 1986. The impartial spectator and natural jurisprudence: an interpretation of Adam Smith's theory of the natural price, *History of*

Political Economy, vol. 18, no. 3, 365–82.
Young, J. T. 1995. Natural jurisprudence and the theory of value in Adam Smith, *History of Political Economy*, vol. 27, no. 4, 755–73.
Zanotti, G. J. 2007. Intersubjectivity, subjectivism, social sciences, and the Austrian School of Economics, translated by Volujewicz, J., *Journal of Markets & Morality*, vol. 10, no. 1, 115–41.

著者略歴

1970年生。京都大学大学院経済学研究科修了。東京都立大学講師、ケンブリッジ大学研究員などを経て、現在は同志社大学経済学部教授。*Cambridge Journal of Economics, Journal of Economic Methodology, Ethics and Social Welfare* などに寄稿。日本語での著作に『ベーシック・インカム入門』（光文社新書、2009年）、『労働と生存権』（編著、大月書店、2012年）、『お金のために働く必要がなくなったら、何をしますか？』（共著、光文社新書、2018年）ほか。

忘れられたアダム・スミス
経済学は必要をどのように扱ってきたか

2024年7月25日　第1版第1刷発行

著　者　山《やま》　森《もり》　　亮《とおる》

発行者　井　村　寿　人

発行所　株式会社　勁《けい》　草《そう》　書　房

112-0005 東京都文京区水道2-1-1　振替 00150-2-175253
（編集）電話 03-3815-5277／FAX 03-3814-6968
（営業）電話 03-3814-6861／FAX 03-3814-6854
堀内印刷所・松岳社

ISBN978-4-326-15487-6　　Printed in Japan

＊落丁本・乱丁本はお取替いたします。
ご感想・お問い合わせは小社ホームページから
お願いいたします。

https://www.keisoshobo.co.jp